高等学校财务管理专业系列教材

财务风险管理
——工具与应用

蒋屏　董英杰　编著

高等教育出版社·北京

内容简介

本书从公司实务需求的角度出发，介绍了财务风险管理的相关基础理论、背景知识以及结构性解决财务问题的方法。本书不仅介绍了当前国际金融市场中常见的风险管理工具，还包含大量实例以阐释这些工具在财务风险管理中的具体运用，并提供了评价企业不同套期保值工具效率/有效性的标准和方法。

本书最新特色：

◆ 实践性强，通过大量实例分析加深读者对相关概念的理解，并加强读者在实务工作中对相关产品的运用能力。

◆ 每章后配有即测即评和思考题，帮助读者检测其对该章知识的掌握程度。

◆ 每章后还提供扩展阅读资料，读者可以通过扫描二维码获取。这些资料主要包括案例分析、相关文献以及供深入学习使用的计算题等。

本书适用于经济管理类专业的高年级本科生和研究生以及MBA学生在财务/金融风险管理理论和实践方面的学习，还适合用现代金融衍生工具管理企业财务风险的企业管理人员以及财务人员使用。

图书在版编目(CIP)数据

财务风险管理：工具与运用 / 蒋屏，董英杰编著. -- 北京：高等教育出版社，2018.4
高等学校财务管理专业系列教材
ISBN 978-7-04-048869-2

Ⅰ.①财… Ⅱ.①蒋… ②董… Ⅲ.①财务管理-风险管理-高等学校-教材 Ⅳ.①F275

中国版本图书馆 CIP 数据核字(2017)第 276236 号

财务风险管理——工具与运用
Caiwu Fengxian Guanli——Gongju Yu Yunyong

| 策划编辑 | 谢睿芳 | 责任编辑 | 谢睿芳 | 封面设计 | 张志奇 | 版式设计 | 童丹 |
| 插图绘制 | 杜晓丹 | 责任校对 | 张薇 | 责任印制 | 尤静 | | |

出版发行	高等教育出版社	网　　址	http://www.hep.edu.cn
社　　址	北京市西城区德外大街4号		http://www.hep.com.cn
邮政编码	100120	网上订购	http://www.hepmall.com.cn
印　　刷	廊坊十环印刷有限公司		http://www.hepmall.com
开　　本	787 mm×1092 mm　1/16		http://www.hepmall.cn
印　　张	15.25		
字　　数	380 千字	版　　次	2018年4月第1版
购书热线	010-58581118	印　　次	2018年4月第1次印刷
咨询电话	400-810-0598	定　　价	30.00元

本书如有缺页、倒页、脱页等质量问题，请到所购图书销售部门联系调换
版权所有　侵权必究
物　料　号　48869-00

前　言

随着中国特色社会主义市场经济的深入发展,我国的经济活动在操作及运行机制等多方面与国际惯例逐渐接轨。目前世界经济逐步趋于一体化,我国企业也处于融入世界经济一体化的进程中,企业的风险意识日益增强,越来越多的企业渴望能够正确运用金融工具规避财务风险。同时,新经济与新技术使行业之间的相互交叉和渗透越来越明显,其中表现最为突出的就是财务、金融和证券业等。

对很多企业管理者来说,如何对企业的财务风险进行恰当的管理是十分棘手的问题。因此,如何正确地识别风险、度量风险并合理地评价企业套期保值的效率成为企业迫在眉睫的事情。本书在这一背景之下撰写而成,并期望能在企业财务风险管理的理论和实践等方面对企业管理者和从事企业财务风险管理的人员有所帮助。为了能够让读者系统地了解财务风险管理的框架,本书采用如下安排:

第一部分,基础篇。主要讨论财务风险管理的重要性,以及风险和收益的度量。这部分内容主要帮助读者深刻理解财务风险管理在企业中的运用。该部分内容是全书的基础,读者熟练掌握后能加深对后续知识体系的理解。

第二部分,方法篇。主要讨论在财务风险管理中常用的分析方法,如积木分析法和无套利均衡分析法。掌握这些方法有助于读者学习各类金融产品的组合与创新以及金融衍生产品的定价等。此外,通过对商品市场、外汇市场以及货币市场之间关系的讨论,有助于读者理解汇率和利率的波动,并为规避这些风险做好准备。

第三部分,产品篇。本部分内容首先讨论了基础金融产品,然后讨论了衍生金融产品互换、期货和期权及其定价,最后讨论了如何评价企业套期保值的效率。本部分的学习有利于读者掌握金融产品的特点,对套期保值有明确的理解,并能正确评价企业套期保值的效率。

第四部分,运用篇。本部分通过许多案例,分析如何运用金融产品帮助企业规避其面临的主要财务风险。通过本部分的学习,可使读者对金融产品在财务风险管理中的实际操作有更加清晰和深刻的理解。

本书最突出的特点是实践性较强,通过多个实例分析加深读者对相关概念、产品运用的理解,并在每章后配有即测即评和思考题,帮助读者检测其对该章知识的掌握程度。此外,每章后还提供了扩展阅读资料,读者可以通过扫描二维码获取相关内容。这些扩展阅读资料主要包括案例分析、相关文献以及可以深入学习的计算题等。设计该部分内容旨在帮助读者恰当地运用金融工具。

全书共四部分12章,第二章和第十二章由董英杰完成,其余章节由蒋屏完成，蒋屏负责对全书内容进行调整和统一体例。蒋屏和董英杰共同完成了第九章中对纽蒙特矿业公司和巴里克黄金公司的案例分析。每章最后的即测即评和扩展阅读中的案例分析由董英杰负责编写和修改。

本书的编撰过程融入了我们多年的教学体会。此外，我们也参阅了大量国内外学者的著作，他们已有的研究成果为我们提供了非常大的帮助，我们在编著此书的过程中引用了部分实例，在此对他们一并表示诚挚的谢意。感谢王珮博士、续芹博士为本书提供的研究资料。感谢对外经济贸易大学的同学，他们为本书扩展阅读部分提供了案例。最后，我们还要感谢高等教育出版社的编辑，他们为本书的出版提出了非常中肯的建议和意见。

受编者水平所限，加之金融工具的创新层出不穷，本书在编写中难免有错，敬请读者批评指正。

蒋 屏

2017 年 4 月于惠园

目 录

第一部分 基 础 篇

第一章 财务风险管理概述 3
第一节 财务风险管理的内涵和作用 3
第二节 财务风险管理方案的选择与基本框架 19

第二章 风险和收益分析 26
第一节 收益的度量 26
第二节 风险的度量 34
第三节 财务风险管理的目标及方法选择 40

第二部分 方 法 篇

第三章 金融产品基本构造法 53
第一节 积木分析法 53
第二节 无套利均衡分析法 59

第四章 现货市场之间的关系 74
第一节 现货市场之间的平价关系 74
第二节 商品市场与外汇市场之间的关系 76
第三节 货币市场与外汇市场之间的关系 79
第四节 现货市场之间的相互联系 83

第三部分 产 品 篇

第五章 基础金融产品 89
第一节 远期交易 89
第二节 远期利率协议 92

第六章 互换产品和定价 104
第一节 互换产品的主要类型 104

第二节　互换交易商的作用　111
第三节　零息票互换定价法　112

第七章　期货及其定价　123

第一节　期货概述　123
第二节　短期利率期货　127
第三节　利率期货套期保值的运用　132

第八章　期权及其定价　139

第一节　期权价格的构成和定价　139
第二节　期权产品及其运用　146

第九章　套期保值有效性评价　158

第一节　风险与套期保值　158
第二节　套期保值效果的度量　167

第四部分　运　用　篇

第十章　利率风险管理　175

第一节　利率风险的管理方法和工具　175
第二节　案例分析　179

第十一章　外汇风险管理　192

第一节　外汇风险　192
第二节　案例分析　195

第十二章　股权风险管理　211

第一节　股权风险的分类及度量　211
第二节　股票的风险管理　213
第三节　组合投资的风险管理　222

主要参考文献　231

第一部分 基础篇

公司的经营活动现在越来越广泛,无论在国内还是在国外,企业只要有经济活动都会产生应收/应付款项,就会遭受利率、汇率波动的影响,以及国际大宗产品价格波动的影响。本部分主要界定了财务风险管理的内涵,介绍了财务风险管理方法的选择、风险和收益以及财务风险管理框架。

第一章 财务风险管理概述

本章学习目标

- 正确理解金融和财务的区别与融合
- 掌握财务风险管理的内涵
- 掌握创新的三层含义
- 理解财务风险管理对企业管理的作用
- 区别财务风险分析与财务风险管理的职能
- 掌握财务风险管理方案的选择

第一节 财务风险管理的内涵和作用

一、金融和财务的区别与融合

金融或财务在我们日常经济活动中越来越被频繁地使用,人们也常为这一词的使用而感到困惑。在英语词汇中,finance 既可以翻译为金融,又可以翻译成财务,有时金融与财务又可混用。一般来说,当从金融机构的角度来研究 finance,则称为金融;而从企业的角度来研究 finance 时,把金融研究的结果用于企业管理中,则称为财务。企业的财务决策正是把金融理论和不断推出的金融创新工具融入管理中去,因此,金融和财务既有区别又有融合。

（一）金融与财务的区别

金融与财务的区别主要表现为活动主体、业态特点、资金运作、资金循环等方面。吴明礼（2004）在《Finance:金融与财务的边界和融合》一文中,将金融和财务的边界与融合讨论得较为详细,因此,笔者将其归纳整理如表 1-1 所示。

此外,金融和财务在学科体系上也存在着不同,如表 1-2 所示。

（二）金融和财务的融合

1. 工商企业和金融企业互为交易对象

企业的财务活动和金融活动在实践中有着密切的联系,这是因为金融企业与工商企业之间互为交易对象和互为交易客体,形成金融市场交易活动中最有活力、也最具多变性和风险性的经济活动。例如,银行向企业发放贷款收回本息,资产管理公司为难以偿债企业"债转股",投资

表 1-1　金融与财务的区别

项目	金融	财务
活动主体	金融企业：商业银行和非银行金融机构（信托公司、投资公司、保险公司、财务公司、证券公司、期货公司）	工商企业：制造业企业、加工业企业、服务业企业
业务范围	存贷款业务、同业资金拆借、货币汇兑、票据结算、证券交易、共同基金等	运用多种渠道筹集资金，并对资金进行合理的配置（各种资产投资），加速资金的周转，提高资金的使用效率，编制财务预算，进行税务筹划，制定严密的财务制度，强化财务的内部控制等
资金运作	融通社会资金进行金融投资，承担社会信用责任和金融风险，并谋取金融利润	根据生产和经营的需要筹集资金，运用资金（投资）并对收益进行合理分配
资金循环	货币→信用（存款单、各种有价证券、信用卡、票据）→货币	货币→实物（产品、商品、服务）→货币
资金运作的宏微观特征	宏观	微观

表 1-2　金融与财务学科体系的不同

项目	金融学	财务学
内容	金融机制的形成：利率机制、汇率机制 金融市场的划分：货币市场、资本市场 金融业务的开展：银行业务、证券业务、保险业务 金融工具的创新 货币流通 货币政策	筹资管理：归属于"负债"和"所有者权益"财务要素 投资管理：固化在"资产"形态上 利润分配：具体体现为收入、费用和利润这三个动态财务要素以及股利政策
学科划分	经济学	管理学
特点	金融的经济学意义 金融价值判断 宏观性	操作应用价值 管理职能 微观性

银行为股份公司进行上市辅导和市场推介，企业向保险公司购买各类商业保险，企业通过金融机构发行企业债券和银行本票等。上述纷繁复杂的交易活动无不由金融企业和工商企业共同合作而促成。同一种活动，例如由投资银行承销公司上市股票，从金融企业看，它完成了一次金融交易活动；从工商企业看，它完成了一次财务交易活动。这表明金融活动离不开企业财务活动的积极参与，同样，工商企业的财务活动也必须得到金融活动的有力支持和有效服务。因此，从金融市场交易的双向性看，"金融即财务，财务即金融"这一说法完全可以得到充分理解，金融和财务两者共处于金融市场相互融合的过程，没有必要划分出金融活动与财务活动之间的区别。

进一步说，工商企业与金融企业发生的多数业务活动都具有金融和财务双重性质，从这一意义上，把财务活动理解为工商企业的金融活动，同时把金融活动理解为金融企业的财务活动,都是无可厚非的。无论是财务活动还是金融活动都是围绕"资金运作"而展开的理财活动,都体现了通过各自的理财活动而取得经济主体的经济利益最大化。

实际上,在现实经济生活中,金融和财务存在着角色相互转换的现象,使我们更加难以区分财务和金融。例如,大型的(工商)企业集团成立了财务公司,财务公司本身是金融机构性质,从事的也是金融业务活动,但它又是工商企业集团下的理财机构,为工商企业集团财务活动提供服务,其财务公司的业态上就具备了工商企业和金融企业两重性,其业务活动也染上了金融活动和财务活动双重色彩。再如银行、资产管理公司与企业之间的"债转股"也是如此,资产管理公司向银行接受债权时,是金融机构之间的交易(金融活动),资产管理公司把债权转为企业股权并制定回购计划时,无论从资产管理公司看,还是从负债企业看都属于财务活动。资产管理公司则具有两种业态的特性和进行两种交易活动的角色。

随着现代企业制度的建立、市场体系的逐步完善,资本市场不断规范,金融衍生品种不断创新,公司财务活动升级换代,金融活动和财务活动的融合将进一步得到深化,角色互换的现象将更加频繁,从而也进一步强化了金融市场在经济活动资金配置和资源配置中的作用。

2. 共同的理论基础

金融和财务不仅在经济活动中有着密切的联系,二者还有共同的理论基础。这些理论在金融和财务中得到广泛的运用,并指导着具体的实践。下面我们将从金融与财务的共同理论的发展来展示二者的渊源。

(1) 证券组合理论。

金融/财务学的诞生与发展,离不开从20世纪50年代就开始出现的现代金融理论的发展。而现代金融理论的发端便是马柯维茨(Harry Markowitz)在50年代早期所提出的证券组合理论。

马柯维茨研究的主要是在非确定性的基础上,探讨证券收益与风险以及投资决策问题,其研究成果大致可以归纳为:

- 提出利用收益率的方差来度量证券投资的风险;
- 借助冯·伊诺曼(John Von Neumann)的期望效用理论,为证券组合提供收益率与风险的度量;
- 利用运筹学中的最优化方法,研究使投资者的期望效用最大化的证券组合。

马柯维茨所提出的证券组合理论被公认为标志着现代金融/财务理论的诞生。由于马柯维茨在组合投资理论方面的突出贡献,其与他的后继者夏普和米勒在1990年共同获得了瑞典皇家科学院授予的诺贝尔经济学奖。

(2) 非确定条件下的资产选择理论、市场间传导机制理论。

马柯维茨在离开了芝加哥大学后的十余年中,没有再碰一下证券组合理论,这就为他的同乡詹姆斯·托宾(James Tobin)提供了领先的机会。从20世纪50年代后期起,托宾写了一系列关于当时经济问题的文章,这些文章汇集成册,名为《国民经济政策》,并于1966年出版。托宾的研究范围十分广泛,在经济计量方法、风险理论、家庭和厂商行为理论、一般宏观经济理论、增长理论和需求管理政策的实用分析等方面都取得了成果。他最突出的研究贡献是金融市场理论中的资产选择理论及其与消费和投资决策、生产、就业和价格之间的关系,即传动机制理论。

托宾的贡献主要可以总结为以下两个方面:

- 非确定条件下的各种资产选择理论,并将其发展为一种金融与实物资产的全局均衡理论。

托宾将资产进行如下分类:

$$
资产\begin{cases}确定性资产\\非确定性资产\begin{cases}动产\begin{cases}证券资产\\非证券资产\end{cases}\\不动产\end{cases}\end{cases}
$$

在以上所有划分中,都可以使用组合选择理论,而只有在最后这一层面上,才是马柯维茨的研究主题。详细信息请参阅托宾在1958年发表的《作为对付风险的行为的流动偏好》一文。

- 关于金融市场与实物市场之间的传导机制理论

托宾认为金融市场与实物市场之间的传导机制为:金融市场变化对消费者、厂商产生影响,进而对生产、就业以及一般价格水平的影响。详细信息请参阅托宾在1952年发表的《资产的持有和支出决定》、1968年的《建立金融模型的陷阱》(合著)以及1969年的《货币理论的一般均衡分析》等论文。

托宾在1981年获得了诺贝尔经济学奖,人们称他是现代金融领域里获得诺贝尔经济学奖的第一人,并将其视为现代金融理论的奠基人。与马柯维茨不同的是,托宾并不拘泥于投资决策的规则制定,而是试图为进一步的分析提供一个基础性的框架。他并没有跟随在马柯维茨身后对证券组合理论进行一些修修补补的研究,而是致力于为资产选择理论奠定微观经济学基础。从他对金融市场和实物经济中各种流量的描述和分析中可以看出,他的着眼点更宽阔。而马柯维茨则比较着重于具体的技术,于细微中看世界。

当然,创立证券组合理论的第一人非马柯维茨莫属。这从瑞典科学院当年的公告中可以看出端倪来:哈里·马柯维茨是20世纪50年代在金融经济学领域里做出先驱性贡献的人,他发展了一种家庭和企业在不确定条件下配置金融资产的理论,即证券组合理论。

(3) 生命周期理论。

莫迪格莱尼(Franco Modigliani)与英年早逝的理查德·布伦伯格(Richard Brumberg)合作,于1953年左右提出了关于消费函数理论中的生命周期理论。

关于消费者的消费行为,他们认为:消费者是有理性的,消费者的消费并非是为了一时一地的效用最大化,而是为了一生的效用最大化,因而就不能根据现期收入的绝对水平来决定自己的消费支出,而是要根据自己一生所能得到的收入与财产来决定自己在各个时期的消费支出。

因此,消费者会把当前和未来预期得到的全部收入和财产按一定的比例分配到他们一生中的各个时期。于是,消费者在各个时期的消费支出与收入水平之间都存在着不同的关系。工作时消费小于收入,而在退休之后消费大于收入。

这正是凯恩斯在理论上提出的绝对收入假定,即储蓄应随着收入的提高而提高,但当时利用消费者的纵向数据无法得到验证。1942年,库兹涅茨[①]指出这一假定是与美国国民收

---

① 西蒙·库兹涅茨(Simon Kuznets),美籍俄国人,被称为经验统计学之父,1971年获得诺贝尔经济学奖。

入与储蓄的统计资料相矛盾的,于是在经济学中就多出了一个悖论。而莫迪格莱尼在根据收入水平对消费者进行了分类之后,由不同组别的横向数据检验论证了这一结论,因而成功地解释了这一悖论。

正是由于他的这一巨大贡献以及他与米勒合作提出的关于公司与资本成本的市场价值定理,莫迪格莱尼在1985年被授予诺贝尔经济学奖。

(4) 现代资本结构理论。

莫迪格莱尼与米勒合作,于1958年提出了非确定性条件下确定公司及资本成本的市场价值的MM公司资本成本定理。默顿·米勒(Merton Miller)与马柯维茨、夏普在1990年被授予诺贝尔经济学奖,以表彰"他们三人在财务经济学理论上先驱性的工作。"正是因为这项大奖的颁发,才使"财务经济学"这门学科无论在经济学还是财务学的领域里,都得以进一步的演进发展,而占有一席之地。

莫迪格莱尼与米勒认为,通过资本市场所确立的公司资本结构和分配政策之间的关系,与公司资产的市场价值和资本成本之间的关系是同一件事的两个方面。在不考虑税收,公司发行证券无交易成本,无关联交易存在,信息披露公正、公开,公司发行的债务无风险以及完全竞争市场的假定下,公司的资本成本以及市场价值与公司的债务与权益之间的分配无关,企业价值独立于其资本结构。因此,在投资时是选择证券融资还是借款,对上市公司资产的市场价值并无影响,公司的分配政策对公司股票的价值也不起什么作用。

(5) 资本资产定价(CAPM)模型。

在马柯维茨之后,还有一位延续他的证券组合理论研究并将其进行完善从而推向新的理论高峰的人物——美国著名经济学家威廉·F. 夏普(William F. Sharpe)。

夏普17岁时进入伯克利加州大学。本来计划学医,但一年之后就改变了主意,选择了企业管理专业。1955年拿到学士学位后,夏普便进入商学院念研究生。此时,他因为做了一位金融学教授的RA(研究助理)而接触到了马柯维茨的证券组合理论。

1956年夏普的第一份工作是在兰德公司找到的,正是在这里他碰到了马柯维茨。夏普开始向马柯维茨求教,试着根据马柯维茨所提出的证券组合模型来研究有没有可以进一步改善的地方。

当时,马柯维茨的证券组合模型需要大量的计算。如果证券组合包括N种证券的话,就需要计算这N种证券收益率之间的$N(N-1)/2$个斜方差,来确定证券组合的风险。

夏普试着采用单一指标的方法来代替这种计算,这样就可以大大降低计算量。正是这一简单的想法催生了后来发表的包括单一指标方法和多指标方法的市场因素模型以及关于资本资产定价的一个应用——CAPM定价模型。

1968年,夏普应邀在斯坦福大学商业研究生院担任一个职务,1973年夏普被聘为金融学教授。这段时间,他又提出了能验证个股与市场指数收益率之间相关程度的β系数的理论。

(6) 现代金融/财务理论的先行者。[①]

除了前面的理论发展以外,我们还可以从研究者的线索了解金融和财务的理论融合。

法国的数学家路易斯·巴歇里(Louis Bachelier)早在1900年就已经提出了股票价格可能遵从随机游动的假定,他认为这可能是市场有效性的一种体现。

---

① 根据周爱民. 金融工程学. 北京:中国统计出版社,2003:40-42整理。

1953年英国的一位统计学家肯德尔(Kendall)借助刚刚发明出来的计算机,验证了对股票价格变动的这一假设。① 但是,这些成果没有引起经济学家们的注意,直到1965年,美国著名的经济学家萨缪尔森(Samuelson)(1965年、1972年、1973年)向人们介绍了巴歇里的研究,并开始涉足其中②,才引起了经济学理论界的关注。大家突然发现,如果股票市场的价格运动是服从布朗运动的话,就意味着股票价格的涨落类似于分子运动所引发的热量扩散过程,因此,金融市场上的价格变动极有可能会满足工程师们经常使用的扩散方程、热传导方程这样一些偏微分方程了。

人们的进一步研究发现,其实法国的数学家路易斯·巴歇里早在1900年就已经给出过一种简单的期权定价公式了。而他的那些包括利率为零、股票价格被允许是负值在内的不切实际的假定,已经被卡斯·斯普瑞克(Case Sprenkle)、詹姆斯·波尼斯(James Boness)以及保罗·萨缪尔森(Paul Anthony Samuelson)进一步地改进了。

卡斯滕·杰克沃斯(Carsten Jackwerth)(1996年)等人在对芝加哥期权交易所(CBOE)交易的标准普尔500指数的欧式期权以及在芝加哥商品交易所(CME)交易的标准普尔500指数期货的收益分布进行实证检验时又进一步发现:这些衍生金融工具的收益分布更接近于双峰分布,近似于列维(Levy)分布。③

1938年马卡雷(Macaulay)提出了目前在资产/负债管理中已得到广泛应用的久期(duration)和免疫(immunity)这两个概念,金融实践中所产生的要求又反过来促进了经济计量学的发展。

1944年纽曼(Von Neumann)和摩根斯顿(Oskar Morgenstern)提出了用期望效用理论来描述投资者的风险偏好,④这就为马柯维茨的证券组合理论奠定了基础。而在此之前人们对包括金融风险在内的许多金融问题的认识都是定性的,直到出现了马柯维茨的证券组合理论才转变了人们的这一看法。

1959年,美国海军实验室的物理学家奥斯本(M. F. M. Osborne)在对股票价格数据进行模拟时,发现了股票价格服从的是对数正态分布,纠正了人们关于股票价格服从正态分布的认识。⑤

20世纪60年代,夏普⑥(William F. Sharpe)(1964年)、林特尔⑦(John Linter)(1965年)以及摩斯因⑧(Jan Mossin)(1966)建立并完善了著名的资本资产定价模型,该模型向人们揭

---

① 见李昌震.关于市场有效性假设.载于现代经济学前沿专题第二集,汤敏,茅于轼主编.北京:商务印书馆,1993.

② Cambell, John Y., Andrew W. Lo, A. Craig Mackinlay (1997). The Econometrics of Financial Markets, Princeton University Press, p20.

③ Carsten Jackwerth, Mark Rubinstein. Recovering Probability Distribution from Option Price. Journal of Finance, 1996, Vol. II, No. 5.

④ Neumann, Von, Oskar Morgenstern. Theory of Games and Economic Behavior, 见 "Who's Who in Economics – A Biographical Dictionary of Major Economics", edited by Mark Blaug and Paul Sturges, Wheatsheaf Book Ltd 1983,(汪熙曾等翻译).北京:经济科学出版社,1987,454.

⑤ Osbome, M. F. M. Brownian Motion in the Stock Market. Operational Research, 1959, Vol. 7, March–April, pp145–173.

⑥ Sharpe, William F. Capital Asset Price: A Theory of Market Equilibrium under Conditions of Risk. Journal of Finance, 1964, Vol. 19, No. 3, Sep., pp425–442.

⑦ Linter, John. The Valuation of Risk Assets and the Selection of Risky Investments in Stock Portfolios and Capital Budgets. Review of Economics and Statistics, 1965, Vol. 47, No. 1, Feb., pp13–37.

⑧ Mossin, Jan. Equilibrium in a Capital Asset Market. Econometrics. 1966, Vol. 34, No 4, Oct., pp768–783.

示了证券投资的收益与风险取决于其与证券市场最佳资产组合的收益与风险的相关系数。

1967年,在美国芝加哥大学举行的一次证券价格讨论会上,哈里.罗伯兹(Harry Roberts)首先提出了证券市场弱式效率、半强式效率与强式效率的区分方法,并得到了一致的认同。[①]

而在此之前的1965年,美国的经济学家法玛[②](Eugene Fama)和萨缪尔森[③]重新提出了有效市场假说EMH(Efficiency Market Hypothesis),他们都认为:在一个正常发挥功能的资本市场中,价格动力学可以用数学上的一个子鞅(submartingle)过程来描述,证券价格明日的最佳估计就是今日的价格。

此外,20世纪60年代还有一些学者对认股权证(warrant)的定价进行过研究,如萨缪尔森[④]、陈[⑤](音译)(Chen)和约翰·谢尔顿[⑥](John P. Shelton)等。

(7) 布莱克-舒尔斯期权定价公式。

无论金融/财务几十年后会发展成什么样,定价理论肯定仍然是金融/财务中的主要内容之一。因此,首次为期权定价从而开了衍生金融工具定价先河的布莱克和舒尔斯注定会成为金融/财务工程学的开拓者。

费希尔·布莱克(Fischer Black),1938年出生于美国的首都华盛顿,1995年去世,享年57岁,一生著作颇丰。按照大多数人的观点,布莱克的资历与学术成就与任何一位诺贝尔获奖者相比也毫不逊色,然而他偏偏却与诺贝尔奖无缘。迈伦·舒尔斯(Myron Scholes)生于1941年,1961年获麦克马斯特(McMaster)大学工程学士学位,1964年获芝加哥MBA学位,1969年获芝加哥大学经济学博士学位。1968—1873年执教麻省理工学院,1972—1983年执教芝加哥大学,1983年后执教斯坦福大学。

20世纪70年代是美国经济形势极为不妙的年代,石油危机、越战、高失业率与高通货膨胀率并存,布雷顿森林体系崩溃,许多银行倒闭。这一切都对传统的经济学理论提出了挑战,金融创新运动要求重新建立起崭新的金融理论以指导人们的行动。虽然在100年前就已经出现了期权交易的雏形,但是标准合约的集中场地交易还尚未开始。市场上出于规避金融风险的需要,迫切要求推出一系列的期权交易,而作为一种衍生的金融工具,如何对其进行定价就成为一个难题。

当时布莱克还在一家投资咨询顾问公司工作,而舒尔斯则在麻省理工学院任教。与布莱克相比,舒尔斯能有更多的时间和精力投入该问题的研究。同时,舒尔斯所具有的把经济问题简化的本领正好与布莱克卓越的数学功力相得益彰。他们通过探讨股票价格运动的内在规律,大胆地做出一系列的假设,从而把期权的定价问题大大地简化了。在这种简化之下,他们终于发现了期权价格服从一种抛物线形的偏微分方程,而这种方

---

① 他的这篇文章并没有发表。见李昌震. 关于市场有效性假设. 载于:现代经济学前沿专题第二集,汤敏,茅于轼主编. 北京:商务印书馆,1993.

② Fama, Engene. The Behavior of Stock Prices. Journal of Business. 1965, Jan., Vol. 37(1), pp34-l05.

③ Samuelson, Paul A.. Rational Proof that Properly Anticipated Prices Fluctuate Randomly. Industrial Management Review, 1965, Spring, Vol. 6(2), pp41-49.

④ Samuelson, Paul A.. Rational Theory of Warrant Pricing. Industrial Management Review, 1965, Aug., pp13-31.

⑤ Chen, Andrew H. Y.. A Model of Warrant Pricing in a Dynamic Market. Journal of Finance, 1970, Vol. 25, Dec., pp1041-1060.

⑥ Shelton, John P.. The Relation of the Price of a Warrant to the Price of Its Associated Stock. Financial Analysts Journal, 1967, Vol. 23, No. 4.

程在数学理论上又早已被证明恰好是可解的。于是,通过把期末股票价格对期权价格的确定性影响向前反推,将期权与股票的当期价格之间的联系通过查阅对数正态分布表的方法来解决,从而布莱克和舒尔斯开拓了随机偏微分方程在现代金融理论中的成功应用。

布莱克-舒尔斯的期权定价公式与以往期权定价公式的重要差别在于只依赖于可观察到的或可估计出的变量,避免了对未来股票价格概率分布和投资者风险偏好的依赖。期权价格仅依赖于股票价格的波动量、无风险利率、期权到期时间、执行价格、股票即期价格。1997年,诺贝尔经济学奖授予了布莱克的合作者舒尔斯以及对布莱克-舒尔斯期权定价公式做出推广的罗伯特·默顿(Robert C. Merton)。由于诺贝尔奖不能授予死者,所以瑞典皇家科学院的诺贝尔评奖委员会在公告中特意提到了布莱克。公告是这样说的:"罗伯特·默顿、迈伦·舒尔斯与去世的费希尔·布莱克合作研究,提出并发展了关于期权评估的第一个公式。他们的研究开辟了一条适合于许多领域的经济估价方法。由此它还创造出新的金融衍生工具,并促进了社会对风险的更有效的管理"。

有人认为布莱克-舒尔斯的期权定价公式是20世纪最伟大的成就之一,因为从20世纪30年代至今,很少有经济理论走在实践前面的事。而布莱克-舒尔斯的期权定价公式是在1971年就做出来了,只是由于出版社的原因才于1973年发表。当时美国芝加哥的期权交易所(CBOE)才开张1个多月,该公式马上就被编制成计算机程序输入了计算机,成为主要的大证券商和投资银行的首选工具。因此,布莱克-舒尔斯的期权定价公式对规范期权市场以及投资者进行投资决策都起到了巨大的作用,并开创了一个崭新的领域——金融/财务工程。

由于冷战时代的高科技体现在原子工程、航天工程,而冷战之后的高科技除了信息工程、生物工程之外,又多了金融/财务工程。大批从冷战时服务的军事部门退出的物理学家、数学家和计算机工程师得以涌到华尔街来从事金融工程的研究工作,所以,有人把布莱克称为"火箭科学向金融科学转移的先锋"。

布莱克-舒尔斯的期权定价公式是现代金融/财务理论中里程碑式的成就,它的应用不仅仅在金融衍生工具的定价上,以下领域也都涉及了期权的概念,如:①经济合同的违约问题;②企业投资的决策问题;③个人与家庭的投资决策问题;④政府政策的定量分析问题;⑤保险合同的定价问题;⑥人力资源的管理问题等。

与萨缪尔森等人的改进相比,布莱克和舒尔斯已经把股票价格呈正态分布的假定进一步修改为股票价格呈对数正态分布的假定。但是,随着现代金融理论和经济计量学理论与实证的发展,现在大家已经意识到了这一假定仍然存在着问题,并进一步提出了股票价格可能服从的是一种与正态分布和对数正态分布都不同的厚尾分布。

这就意味着所有现代金融理论中已经取得的成果,仍然要经受进一步的检验,甚至需要做进一步的修正。可见,现代金融理论与金融工程学的发展仍然具有相当大的潜力和空间。

(8) 期权理论的推广。

期权理论的一个重要推广者是默顿(Robert C. Merton)。默顿1944年生于纽约,1966年获哥伦比亚大学工程数学系学士学位,1967年获加州理工学院应用数学硕士学位,1977年获麻省理工学院经济学博士学位。1970-1988年任教麻省理工学院,1988年后执教于哈佛大学。

1973年,默顿在《经济和管理科学》杂志上发表了论文《理性期权定价理论》,对布莱克-舒尔斯的期权定价公式的假定条件做了进一步削弱,在许多重要方面都对布莱克、舒尔斯的研究做了推广。他对布莱克、舒尔斯的分析方法进行了改进,以股价变动的跳跃过程而不是扩散过程为出发点,也就是认为股价变动是不连续的,这样推导出的公式更加现实。从 1973 年后,默顿和布莱克以及舒尔斯继续合作,在专业经济学杂志上发表了不少论文,将定价公式扩展到许多衍生金融品上。1974 年默顿发表的《企业债务的定价》一文中,他利用期权定价模型解决了企业的定价问题,1977 年他又发表了对贷款担保进行分析的论文,为大型项目成功实施融资提供了帮助。

默顿对企业债务的这种分析,使人们认识到:可以利用期权定价方法对所有具有期权特点的决策问题进行研究,从而使得期权定价理论在投资决策分析中得以广泛应用。期权思想的确立修正了传统的净现值方法。也就是说在投资可以延迟的情况下,企业持有了看涨期权,而此时只有当净现值远大于零时,进行投资才是最优决策,这种分析结果与实际中的最优投资情况往往是相吻合的。许多项目的建设常常需要多期投资才能完成,由于项目建设需要的时间较长,在建设过程中,企业可以根据最终产品价格的上涨或下跌、预期投入成本是否要增加等因素决定是扩大建设规模还是暂时性或永久性停止项目建设。因此这类投资决策可以看作是对复合期权的选择,每阶段完成后企业就具有了是否完成下阶段的期权。投资的最优规则就可归结为如何有效地行使期权,这种决策方式较传统方法的优点在于将整个项目各阶段结合起来进行评价,使决策的准确性更强。

可以说默顿等人的理论开创了一个新的领域,尤其是在风险管理上是有定量理论可以运用的,这是 20 世纪经济科学中最大的一个进展。从科学意义上讲,这一理论把数理经济从丁泊根到萨缪尔逊的努力推到了最高峰。

综上所述,金融和财务有时混在一起说是有一定的理论基础和实践意义的。本书侧重于站在企业角度的讨论。

二、财务风险管理的内涵

(一) 财务风险管理的定义

风险是指未来因素的不确定性。实际上,我们通常将风险与未来预测不到和不希望发生的事情联系在一起,因此,我们这里定义一个更为广义的风险定义,即风险是指结果的任何变化。这里既包括了不希望发生的结果,也包括了希望发生的结果。这些不确定性最终会体现在企业财务状况的变化上,影响企业的价值,因此我们称之为财务风险。

有了前面介绍的金融和财务的区别与融合,我们就很容易理解,财务风险管理就是站在企业角度,利用金融工程师开发的金融产品,设计规避风险的方案,创造性地解决财务问题,为企业进行风险管理服务的一个过程。从某种意义上讲,金融企业除了提供金融产品外,还需要为金融产品进行定价,那么财务风险管理的核心就是运用金融工程师提供的产品为公司规避风险提供有效的解决方案。

以上的定义包含了"设计"与"创造性"这些关键词,概括起来就是"创新"。创新包含了三层含义:一是思想的跃进,这一层次的创新程度最高,如第一份期权合约的产生;二是指对已有观念作重新理解与运用,如商品交易所推出金融期货作为新品种,以及由此衍生的一些新产品;三是指对已有的金融产品进行分解与重新组合,目前层出不穷的新型金融工具的创新大多建立在这种组合、分解的技术之上。

财务风险管理通常和财务工程联系起来,甚至有人干脆把二者等同起来,这是因为二者都需要通过识别风险、度量风险和确定公司管理层想要获得的结果,为公司的风险提供结构化的解决方案。要真正有效地掌握财务风险管理技术,必须要基于现代金融/财务理论,依托信息技术,灵活地运用各种工程思维活动,将现代金融/财务理论、信息技术与工程方法相结合。如图 1-1 所示。

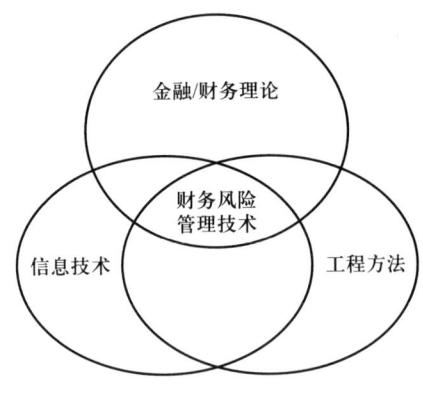

图 1-1 财务风险管理与其他学科的关系

(二) 财务风险管理的创新

财务风险管理的关键在于风险管理技术的创新和创造,但创新并不意味着一定是从头开始,而是更多地体现在为客户特定的财务问题找出较好的解决方法的系统过程,这一过程表现为诊断、分析、生产、定价和修正。

(1) 诊断:定义客户特定问题的性质和产生的原因。

(2) 分析:根据现行金融市场的体制和法规、现有的金融技术和金融/财务理论,找出能够解决该问题的最好的方法。

(3) 生产:创造出何种产品可以解决客户的问题,是用现有的产品还是将现有的产品组合推出新的产品。

(4) 定价:确定产品的生产成本和毛利,并据此确定产品的售价以便出售给客户。

(5) 修正:针对每一客户特定的需要对产品进行修改或定做。在大多数情况下,企业(客户)面临的问题具有普遍性,但是也可能会遇到某一客户的特定需要。因此,从成本/收益方面权衡,确定是否有必要做一些详细的变化以适应特定客户的需要。

关于创新,实例分析 1-1 可以说明财务风险管理在为客户解决具体问题中的一些创新思路。

实例分析 1-1:大多数投资者和管理者都希望投资没有风险,或者说在到期时收益能够确定。通常财务风险管理者与金融企业一起帮助他们解决这一问题。

通过诊断和分析,如果客户现在拥有 1 000 股 A 公司现行股票,价格为每股 100 元,2 年后能够确保其头寸价值,即最低值为 100 000 元(100 元/股),这样就可以使客户的问题得到最好的解决。那么,通过财务风险管理,可以推出一种称为"确保收益证券"的产品,这一证券具有这样的特性,即 2 年后到期时要不股票价格上升,要不股票价格等于现行价格(100 元/股)。

假设,预期 A 公司股票 1 年后的价格为每股 90 元或 115 元。如果股票价格为 90 元,估计 2 年后的股票价格为每股 70 元或 110 元;如果股票价格为 115 元,那么在 2 年后可能是 90 元或 140 元。A 公司在此期间不支付任何股利,每年的无风险利率为 5%。有关 A 公司股票价格走势的特性如图 1-2 所示。

解析:构造这种确保收益证券,可以采用以下两种方法。

方法 1:创造这样一种产品,即一种基金单位信托,该产品由 A 公司 1 000 股股票和 2 年期、利率为 5%、到期本利和为 100 000 元的国库券组成。该信托又分为两类证券:X 类证券和 Y 类证券。

X 类证券具有这样的特性:在第二年年底能完全收到 A 公司 1 000 股股票的价值(股票

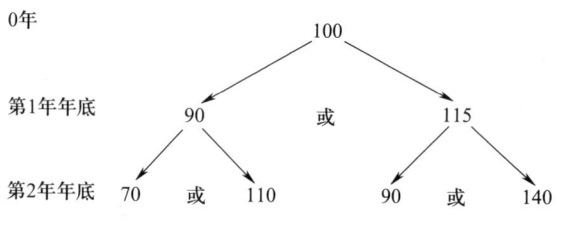

图 1-2 A 公司股票价格走势特性

价格高于 100 元),或者收到初始投资的 100 000 元(股票价格等于 100 元)。在此期间,X 类证券的投资者可以获得 A 公司支付的所有股利,并了解股票的操作情况。

Y 类证券具有这样的特性:Y 类证券的持有者只能收到在满足 X 类证券持有者收益之后的剩余资产,因此称为"剩余索偿证券"。

因此,有关该信托在 2 年后的可能支付情况如表 1-3 所示。

表 1-3　单位基金信托第 2 年年底的支付状况　　　　　　　　　　单位:元

A 公司股票价格	单位基金信托的价值*	X 类证券	Y 类证券
70	170 000	100 000	70 000
90	190 000	100 000	90 000
110	210 000	110 000	100 000
140	240 000	140 000	100 000

* 单位基金信托的价值 = A 公司股票价格 × 1 000 股股票 + 国库券价值 100 000 元。

通过表 1-3 可知,在 A 公司股票毫无价值的情况下,也能保证 X 类证券收益 100 000 元,这是因为最终可以获得国库券的价值 100 000 元。因此,这一信托能够满足客户的需要。

基金信托的成本是 190 703 元(= 1 000 股 A 公司的股票价值 100 000 元 + 2 年期、面值 100 000 元的国库券按 5% 的利率贴现的价值 90 703 元),所以对这一产品的定价至少应该等于 190 703 元。

这种方法适合于具有买方需求的承销活动,强调的是推销这一基金信托的能力。在这种产品的推销过程中,金融中介更像是代理而不是交易主体。事实上,由于 X 类证券能够直接解决客户面临的问题,推销较容易;而 Y 类证券则主要为吸引"追逐便宜货"的投资者设计的。通常在产品定价中,X 类证券价格较高,而 Y 类证券的价格较低,这样可以相互抵补。中介在销售这些证券中必须对信托提供资金,但是,一旦这些证券被销售出去,中介在交易中就既不占用资金,也没有风险了。

方法 2:创造确保收益证券可以采用"动态"或"合成"交易的方法,这是用有效的交易工具替代有效的分销系统,更有赖于先进的计算机技术,以及专业技术人才或在索偿权定价方面的技术。这种方法实际上是创造了一种精致的投资组合,使得最初投资资金等于不用再注入资本且保证此策略能充分实施的最小数额。因此,最初投资为 106 315 元,即 A 公司股票和国库券的组合。

此类组合的假设为:如果 A 公司股票价格上升,出售国库券来购买更多的股票;如果 A 公司股票价格下跌,则出售股票用于购买国库券。

确保收益证券的动态交易过程如表1-4所示。

表1-4 确保收益证券的动态交易过程　　　　　　　　　　　　单位：元

0年

70 400	购买A公司股票704股，每股100元
35 915	投资利率为5%的国库券
106 315	总投资

1年后

若A公司股票是90元，卖出454股股票，价格90元。

卖出前的价值		卖出后的价值	
63 360	704股A公司股票（90元/股）	22 500	（704-454）股A公司股票（90元/股）
37 711	本金和利息	78 571	追加收益率为5%的国库券投资*
101 071		101 071	

若A公司股票价格是115元，买进96股股票，价格115元。

购买前的价值		购买后的价值	
80 960	704股A公司股票（115元/股）	92 000	（704+96）股A公司股票（115元/股）
37 711	本金和利息	26 671	出售国库券后的价值**
118 671		118 671	

2年后

如果1年后A公司的股票价格是90元，并且此时：

股票价格是70元		股票价格是110元	
17 500	A公司股票250股（70元/股）	27 500	A公司股票250股（110元/股）
82 500	本金和利息	82 500	本金和利息
100 000	投资组合价值（100元/股）	110 000	投资组合价值（110元/股）

如果1年后A公司的股票价格是115元，并且此时：

股票价格是90元		股票价格是140元	
72 000	A公司股票800股（90元/股）	112 000	A公司股票800股（140元/股）
28 000	本金和利息	28 000	本金和利息
100 000	投资组合价值（100元/股）	140 000	投资组合价值（140元/股）

* 卖出454股股票+37 711元。

** 购买股票的资金来源于出售国库券的价值，因此，国库券的价值减少至37 711元-96股（115元/股）=26 671元。

从表1-4中我们可以看出，动态或合成交易过程，对金融中介来说，就像制造业的装配线，在组合中交易的证券（A公司股票和国库券）就像是在生产中投入的原材料，而产出或产成品就是与客户签订合约中所许诺的、与之相匹配的或有支付。

方法2的动态交易与方法1相比，有以下几个优点：

（1）由于组合是客户看得见的，并且中介在发行该证券（签订合约）后不必涉及另一个机构（比如基金信托），因此，与客户之间的交易比较容易达成。

（2）为特定的客户"量体裁衣"更为方便而有效。

（3）由于"配料"是股票和国库券的头寸变化，这就像数控装配线一样，只要在同一生产线中改变其配方，则会产出不同的产品，即相同的生产线、不同的产出。

（4）在标准生产水平成本上，为客户生产所需的金融产品。

当然，方法2并非一定优于方法1，虽然在此例分析中，方法1的成本190 703元高于方法2的成本106 315元，但是，方法2需要有支持动态交易运行的技术成本，这往往要高于方法1的技术成本。更重要的是，在动态交易中，中介要承担在生产过程中的错误风险，如头寸买卖的错误以及第2年年底股票价格与原来预期有较大的差异。

三、财务风险管理对企业管理的作用

通常，传统的观念认为，财务风险管理仅仅是利用金融工具规避企业的不利，对企业的经营决策和长期发展战略不产生影响。因此，企业的高层管理人员在制定公司长期发展战略、短期经营策略时，传统的做法主要是借助于生产部门、营销部门以及研究与开发部门反馈的信息，并根据各部门一些专家的分析、建议进行决策。然而，随着金融产品的不断创新，财务风险管理不仅使得企业作为金融产品的最终用户，运用金融工程师提供的金融产品规避企业的不利，还可以使得金融产品成为一种企业决策的有力工具，并将金融产品进行综合运用，协助企业经营决策，确保企业的规模经营活动，达到股东财富最大化，融资成本最小化。

（一）运用金融产品解决供货能力的不确定性

面对不断扩大的需求量，通常高层管理人员感到为难的是：是否应该扩大项目投资以提高供货能力或生产能力。但是，扩大项目投资，需要大量资金的投入，还具有很大的不确定性。怎样才能不增加巨额投资，不承担市场风险，又能满足客户的需求呢？1994年美国TVA电力公司就面临着这样的问题。

TVA是美国一个独立经营的国有电力公司，它向与田纳西州相邻的5个州的160多个市政和合作社经营电力公司销售约2 000万千瓦的电力。该电力公司以开发水电起家，到20世纪50年代，电力负荷的需求迅速增长，促使TVA积极建设火电站，继而建设核电和燃气电站，电力生产逐渐成为TVA最大的经营资产。据2001年资料显示，TVA已拥有48座各类电站，近3 000万千瓦保证容量，是美国最大的公共电力企业。

1994年该公司预测随后几年，尤其到1997年，该地区将达到用电高峰。为了满足用电需要，公司要增加足够的供电能力，那么随后的六年内，每年要投入到核能发电项目的投资将是17亿美元，这对TVA来说无疑是巨大的资本预算压力。此外，国会对TVA公司项目融资的限额是300亿美元，但是，到1994年为止，TVA已花了260亿美元。因此，在随后六年每年增加17亿美元的项目投资肯定会超出国会对项目融资的限额。

1994年年初，TVA客户规划组的工程师们聚在一起讨论解决方法。他们提出的解决方案是：TVA可以通过购买"电力看涨期权"来满足客户对电力增加的需要。这一方案表明，TVA购买了看涨期权，相当于拥有了一种在未来某一时间，以一定的协定价格从其他电厂购买电力的权利。这样，TVA结合客户各时期需求状况和自己生产能力，确定购入不同期限的期权合约数量。同时可以根据市场需求状况及价格情况，决定是否履行期权合约。当市场预测有偏差，届时实际电力需求较低时，TVA可选择履行部分期权合约，而损失的仅是部分期权费；若实际电力需求较高，则TVA可选择履行全部期权合约。

期权在解决这种不确定性方面起到非常重要的作用。我国目前虽然没有在交易所挂牌的期权交易品种，却并不意味着期权在我国没有应用的实例。2003年"非典"之后河南省禹

州板蓝根种植①问题正好说明了这点。

2003年春节过后不久,我国发生了具有高度流行特性的"非典型性肺炎",在国外又被称为"SARS"病毒。对于这种人类过去从未接触过的病毒,医生们一时束手无策。人们对于病毒的普遍恐惧加上现代医学的无能为力,使得禹州药材市场上的板蓝根价格一夜之间"涨疯"了。

中药材种植业一直是禹州的主要农业支柱产业,古有"药不过禹州不香"的美誉。而板蓝根则是禹州中药材种植业的主力品种,种植面积和交易量约占全国总量的10%。2003年的"非典"事件让那些储备了许多板蓝根药材的药商和种植板蓝根的药农确确实实地赚到了不少的利润。"非典"过后,板蓝根的价格随之回落,对于禹州种植板蓝根的药农们来说,行情火爆的2003年也就这样过去了。

充满了不确定性的2004年到了。播种时节,禹州的药农却犹豫不决,他们不知道当年板蓝根的行情会怎么样,因为没有人能够预测"非典"是否还会再次袭击中国大地。如果减少板蓝根种植面积,而"非典"又再次不期而遇,他们岂不是错失了一次机会?如果扩大板蓝根种植面积,而"非典"却没有发生,他们就会蒙受重大损失。如何解决这个问题呢?

没有政府的计划,没有学者的指点,没有评论家的建议。禹州种植板蓝根的药农和药材市场的药商们自己找到了解决问题的方法。板蓝根种子开播时,药商和药农达成了协议。药商先向药农支付每亩②板蓝根800元人民币的定金,这样一来,药商就有权在板蓝根收获季节以每亩1 500元的价格收购农民的全部收成。

根据这样的安排,如果板蓝根价格上涨,药商就会来收购板蓝根,药农就会得到800+1 500=2 300元的收入,仍然高于他们平常年份的收入;如果到时候,"非典"没有光顾中华大地,则药商就可以不收购板蓝根,药农就得到了800元定金,加上自己地里种的板蓝根,多少也有一些补偿。

这是解决板蓝根风险的最好办法。因为板蓝根的行情完全取决于"非典"的疫情,而"非典"疫情却是谁也无法预料的,因此,板蓝根的未来行情也是无法预料的。这种定金和收购协议相挂钩的形式,其实是一种板蓝根的看涨期权。药农出售了一项权利给药商:在"非典"再次爆发的时候,药商有权以每亩1 500元固定的协定价格购买板蓝根。药商为了获得这项权利,支付给药农800元期权费。

这800元期权费,使得药商预先锁定了自己的风险:最大损失不过是每亩板蓝根损失800元。如果"非典"没有爆发,板蓝根的市场价值肯定低于1 500元,他们不必再按照1 500元的价格从农户手中收购板蓝根,药商总损失也就是每亩地800元,从而锁定了损失。如果"非典"爆发,板蓝根的价格肯定再次上涨,药商就可以按照低于市场价格的收购价即1 500元从农民手中买下板蓝根,从而获利。

这800元的期权费,使得药农提前获得了收益,是药商对药农承担相应风险的合理补偿(药农的风险在于如果板蓝根价格跌破每亩800元)。通过开创这种板蓝根期权交易,禹州的农民和药商有效地解决了这个问题。

可贵的是,这项期权费是在禹州那个一边是戏台,一边是仓库的中药材市场的水泥地堆场上形成的公开市场价格。这可能是中国大陆第一次由市场交易并定价的期权合同。通过

---

① 周洛华. 中级金融工程学. 上海:上海财经大学出版社,2005:147-150.
② 1亩≈666.67平方米。

这种期权交易,"板蓝根的价格"和"板蓝根的风险"被分离开来,分别在市场上得到了合理的定价。原本由于不确定性太高而使买卖双方无法决定板蓝根的价格,现在干脆把附着在板蓝根这个交易品种上的不确定性剥离出来,单独进行交易。这样反而使那些农民和药材商人各得其所:交易板蓝根实物的仍然是买卖双方;而交易板蓝根期权的,则演变成为多空双方。这是中国农民创造性地运用金融衍生工具解决现实问题的成功范例。

为什么是板蓝根,为什么是禹州,为什么是2004年?结论是:因为板蓝根过去是一个需求稳定的品种,其未来价格的波动率不高,本来不需要创造新的期权工具。其他农作物也是类似的情况,需求稳定,波动率小,使得这些农作物的交易双方对未来的价格比较容易形成一致的判断。而经历了2003年的"非典"事件之后,板蓝根这个品种已经变成一个极具不确定性的农产品,交易双方无法达成对未来价格的一致判断,他们只能对板蓝根未来价格的波动幅度达成一致,这种波动幅度就体现为800元的期权价格。而这每亩板蓝根800元期权的价格也同时体现在禹州中药材市场上,多空双方对于在2004年中国再次发生"非典"疫情这一不确定性事件可能性的判断。

(二) 运用金融产品增强股东的信心

股东决定放弃持有某公司的股票,往往是因为他们认为投资的风险要大于收益。此时公司的高层管理人员总是设法劝说股东要增强对公司的信心,继续持有公司的股票,尤其是当股东是本公司的雇员时更是如此。因为雇员购买公司的股票,其自身利益与公司的收益紧密相关,这有助于鼓励雇员更加勤奋地工作。然而,大多数雇员是风险厌恶者,因此要说服雇员购买本公司的股票并不容易。1993年法国R-P化工公司在股份制改造中就遇到过这一难题。

1993年年初,因实施私有化,R-P化工公司对外发行股票。政府和公司为鼓励雇员购买股票,给予了10%的折扣优惠。然而,雇员的反应却十分淡漠,只有20%的雇员参与购买股票。这又是财务工程师面临的一个问题:怎样才能找到一种既能降低雇员持股风险、又不增加公司额外成本的完美方案呢?

于是公司求助于美国信孚银行,得到的解决方案是:R-P化工公司保证雇员投资可获得最低收益,即持股雇员除了拥有股票相应的表决权外,还可以在四年半后获得最低25%的收益率,但同时只能在此基础上享受到2/3的股票溢价。R-P化工公司这一举措大大地鼓励了雇员购买本公司的股票,又不增加额外成本。这是因为股票上市后,实际上在金融市场上是由金融中介来管理雇员的股票组合风险,R-P化工公司不用承担股票下跌的风险。而通过鼓励雇员持股,激励雇员更加勤奋地工作,有助于实施更好的人力资源政策。在这一财务工程的运用中,雇员放弃了1/3的股票溢价,但得到最低收益的保证,这相当于出售较低价格看涨期权和买入较高价格的看涨期权的组合,更重要的是借助于金融产品的组合,R-P化工公司在股票发行中的净成本没有超过原来设定的折扣优惠的成本。

(三) 运用金融产品分散投资风险

国际财务管理的实践以及很多实证研究都表明,通过股票的跨国投资可以满足:在相同的风险条件下,国际组合投资的收益要高于纯国内组合投资的收益;在相同的收益条件下,国际组合投资的风险要小于纯国内组合投资的风险。因此,20世纪80年代以来,许多发达国家的机构投资者大都实施这种国际组合投资。然而,一些小国家或者一些欠发达国家的投资者却因本国外汇管制以及资本流动的限制,无法将资金投资到别国股票市场。

金融产品的运用可以解决这些国家中的公司对外投资的难题,具体方法就是运用国际股票的收益互换。

例如,A 国是一小国,限制其资金的流出。该国 B 公司受到本国政策的限制,只能投资于国内股票市场,运用互换协议,B 公司可以同国外投资者签订国际股票收益互换协议来实现跨国多元化投资,以分散投资风险。这种互换并不涉及本金互换,其最终结算金额是国内股票市场与世界股票市场收益之差。

假设 B 公司与国外投资者进行互换的名义本金是 10 亿美元,其互换资金流入如表 1-5 所示。

表 1-5 B 公司与国外投资者股票收益互换现金流

国际股票平均收益率	国内股票平均收益率	名义本金	B 公司现金流*
11%	8%	10 亿美元	+3 000 万美元
10%	12%	10 亿美元	−2 000 万美元

* 当国际股票平均收益率大于国内股票平均收益率时,B 公司的现金流为净流入 =(11%−8%)×10 亿美元 = 3 000 万美元;当国际股票平均收益率小于国内股票平均收益率时,B 公司的现金流为净流出 =(10%−12%)×10 亿美元 = −2 000 万美元。

从表 1-5 可以看出,国内外投资者都可以从中受益。B 公司运用互换协议可以获得两方面的好处:一方面可以减少成本,因为直接投资于东道国股票市场要承担股利税等一些税负,而通过互换方式则可以避免此种税负成本;另一方面可以减少头寸风险,因为互换方式暴露的头寸仅是两地股票市场收益之差(如 3 000 万美元),而不是到当地股票市场投资的本金加收益总和(11.1 亿美元)。

以上实例分析说明,财务风险管理是为实现既定的财务目标,把各种金融工具作为组件适当配合并加以调整的过程。如在公司财务管理中学到的可转换证券等,都是将金融产品期权工具运用到财务管理中。

四、财务风险管理与财务风险分析

"分析"通常被定义为研究事物本质,以确定其基本特征及相互关系的方法。而"管理"则是综合地运用各种技术方法,如数字建模、数值计算、网络图解、仿真模拟等,构造出一种新的金融/财务工具和手段,或者对某个金融/财务问题给予创造性解决的过程。

风险分析与风险管理的作用相混淆,是因为在实践中,有许多财务分析家在进行风险分析时并未意识到已涉足于财务风险管理领域,在公司管理层尤为如此。

例如,当财务分析家受命负责解释某种状况时,在完成这项工作的过程中,他会逐渐理解这种情况是如何发生的,如果此时涉及某个具体问题时,分析家就有可能作为现成的专家被要求针对这一问题提出具体的解决办法。这位分析家可能受过、也可能没有受过足够的专业训练,可能具备、也可能不具备所需的技能,可能拥有、也可能不拥有充足的关于解决这一问题的金融产品的专业知识。尽管如此,面对如此局面,大多数财务分析家总会试图提出某种解决问题的方法。然而,由于缺乏足够的知识基础,财务分析家提供的解决方法可能与最优解相差甚远。

实例分析 1-2:H 航空公司是具有国内外飞行航线的航空公司,最近一段时间的现金流量非常不稳定,公司管理层希望了解:①现金流量不稳定的根源是什么?②如何消除这种不稳定的因素?

请问:财务风险分析家需要做什么?财务风险管理者需要做什么?

解析:作为财务风险分析家,他会对公司过去的现金流量进行分析,在分析中根据航空公司的具体情况可能会考虑以下一些主要因素:

(1) 长期趋势。分析该公司是长期以来现金流量一直不稳定还是偶尔不稳定。

(2) 季节性因素。分析这段时间的现金流中,是否包括了节假日(比如"五一"、"十一"和春节)。

(3) 石油价格波动的影响。石油价格的上升,会导致航空燃料油的上涨,而航空公司在燃料油方面的成本占了总成本的30%~40%,从而影响了现金流量。

(4) 汇率因素。

(5) 随机因素。

财务风险分析家将以上每一因素分解出来加以分析和度量,找出影响现金流量不稳定的关键因素,解释公司现金流量的组成成分以及对公司的影响,分析其公司潜在的风险以及产生这些风险的根源。至此,财务风险分析家的工作就已经完成了。但是,仅靠这些分析并不能解决问题。要消除这些不稳定因素,就得借助于财务风险管理。财务风险管理者将延续分析家的工作,他会为不稳定性问题提出一种结构化的解决方案。比如是否有必要使用石油期货来规避石油价格上涨的风险?对外汇风险管理是使用远期、期权、期货,还是其他组合的衍生工具?等等。

在实践中,风险管理与风险分析的职能很难将他们严格地区别开来。

第二节 财务风险管理方案的选择与基本框架

一、影响财务风险管理的相关因素

(一) 环境因素

财务风险管理技术的提升和发展是一系列综合因素相互作用的结果,这些综合因素同时也影响着企业外部环境的变化。所有的综合因素可归纳为两大类:外部因素和内部因素。

1. 外部因素

外部因素是指那些影响公司经营业绩的因素,如价格波动、市场的全球化、税收及会计方面的法规和政策、金融/财务理论的发展等,在这些因素中,主要涉及税收的不对称性、科技进步以及法规的变化和竞争的加剧。

(1) 税收的不对称性。在实践中,许多财务风险管理技术都充分利用了税收的不对称性。税收的不对称性的存在主要基于这样一些因素:首先,政府对某些行业给予特殊的税收豁免与优惠来促进其发展与成长,或者向某些特别的方向引导和调整其发展;其次,不同国家向企业施加不同的税赋,或有的国家向国内企业和境内经营的外国企业征收不同的税赋;最后,一些企业过去的经营业绩留给企业相当可观的税收减免或冲销额度,这些额度有效地免除了一些企业在未来几年中的纳税义务。

在企业中,典型的利息和股利支付政策对企业收、付双方在税收上的影响就完全不同。

实例分析1-3:①A企业向B企业支付利息,税收对两家公司的影响有哪些?②如果A公司的边际税率是40%,公司可以按10%的成本借入资金。假设A公司借入1 000万元用来购买B公司股利为8%的优先股,这一做法是否可行?③假如B公司享受政府给予的税收优惠,税率为12%,A公司是否可以按10%的利率向B公司借钱并且用此款购买B公司股利为8%的优先股?(假设收到的优先股有80%是可以免税的)

解析: ① 在这一过程中,利息在A企业中是可以在应税收入中完全扣除的,因而可以抵减A企业的所得税,而B企业收到利息,这是归属于应税收入中的,B企业是要支付所得税的。

② 作为股利来源收入,公司在支付股利时已被征税了,因此拥有股利收入的公司对其股利收入大部分是免税的。根据题意,公司收到的股利有80%可以享受免税。在此实例中,A公司从表面上看成本10%大于收益8%,但是考虑税收后,结果就大不一样了。A公司的收益和成本如下:

成本:因为10%的利率是税前成本,而利息是可免税的,因此,公司的税后成本为6%(10%-10%×40%=6%)。

收益:由于股利的80%是免税的,只有20%是按40%的税率征税,因此实际收益为7.36%(8%-8%×20%×40%=7.36%)。

由于收益7.36%大于成本6%,所以A公司的做法是可行的。

③ A公司的成本和收益在问题②中已分析了,该做法是可行的。现在主要分析B公司的收益和成本。

B公司收到利息10%是要纳税的,因此,税后收益为8.8%(10%-10%×12%=8.8%),而成本是支付的优先股股利8%,因此,收益大于成本0.8%,所以B公司在此项交易中也是获利的。

在问题③中,实际上是A公司的债务与B公司的权益互换,双方均获利,但获益程度是不一致的。这种互换涉及一些风险。如B公司的税率上升而A公司的税率下降,或A公司违约,不还B公司的债务。对第一种情况,可引入一些特别条款允许一家公司在赎回它的债务的同时,另一家公司可以赎回它的优先股。对第二种情况,则可以要求A公司以持有B公司的优先股来担保所欠债务。

(2)科技的进步。科技的发展与计算机的发展有着密切的联系,而与计算机技术进步密切相关的是远程通信技术的发展,通信的发展使世界范围内的即时协商可通过有线数据线路传送数据和通过卫星传递信息和数据。同时,软件程序方面也有了重大的发展。没有软件方面的发展,计算机与远程通信的进步几乎是毫无意义的。在风险管理方面最为重要的发展是工作表软件程序的出现,它使复杂的金融交易的建模成为可能。在引入计算机和工作表软件之前,正如一句华尔街的老话所言:"三方交易无法轧平"①。正是因为引入计算机和工作表软件后,典型的三方交易货币互换和利率互换才迅速地发展起来。

还有一项重要的金融产品也说明了科技进步推动了产品的运用。1982年设计了第一批股票指数期货合约(第一份这样的合约是由堪萨斯城期货交易所引入的价值线综合指数期货合约),但是在股票指数期货合约估值方法和纽约股票交易所中订单匹配系统引入之前,这些合约的交易活动一直很少。然而,在这些工具到位之后,聪明的财务/金融工程师便找出利用这些指数期货的市场价格与其公平价格不一致来套取利润所必须的数字关系,然后将这些关系转变为计算机程序,并采用必要的硬件和数据连接获得持续的数据来源来执行即期订单。逐渐地,这些程序变得越来越精致了,到1985年年底和1986年年初,这种交

---

① 原文是:Three-way deals don't close.

易方式已正式成为左右股票市场的主要力量。程序控制的交易活动提高了市场形成股票价格的效率,实际上成为传递信息的机制。

因此,我们可以看到,如果没有相应的技术进步,金融方面的演进将是不可能的。跨入2000年后,全球国际金融市场随着计算机网络的发展,金融创新也不断涌出。比如金融交易场所公司制开始取代传统的会员制;网上电子交易开始替换传统的集中竞价交易;全球交易所"跨国联姻",通过降低成本迎接新兴的电子交易平台和其他替代交易平台的竞争;金融跨业经营将主导国际金融产业的发展。

(3) 法规的变化和竞争的加剧。近10多年来,得益于金融管制的放宽,使得财务风险管理的环境更为宽松,更有利于方法的创新。放松管制促进了竞争,竞争的压力又促使人们去努力废除过去几十年累加在金融行业上的管制。1999年11月12日,美国总统克林顿签署了《金融服务现代化法案》,该法案结束了银行、经纪人和保险公司之间不相往来的状况,从而使美国国会1933年筑起的格拉斯-斯蒂格尔(Glass-Steagall Act)墙像柏林墙一样被送进历史博物馆。

《格拉斯-斯蒂格尔法案》是美国20世纪30年代经济大萧条的产物,它的主要内容是限制银行业、保险业和证券业的交叉经营,在当时颇具意义,它与当时采取的其他法规性措施一样,无疑有助于恢复人们对银行系统的信任。随着科学技术、知识状况以及国内外竞争和风险管理技术的演变,银行为了按照客户所要求的规模提供服务,必须成长和发展。事实上,尽管一直存在严格禁令,但这些行业仍有"相互侵犯领域"的现象。因此,1997年美联储放开交叉持有禁令,修改了《格拉斯-斯蒂格尔法案》,允许银行20%的收入可来自于"20款"规定的、能承销股票的子公司。实践的突破必然导致立法的突破,美国金融界20年的呼声终于呼唤出了《金融服务现代化法案》。克林顿也高兴地对国会和财政部官员说:"这项法案是真正具有历史性的,我们为美国人民做了一件好事。"

投资银行与商业银行的混业经营有以下两点优势:①混业可使银行全面开展金融业务,减少风险,降低成本,实现规模经济;②稳定了银行客户,使银行为企业融资、投资、结算进行一条龙服务,能较全面地了解客户的财务状况,解决单一商业银行业务的最大障碍——信息的不对称问题。

总之,金融管制的放松,为财务风险管理者施展才华提供了更为广阔的空间与舞台。

2. 内部因素

企业内部因素也促进了财务风险管理的发展,这些因素有:流动性的需要,经营者和所有者对风险的厌恶程度,降低代理成本的要求,管理人员熟悉定量技术和管理能力的提高,以及会计方面的好处。

(二) 风险和利益相关者的关系

在公司财务管理(或公司理财)中,我们知道股东和经理之间存在利益冲突,实践中,他们二者在风险方面也存在着不同的看法。

股东愿意投资一家公司,这是因为这家公司的风险和收益是相匹配的。若风险增加,股东的要求收益率也会增加,从而导致现有的股东出售其手中的股票,使得公司的股票价格下降,企业的价值会下降。然而,管理层则有他们自己对风险的态度,没有股东的支持,管理层可能将远离有风险的业务,他们不像充分多元化的股东,而是更愿意依赖公司的财务稳定并获得成功。因此,为了股东财富的最大化、平衡股东和管理层对风险的态度,选择好财务风险管理的方法就十分重要。

此外，由于信息的不对称，债权人和股东也存在着利益冲突，为了解决这种利益冲突，股东会面临着利率的上升、代理成本的上升或财务拮据成本的上升，从而导致财务风险增大，企业价值下降。然而，通过选择合适的财务风险管理方案，可以避免以上成本带来的不利，提高企业的价值，有利于股东财富最大化。

二、财务风险管理方案的选择

企业在经营活动中都会遇到不同的风险，如影响企业总体运行方向和产出的宏观经济因素或公司政策改变的战略风险，或者由于资源、业务的不确定影响项目或公司运行的战术风险，以及每天影响公司运行的经营性风险。管理财务风险是需要付出成本的，因此，对于这些风险，我们要不去接受它，要不就去处置它。什么样的风险我们可以去接受它，什么样的风险我们去处置它，取决于这些风险发生的可能性以及对结果的影响程度。我们可以用4T[①]方法来进行判断。如图1-3所示。

	风险影响程度	
	低	高
发生风险可能性 高	处置	终止
发生风险可能性 低	容忍	转移

图1-3 财务风险管理方案的选择

图1-3显示，当风险发生的可能性低，且发生后对结果的影响程度也低，那么我们就去容忍这类风险，并不需要去管理它。比如，修剪草坪的公司面对原油价格的上升，由于其成本仅占公司总成本的4%，所以公司采取容忍的态度，没有必要去处置它。又如，断电可能引起严重的生产中断，却很少有企业会考虑购置一台发电机。但一家非常依赖于计算机系统的呼叫中心可能就需要购置一台发电机。

当风险发生的可能性低，且一旦发生其影响程度很高时，我们可以采取的方法是转移风险，将风险转移到其他地方去。比如，发生火灾的可能性很低，但是一旦发生，对企业来讲可能就是毁灭性的，因此，通过购买火灾保险可以将这类风险转移给保险公司。保险公司为什么接受承保呢？在第二章中我们会涉及这一问题的分析。再如，在国际经济交往中，公司用自身常用的币种签订合同将其汇率波动的风险转移给了交易对手。

当风险发生的可能性高，且发生后影响低时，我们就需要直面它，处置它，将这类风险控制在一恰当位置。处置风险通常采用缓解风险的方法，比如：对成本进行控制；针对价格风险进行套期保值；采用多元化组合分散风险。

当风险发生的可能性高，且发生后影响程度也高时，我们就终止它。对这样一类项目我们一开始就不进行，若项目运行中发生此类风险，最好的风险管理方法就是终止这个项目而不是继续进行。

本书重点讨论处置风险，但值得注意的是，分散风险只针对非系统性风险，而系统性风险只能用套期保值的方法处置。因此，本书主要讨论的是针对系统性风险的套期保值的方法。

三、财务风险管理的基本框架

财务风险管理由于涉及金融工具的运用，很容易与金融风险管理的内容混淆。本书希望通过提出一个财务风险管理的基本框架，使读者更为明确地了解财务风险管理的实质。

---

① 4T 是英文 Treat、Tolerate、Terminate 和 Transfer 这四个词的字头。

在公司财务管理中,我们将财务定义为确定企业的价值,因此,财务风险管理同样是围绕实现企业价值来讨论的。根据前面对财务风险管理的定义,我们在此更多地强调通过对财务风险管理的学习,可以获得一种为企业创造价值的能力,这种能力在于发现价值、选择适当的金融工具加以灵活运用。

(一) 发现价值

每家企业都会面临不确定性,这些不确定性就是风险,会直接影响企业的价值。而不确定性的发生,主要在于信息的不对称,不确定性与信息是呈负相关的,不确定性越大,则信息越不充分,不确定性越小,则信息越充分。不确定性也为我们金融市场上寻找套利机会创造了机会,这就是发现价值所在。

套利是指人们同时在两个或更多的市场上构筑头寸,利用市场上暂时存在的不合理的价格关系,从中赚取无风险利润的一种交易行为。不合理的价格关系包括多种不同情况,主要有以下三种:

1. 空间或地理套利

空间套利或地理套利是最早的套利形式,又称简单套利。空间套利者试图在相对价高的市场卖出资产,而在价格相对低的市场买进资产,这种套利不需要投资。由于交易是在两个市场同时发生的,理论上讲这种交易是无风险的。总之,只要买卖价差大到足以支付运输成本以及任何与交易有关的成本等,那么空间套利是有利可图的。

比如,如果在法兰克福和巴黎外汇市场上,美元对欧元(€)的汇率分别是:

法兰克福 　　　　　　　€1 = \$1.186 8
巴黎　　　　　　　　　€1 = \$1.188 8

那么,套利者就可以在法兰克福买进欧元,在巴黎卖出欧元,这样 1 欧元可以赚取 0.002 0 美元的利润,如果 1 欧元的交易成本低于 0.002 0 美元,那么这种套利就是有利可图的。

空间套利值得注意的是:实际上,出售所得的资金并不总是立即可用的,因而需要一定的短期临时性的投资。此外,交易达成的价格可能会与套利开始时的价格稍有不同,这就会产生风险,但是这种风险相对于投机者所承担的风险来说是微不足道的。

2. 时间套利

时间套利是指针对同一资产(产品)在不同时间段内的不合理的价格差异而进行的交易活动。时间套利要求当前购买(或卖出)一种资产的同时承诺在将来某个时候卖出(或买入)该项资产。

例如,某投资者从郑州商品交易所了解到关于玉米的即期价格低于 3 个月远期价格,于是他就可以进行套利活动。投资者的套利头寸的建立以及相关成本如图 1-4 所示。

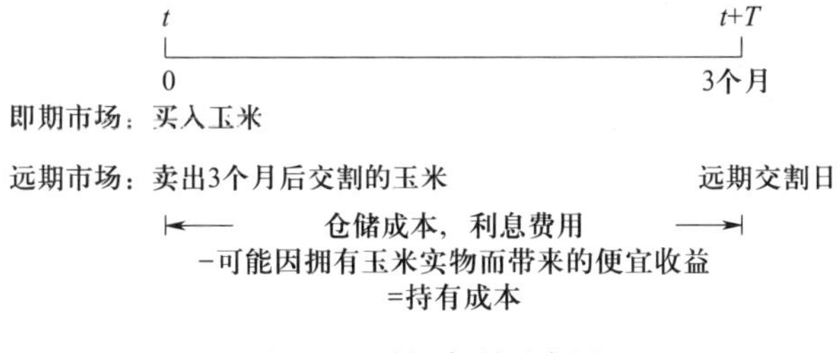

```
                    t                         t+T
                    ├─────────────────────────┤
                    0                        3个月
        即期市场:买入玉米

        远期市场:卖出3个月后交割的玉米          远期交割日
                    ├─────────────────────────┤
                         仓储成本,利息费用
                    -可能因拥有玉米实物而带来的便宜收益
                              =持有成本
```

图 1-4 时间套利示意图

持有成本＝仓储成本、利息费用－可能因拥有玉米实物而带来的便宜收益

如果即期与远期交割的价差大于持有成本，那么时间套利也是有利可图的。①

3. 风险套利

在实践中，我们更多地会涉及风险套利，这是指对不同风险之间、不同金融工具之间、不同到期日之间的价格差异进行的套利活动。

保险是一个风险套利的典型例子，比如火灾保险。单个企业发生火灾是一个非系统性风险，保险公司正是利用了这种非系统性风险进行套利活动，投保的企业越多，保险公司赔付火灾损失的费用就越少，保险公司总体风险也就降低了。

另外，许多资产或金融工具组合在一起，可以形成一种或多种与原来有着截然不同性质的金融工具。利率互换、远期利率协议等是到期期限间的套利。有关风险套利是财务风险管理主要研究的一项内容，在本书后面会详细讨论。

总之，要进行套利，主要依赖于市场的信息，市场越成熟，可供投资者捕获套利的机会就越少。有一项调查显示：在最近20年的美国股票市场上，专门从事套利的投资基金的表现低于股市整体表现。也就是说，市场本身无法预测的"不确定性"因素占主导地位，任何精明的投资者都不能简单地依托其自身掌握的"信息"来实现套利。②

（二）为创造价值选择适当的金融工具

在实例分析1-2中，财务风险管理者为解决航空公司现金流量的不稳定提出一些具体的解决方案，这些方案就包括了为克服这些现金流量不稳定需要选择什么样的金融工具。比如，针对汇率的波动，是使用外币远期合约为其规避风险，还是利用外币期货或外币期权为其规避风险。这些不同的金融工具，其付出的成本是不同的，因此，财务风险管理者在为客户提供产品时，不仅需要了解本身金融产品的特点，还要了解企业为规避自身风险所能接受的套期保值成本。在本书第三部分，我们将在介绍相关金融产品的同时简要分析其产品的定价。

（三）创造价值

财务风险管理是利用一些创造性的手段来减少企业的不确定性，从而为企业更有效地创造价值。实例分析1-4说明了这一创造过程。

实例分析1-4：新颖农场的农场主决定种植一种旱涝保收的新品种棉花，但是他不能确定明年棉花的价格与今年棉花的价格是否一样。如果明年价格下跌，那么就会造成他的损失。如果在郑州商品交易所购买一份棉花远期合约，就可以把明年出售棉花的价格定下来。当然这一远期合约锁定了他未来出售棉花的价格，使得未来棉花的价格上升时，他不能享受到棉花价格上升带来的好处。远期合约在规避了不利风险时，也规避了有利风险。财务风险管理者如何在规避不利风险时为他创造价值？

解析：农场主购买一份远期合约，这就类似于一个"套利"，其本身并不创造价值。如果为他推荐一种金融产品，该产品赋予农场主一项权利：按照一个预先确定的价格出售棉花，那么，在收获棉花时，如果市场价格低于合同价格，农场主可以按照合同价格出售棉花；如果到时候市场价高于合同价，农场主可以直接去市场上高价出售棉花。

---

① 需要指出的是，在这个例子中，投资者获得无风险利润。这种套利机会在早期的远期市场上也许会存在，但是随着市场的成熟和信息传递速度加快，现在这种套利机会非常少见。

② 周洛华. 中级金融工程学. 上海：上海财经大学出版社，2005:10.

这一产品给农场主创造出新的价值:他可以享用棉花市场上对他有利的不确定性而不必担心其负面影响,让农场主可以集中精力在新品种种植上。

综上所述,财务风险管理是通过对金融工具的选择、分解或组合,站在企业的角度为企业进行有效的风险管理和投资活动,为企业创造价值。

本章小结

1. 财务和金融由于活动主体的不同,前者具有宏观性而后者具有微观性,但由于两个主体互为交易对象,有着共同的理论基础,所以又具有融合性。在实践中有时可以互为通用。

2. 财务风险管理是站在企业的角度,利用金融工程师开发的金融产品、设计规避风险的方案创造性地解决财务问题,为企业进行风险管理服务的一个过程。因此,财务风险管理可以和财务工程等同起来,其中创新是关键。

3. 财务风险管理的目的是为企业创造价值,因此,财务风险管理所提供的方法不限于规避不利的风险,同时还可以运用于企业管理中去,如解决供货能力,增强股东的信心等。

4. 在进行财务风险管理时,需要平衡风险和利益相关者之间的关系,4T方法可以用来确定风险发生的可能性以及风险发生后的影响程度,从而决定是否进行风险管理。

5. 信息和不确定性呈负相关,因此,通过财务风险管理,获得搜寻信息的能力和选择金融工具的能力,最终为企业创造价值。

重要概念

财务风险管理　创造和创新　财务分析　税收的不对称　4T方法

思考题

1. 金融和财务的边界和融合是什么?
2. 财务风险管理与创新有什么关系?
3. 举例说明"创新"的三层含义。

即测即评

请扫描右侧二维码,进行即测即评。

扩展阅读

第二章 风险和收益分析

本章学习目标

- 理解如何运用效用理论来评价投资
- 正确理解对收益的度量,了解投资注资期的基本概念
- 理解度量风险的常见方法及各自的优缺点
- 掌握管理价格风险的基本方法
- 理解 VaR 和 CaR 的基本概念以及在风险管理中的作用

第一节 收益的度量

收益度量似乎是一个简单的问题,但实际情况中,尤其在现金流量不稳定时并非如此。因此,本节将界定收益度量的相关概念。

一、效用

经济学家通常使用偏好来描述人们对消费品和服务所产生的满意程度,并用效用函数来表示偏好。一般来讲,使用效用函数计算得到的效用依赖于未来状态发生的概率以及在各个状态下对消费的偏好。譬如,如果某一特定状态发生的可能性接近于 0,那么在这个状态下发生的消费对效用的影响很可能不大。如果未来有两个状态且分别为晴天和下雨,那么在各状态下购买一把伞获得的效用可能是不相同的。如果我们把每个路径得到的效用以该路径发生的概率为权重进行加权平均,得到不同消费路径效用的期望值,并将其作为不确定消费计划的效用,这种形式的效用函数被称为期望效用函数(expected utility function)。我们使用 C_ω 表示状态 ω 的消费路径,该路径下能够获得的效用为 $u_\omega(C_\omega)$,且状态 ω 发生的可能为 p_ω。假如所有可能状态的集合为 Ω,且效用函数为期望效用函数,那么该不确定消费计划的效用可以表示为 $U(C) = \sum_{\omega \in \Omega} p_\omega u_\omega(C_\omega)$。

效用理论的核心是财产边际效用递减的概念。例如,如果你没有财产,突然得到 100 元,你将用此来满足最迫切的需要;如果你再得到 100 元,你可能将它花掉,但这 100 元不会像以前那样为你迫切所需。因此,后 100 元(即边际 100 元)的效用要小于前 100 元的效用,进一步增加的财产效用情况依次类推。因此,我们认为财产边际效用递减。拥有财产与其效用之间的关系如图 2-1 所示。

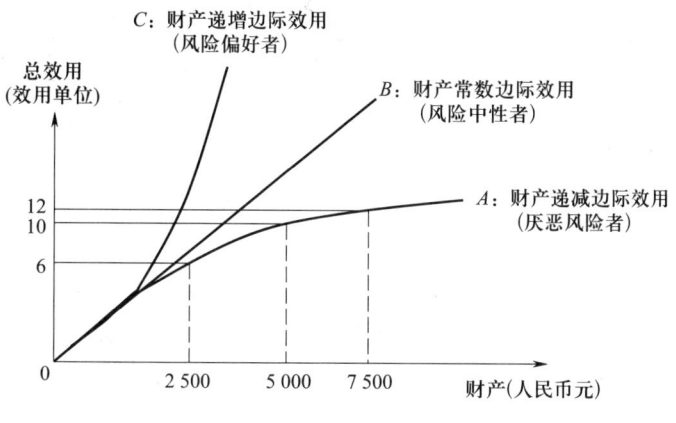

图 2-1 财产与其效用之间的关系

图 2-1 中的效用使用效用单位(主观抽象单位)来衡量。我们重点关注曲线 A。该曲线表明,某人的财产边际效用为正数,但其边际效用的增加随着他的财富递减。例如,假如某人持有 5 000 元能达到的效用单位为 10,如果额外增加 2 500 元,他的满足程度将增加到 12 个效用单位,增加了 2 个单位。但是如果他损失了 2 500 元,那么他的满足程度将下跌到 6 个效用单位,失去 4 个单位。

假如某位市场参与者的期望效用函数为 $u(\cdot)$,且对于任意均值为 0 的随机变量 v,该效用函数均满足 $E[u(w+v)] \leqslant (<) E[u(w)]$,那么我们称该参与者是(严格)风险厌恶(risk averse)的。例如,图 2-1 中效用函数为曲线 A 的市场参与者便是严格风险厌恶的。假如该参与者面临两种选择,第一种选择是百分之百的机会拿到 5 000 元人民币,第二种选择是 50% 的机会拿到 7 500 元人民币以及 50% 的机会拿到 2 500 元人民币,因为第二种可能的收入的期望值等于第一种可能的确定收入,那么他将更加偏好第一种选择。因为,以 5 000 元为基础,增加 2 500 元的收益将带来 2 个效用单位的额外满足,但是 2 500 元的损失将导致丧失 4 个效用单位的满足。因此,遵循这一效用函数且持有 5 000 元的个人,就不愿按 50%:50% 的机会打赌赢得或输掉 2 500 元。

具有财产递减边际效用的人(A),损失一元钱遭受的"痛苦"大于收到一元钱享受到的"愉快"。由于财产的递减效用,他会厌恶风险,并且要求任何高风险投资都要有相应的高收益。但是具有财产常数边际效用的人(B),把每一元钱的"额外"收益的价值与每一元钱的"损失"的价值看成一样大,从而对风险无差别。即具有效用曲线 B 的风险中性者对打赌无所谓。与风险厌恶者相反,风险偏好者(C)则热衷于打赌。那么我们怎么用效用理论来评价投资呢?实例分析 2-1 可以帮助我们理解这一概念。

实例分析 2-1:现有两个投资机会,一个是投资政府债券,另一个是投资油田钻井项目。二者具体情况如下:

政府债券:债券的收益率是 5%,如果购买 5 000 元持有一年,最后获得本利和 5 250 元,利润是 250 元。

油田钻井:投资 5 000 元,如果钻井成功,在年底将获得 7 500 元,如果失败,投资者可变现现有设备,得到弥补 2 500 元。而发现石油的概率为 60%,出现枯井的概率为 40%。

如果有一投资者只有 5 000 元可作投资,他选择购买政府债券还是投资钻井项目?

解析:首先,我们要计算两个投资项目的预期收益价值,如表 2-1 所示。

表 2-1　油田钻井和政府债券的预期收益计算过程

油田钻井			政府债券	
概率	自然状态	产出(元)	概率	产出(元)
60%	有油	7 500	100%	5 250
40%	枯井	2 500		
预期价值		5 500		5 250
预期收益率		10%		5%

从以上计算可知,投资油田钻井的预期价值 5 500 元要高于政府债券 5 250 元,并且油田的预期收益率 10% 也要高于政府债券的收益率 5%,那么是否意味着投资者要把 5 000 元投资于风险项目油田钻井呢?

要回答上述问题,我们需要考虑投资是选择预期价值最大还是效用最大?

在经济学中,人本经济的概念是以在行为上和思维上完全理性的人作为分析对象的。许多理论都是以这样的假设为基础,而这一代表人物为厄尼斯特·考德哈特(Earnest Coldheart)。

厄尼斯特·考德哈特总是试图改善他的经济状况,希望一次又一次的选择能给他带来最大利益。可是,几乎所有的决策都包含着不确定性。特别是对金融市场来说更是如此,因为这里交易的就是不确定性。不确定性给厄尼斯特·考德哈特带来的麻烦是他一般不能确切地估计做出决策后的收益是多少。所以,为了做出理性的决策,他不得不估计事情发生的概率并把它考虑到决策中。

例如,厄尼斯特·考德哈特面临着两种选择:一是投掷硬币,正面朝上赢 500 美元,反面朝上则输 200 美元;二是打赌,如果下周日他喜欢的足球俱乐部获胜,他得 200 美元,如果失利,则他输 100 美元。试问他参加哪个游戏?

为了做出一个理性的决策,他要对每种情形发生的概率做出估计。很容易估计出他在投掷硬币游戏中赢的概率为 50%,而估计足球俱乐部赢球的概率就不那么简单了。由于他对自己的球队充满信心,而对手在过去也没有什么出色的表现,他仔细考虑后得出赢球概率为 80%。于是他可以计算出两种选择的预期价值:

投掷硬币:$50\% \times 500 + 50\% \times (-200) = 150$

赌球:$80\% \times 200 + 20\% \times (-100) = 140$

投掷硬币比赌球的预期值高,所以,如果以预期价值最大化为标准,那么应该选择前者。但是,在投资中使用预期价值最大化的标准并不是一个很好的选择。一个比较好的反例是圣·彼得堡游戏(St Petersburg game)。

圣·彼得堡游戏也是投掷硬币,如果反面朝上,参加者赢 2 美元,游戏到此结束,如果正面朝上,游戏继续。如果第二轮反面朝上,参加者赢 4 美元,即第一轮筹码的 2 倍,如果正面朝上,游戏继续。如果再次反面朝上,所得又是上次的 2 倍,即 8 美元,如果正面朝上,游戏继续。一旦出现反面朝上,游戏即宣告结束。如果参与者一直赢下去,赢的筹码数将是无限大。赢 2 美元的概率是 50%,4 美元为 25%,8 美元为 12.5%……所以,这种游戏的预期值为:

$(1/2 \times 2) + (1/4 \times 4) + (1/8 \times 8) + (1/16 \times 16) + \cdots = 1 + 1 + 1 + 1 + \cdots = $ 无穷大

理论上讲,如果以预期价值最大化为标准,为了去参加这样的游戏,厄尼斯特·考德哈特可以放弃获得100万美元甚至10亿美元的机会。不管他多么有信心或头脑冷静。但是,大部分人应该会认为这并不是理智的决策。

对于圣·彼得堡游戏难以置信的价值高估是由使用预期值计算引起的,其忽略了得到金钱越多其效用就会越低的现象。无疑,人们得到200美元一定比得到100美元高兴,但是,对于一位风险厌恶者而言,在100万美元基础上增加100美元带来的效用与在100万美元基础上增加200美元带来的效用难道有很大区别吗?此外,在100美元基础上增加100美元与在100万美元基础上增加100美元这两种情况相比较,后面情形中增加的100美元带来的效用要比前面情形低得多。所以,在进行投资决策时,考虑效用而非金钱的数量是更加合理的选择。对于厄尼斯特·考德哈特来说,这就意味着他应该选择能带来最大预期效用的机会,即使用期望效用最大化原则。

在计算效用函数时,假如我们对每笔钱(-200美元至+500美元)都设定了特定的效用值,它们分布于一个抽象标准化区间(0—1),如图2-2所示。

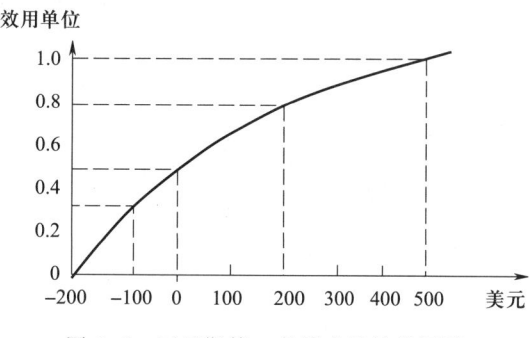

图2-2 厄尼斯特·考德哈特的效用图

根据图2-2所示的效用单位,我们可知,500美元的效用单位为1.0,200美元的效用单位为0.8,-200美元的效用单位为0,-100美元的效用单位为0.3,由此可以计算出前面厄尼斯特·考德哈特参与两个游戏的预期效用值为:

投掷硬币:$(50\% \times u_{500}) + [50\% \times u_{(-200)}] = 50\% \times 1 + 50\% \times 0 = 0.5$

赌球:$(80\% \times u_{200}) + [20\% \times u_{(-100)}] = 80\% \times 0.8 + 20\% \times 0.3 = 0.7$

由以上计算可知,厄尼斯特·考德哈特应该选择赌球游戏,这是因为赌球游戏中的效用值要高于参加投掷硬币游戏所带来的效用。上述排序出现变化是因为边际效用的降低,并且厄尼斯特·考德哈特已经将其效用函数具体化了,并运用它来解决基于理性决策的问题。

我们回到前面讨论的油田钻井和购买政府债券的选择。投资者的选择主要取决于他的效用函数。如果他的货币边际效用急剧递减,那么由于枯井或无油所造成的潜在效用损失可能无法抵消开发油井所产生的效用收益。以图2-1中曲线A为例,如果投资者敢于冒险并投资于石油开发,发现石油他将获得7 500元,则效用单位是12,如果没有石油,则效用单位为6,即投资于石油钻井的平均效用单位为:

$$12 \times 60\% + 6 \times 40\% = 9.6(效用单位)$$

如果投资政府债券,无论如何他将获得的效用单位是10.5。因此,对投资者来说,政府债券是最优选择。所以,尽管投资于石油企业的预期货币价值较高,但是投资于政府债券的预期效用更高。风险补偿会使投资者选择更为安全的政府债券。

二、收益率

在实例分析2-1中我们涉及两个概念:利润和收益率。即5 000元投资石油开发,获利500元,收益率为10%。假如我们并不知道初始投资额,那么投资5 000元获得500元是一回事,投资5 000万元获得500元则又是另外一回事。类似地,用一年时间挣500元利润和用10年时间挣500元的差别也是非常大的。因此,用利润作为收益的度量有缺陷,因为它忽略了初始投资的规模,获得收益的机会,以及会计规定对现金流价值的影响等因素(如提取折旧会冲抵该资产产生的一部分现金流,而整个投资期的总利润不变,但利润发生的时间却要受到所适用的会计规定的影响)。所有这些原因说明了使用收益率度量收益的必要性。但在使用这一概念时,应注意收益率必须是以年度为基准的,这个用百分比表示的、期限为1年的收益率称为持有期报酬率(holding period yield, HPY)。此外,我们还需了解与收益度量相关的其他概念。

(一) 有效持有期报酬率

有效持有期报酬率(the effective holding period yield)将相邻两期的财产价值变化除以前一期的价值,即由相对收益率 $R(t) = \dfrac{W(t+1)}{W(t)}$ 减1。我们用 HPY_e 表示有效持有期报酬率,即:

$$HPY_e = \frac{W(t+1) - W(t)}{W(t)} \qquad (2.1)$$

如果我们按照历史经验或数据来计算其增长率或收益率,可以选择使用算术平均收益率或者几何平均收益率。那么,哪一种方法能够为我们提供更加准确的度量呢?

1. 算术平均收益率和几何平均收益率

我们可以通过以下实例分析了解算术平均(arithmetic mean)收益率和几何平均(geometric mean)收益率的不同。

实例分析2-2: 假设我们现在在一个标准普尔(S&P)500指数基金内投资100万美元,我们想要按照过去20年的年收益情况估算其未来20年后的价值。假定我们不增加额外投资,不支出基金中的款项,也不纳税。计算算术平均收益率。

解析: 要计算算术平均收益率,首先要计算每年收益值的和,然后再除以20,这就算出过去20年的算术平均收益;然后假定这100万美元投资按此收益率连续20年复利增值,这样用复利终值公式就可以计算出20年后的价值。

看起来这样计算是合理的,但是通过本节后续内容将会发现,这种方法几乎肯定会得出一个高于实际增长率的累积增长率。

实例分析2-2(续): 假设100元投资1年的收益率是50%,紧接着第二年的收益率是-50%。比较该项投资的算术平均收益率和几何平均收益率。

解析: 根据题意,第1年年底的价值为150元,第2年年底的价值为75元。

两年的算术平均收益率是 $= \dfrac{50\% + (-50\%)}{2} = 0\%$。

但是,按照算术平均收益率0%计算两年后的复利终值,即得

$$100(1 + 0\%)^2 = 100$$

这与实际情况75元不一致。如果采用几何平均数计算,其收益率为:

$$\sqrt{(1+50\%)(1-50\%)} - 1 = -13.40\%$$

那么,两年后的复利终值为:$100\times(1-13.4\%)^2 = 75$,这一结果与实际结果相吻合。

以上实例分析说明使用几何平均数而非算术平均数估计收益率终值具有优势。

实例分析2-3进一步说明了在实践中几何平均数和算术平均数对收益率预期值的影响。

实例分析2-3:假设一项投资增长25%的可能性为50%,下降5%的可能性也为50%。即经过一个阶段后,100元可能增长到125元或下降到95元,且机会均等。

经过两个阶段后,有四个均等的可能结果:这项投资可以首先增长到125元,然后再增长25%达到156.25元;它也可能增长到125元,然后下降到118.75元;它还可能先下降到95元然后上升到118.75元,或者继续下降5%到达90.25元。图2-3说明了这四种可能的发展路径。

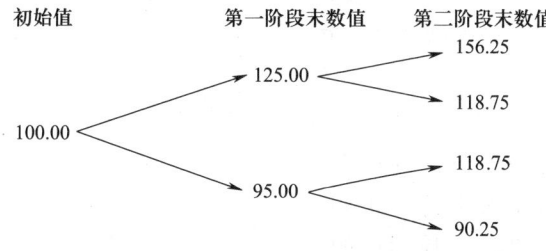

图2-3　100元投资的可能发展路径

试通过计算算术平均收益率和几何平均收益率来估算未来收益。

解析:(1)计算算术平均收益率。

第一阶段末终值:$25\%\times0.5+(-5\%)\times0.5=10\%$;

第二阶段末终值:$[25\%\times0.5+(-5\%\times0.5)]\times0.5+[25\%\times0.5+(-5\%\times0.5)]\times0.5=10\%$。

因此,两阶段末的复利终值为$100\times(1+10\%)^2=121$。

(2)计算几何平均收益率。

几何平均收益率为:

$$\sqrt{(1+25\%)(1-5\%)} - 1 = 8.9725\%$$

因此,两阶段末的复利终值为$100\times(1+8.9725\%)^2 = 118.75$(元)。

这进一步说明了算术平均数计算的终值要高于几何平均数计算的终值。

产生上述现象的原因主要归结于复利计算,因为收益率同等比例的提高幅度大于同等比率的下降幅度。比如,10%的收益率经过两个阶段的复利计算,价值提高了$(1.1^2-1)/1 = 21\%$,而-10%收益率经过两个阶段后的复利计算,价值只下降了$[(1-10\%)^2-1]/1 = -19\%$。

在实践中,因为计算方便,我们常采用算术平均数。然而,我们一定要注意,使用该方法实际得到的未来价值很可能低于预期未来价值。例如,在上例中如果将过去作为开始,按照算术平均收益率计算的复利终值要高于按照几何平均收益率计算的价值(121>118.75)。

综上分析,如果是要估算未来精确的价值,就应该建立在过去收益率的几何平均数基础上。

2. 正态分布

在财务风险管理中,对金融产品定价以及对风险和收益分析时,常用到正态分布这一概念。正态分布之所以使用较多主要有两个原因：首先，它是投资收益率实际分布的近似值；其次，整个分布只是通过均值和方差进行描述。实践中均值和方差可以分别通过平均观察值和观察值的方差来代替。平均观察值是观察值的算术平均数，即：

$$\bar{x} = \frac{1}{m} \sum_{i=1}^{m} x_{n-i} \qquad (2.2)$$

其中，$\bar{x}$ 代表收益率（观察值）的算术平均数，n 代表收益率（观察值）的个数，m 代表计算收益率时使用的观察值的个数。

观察值的方差 $\hat{\sigma}_m^2$ 是平均观察值平方差的平均数，即：

$$\hat{\sigma}_m^2 = \frac{1}{m-1} \sum_{i=1}^{m} (x_{n-i} - \bar{x})^2 \qquad (2.3)$$

公式（2.3）中收益率的个数减 1 是因为我们在计算平均值时用去了一个自由度。

通常，我们用以表示风险的数值要与收益率自身度量的单位一致，因此，在度量风险时是用标准差而非方差，即观察值的标准差 $\hat{\sigma}_m$ 为：

$$\hat{\sigma}_m = \sqrt{\hat{\sigma}_m^2} = \sqrt{\frac{1}{m-1} \sum_{i=1}^{m} (x_{n-i} - \bar{x})^2} \qquad (2.4)$$

我们在财务风险管理中讨论的许多看起来完全不同的现象是否都符合正态分布呢？这个问题的回答与统计学中的一个最重要的观点有关：中心极限定理。该定理认为，对于所有均值为 μ，方差为 σ^2 的独立随机变量（服从正态或者非正态分布），从中抽取 n 个样本，随着样本量的增加，样本均值的抽样分布会接近服从均值为 μ、方差为 σ^2/n 的正态分布。如图 2-4 所示。

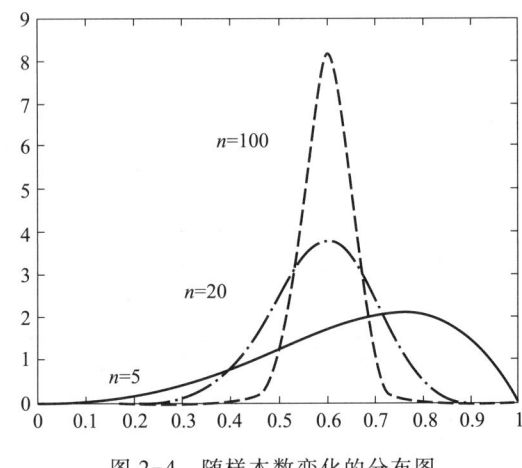

图 2-4 随样本数变化的分布图

因此，有了上述性质，我们就很容易估计偏离均值（大于或小于）一个、两个或三个标准差的概率。

然而，离散时间下的复利收益率并不服从正态分布。解决这一问题涉及连续收益率的概念。

3. 连续收益率

假设投资 100 元，年利率为 100%。第一年年末，最初的 100 元投资会增长到 200 元；如果以每半年为单位计算复利，6 个月后投资会增长到 150 元，到年底会增长到 225 元；以此类推，按季度计算复利，年底所得为 244.14 元，按日计算复利，最后会得到 271.46 元。这看起来好像复利计算的频率越高，年底得到的钱越多。但是，不论我们进行复利计算的频率多高，100 元的增长永远不会超过 271.83 元。因为，如果年利率为 100%，$\lim_{m \to \infty} \left(1 + \frac{100\%}{m}\right)^m =$ e = 2.718 3。

假设在投资期没有其他支付，一项投资从初始阶段到最后阶段的变化百分比就是阶段收益率。连续收益率则假定收入和增长都立即进行复利计算。如果连续收益率为 r，则进行复利计算后的阶段收益率 r_e 为：

$$\lim_{m \to \infty}\left(1+\frac{r}{m}\right)^m - 1 = e^r - 1$$

如果已知阶段收益率为 r_e，则连续收益率为 $\ln(1+r_e)$。

例如，如果 100 元投资一年后增长到 110 元，那么阶段收益率为 10%，而连续收益率则为 9.53%，因为：

$$\ln(1+10\%) = 0.0953$$

回到前面两期的实例分析 2-2(续)，第一期增长 50%，第二期下降 50%。尽管两期阶段收益率之和等于 0，但两期实际投资收益率为 -25%。将阶段收益率转化成连续收益率，即：

$$\ln(1+50\%) + \ln(1-50\%) = -0.2877$$

两期后的终值等于：

$$100 \times e^{-0.2877} = 100 \times 0.75 = 75$$

这一结论与前面根据几何平均收益率计算出的结论是一致的。

两年的累积连续收益率为

$$e^{-0.2877} - 1 = 0.75 - 1 = -0.25$$

根据公司财务管理中名义利率（持有期报酬率 HPY）与实际利率（有效持有期报酬率 HPY_e）的关系：

$$HPY_e = \left(1+\frac{HPY}{m}\right)^m - 1$$

如果 HPY_c 表示连续复利计算的持有期报酬率，则当 $m \to \infty$ 时：

$$HPY_e = \lim_{m \to \infty}\left(1+\frac{HPY_c}{m}\right)^m - 1 = e^{HPY_c} - 1 \quad (2.5)$$

因为

$$HPY_e = R(t) - 1 = \frac{W(t+1)}{W(t)} - 1$$

所以

$$\frac{W(t+1)}{W(t)} - 1 = e^{HPY_c} - 1$$

$$e^{HPY_c} = \frac{W(t+1)}{W(t)}$$

所以

$$HPY_c = \ln\left[\frac{W(t+1)}{W(t)}\right] = \ln[W(t+1)] - \ln[W(t)] \quad (2.6)$$

因此，前面实例分析中，持有期报酬率（HPY）10% 与连续复利持有期报酬率（HPY_c）9.531% 虽然看起来不同，但实际上是等价的。即如果投资 100 元，一年后的终值都是 110 元。

在我们后面的讨论中，特别是在一些模型的建立时，我们通常认为连续复利服从正态分布。基于正态分布的良好特性，连续复利被广泛用于建模活动，或被"数量型选手"们用于了解投资结果的准确统计特性。

（二）税收对收益率计算的影响

在计算收益率时我们也需要考虑税收问题，主要原因在于投资者关心的是投资带来的可支配收入，这就是要关心税后收益。由于税率的不同对投资者的投资决策有重大的影响，因此在财务风险管理时必须要注意这点。

实例分析 2-4:有两种债券均以面值销售,一种是公司债券,票面利率为 12%,另一种是市政债券,票面利率是 10.5%。假设两种债券有相同的到期日和同样的信用等级,有两个不同的投资者准备投资其中一种债券,第一位投资者和第二位投资者分别处于 30% 和 10% 的边际所得税的税收等级,请问他们应该如何选择其投资?

解析:如果不考虑税收,由于两种债券的风险等级相同,因此二者均应该投资于公司债券,收益率为 12%。但是考虑税收,市政债券的利息免税,而公司债券的利息要完全征税,因此,考虑税收后投资机会的吸引力就有很大的不同。表 2-2 给出了两位投资者的税后收益情况。

表 2-2 两位投资者的税后收益

债券名称	税前收益	税后收益	
		投资者 1($T=30\%$)	投资者 2($T=10\%$)
公司债券	12.00%	8.40%	10.80%
市政债券	10.50%	10.50%	10.50%

由此可见,对第一位投资者,市政债券显然是最好的投资,可获得收益率 10.5%,而对第二位投资者则应该投资于公司债券,可获得收益率为 10.80%。

三、投资注资期

在财务风险管理中,财务经理非常重视投资注资期。投资注资期是指有计划地将头寸变现和使用净值的一段期间。有的投资注资期是高度确定的,比如教育储蓄、养老金储蓄等,但有的投资注资期是高度不确定的,这要取决于事件的发生,如财产保险等。

投资注资期的时间长度及其确定性程度对于做出明智的投资决策是非常重要的。比如,一位投资者投资了 5 年期的不可流通的债券,该投资者的资金将被套牢 5 年;而有的投资者虽有特定的投资注资期,但可自由地定期调整投资组合。例如,投资者的投资注资期为 5 年,且其投资组合由高风险的权益基金和低风险的货币市场基金组成,如果投资者在每年初重新评估自己的投资状况并根据实际情况改变其投资组合,这一 5 年期的单期投资就转换成 5 个相连续的单期组成的为期 5 年的投资注资期。投资注资期的转换会涉及财务经理如何评价和看待投资的风险和收益。

有时,在以下两种情况下可以忽视投资注资期的时间长度:①最佳投资组合与投资注资期的时间长度无关;②所有投资者的投资注资期相同,而且投资注资期与规定的收益发生的时间长度恰巧相同。

第二节 风险的度量

如第一章所述,风险是指未来结果的任何变化,既包括了不希望发生的结果,也包括了希望发生的结果。在现实世界中,确实存在交易双方对某一事件有着截然相反的观点。例如,利率突然上升,对于借方而言是不希望看到的,但对于贷方而言,则是有利的。同样,利率下调会给贷方带来不利。在这两种情况下,双方面临的风险起因于同一事件,即利率的变化。因此,将利率的任何变化(上升或下降,有利和不利)均看作风险是有意义的。

一、无风险资产

在公司财务管理中,我们定义的无风险资产为不发生任何偏差地提供确定收益的资产,即收益率的方差为 0。但考虑投资注资期后,我们对无风险资产就会有更为深刻的理解。

例如,一位投资者的投资注资期为 1 个月,如果该投资者购买了 1 个月期的零息国库券,且将其持有至到期日。由于零息国库券以折价发行,到期时按面值赎回,所以投资者可以预先很准确地知道其收益状况,这时不存在方差,从而也不存在风险。因此,这 1 个月的零息国库券对于投资注资期为 1 个月的投资者而言是无风险资产。但对于投资注资期为 2 个月的投资者来说,1 月期的国库券还是无风险资产吗?这样的投资者现在购买国库券并将其持有 1 个月后到期,然后将钱再投资于 1 月期的国库券,但投资者并不知道 1 个月后的 1 月期国库券的利率,因此,1 月期国库券的投资策略带来的收益存在某种方差。故 1 月期国库券对于投资注资期为 2 个月的投资者而言,不是无风险资产。另外,对于投资注资期只有两个星期的投资者来说,这 1 月期的国库券也不是无风险资产,尽管 1 月后到期日时的价值是确定的,但离到期日还有两个星期的价值未必确知,因此,对于只投资两个星期的投资者来讲,他的收益率必然有方差,因此对他来讲 1 月期的国库券也是风险资产。

从前面的分析中我们得出这样的结论:无风险的金融工具仅对投资注资期与金融工具到期日严格匹配的投资者而言才是无风险的。

无风险资产在风险管理中起到调节风险的作用。比如,在讨论组合投资问题时,当组合投资分析在不考虑无风险资产的情况下,投资机会的有效集合的风险/收益形成的是凸形的集合。如果所有投资者的投资注资期相同,则无风险资产的存在便会改变有效集合的形态,由凸形的有效集合变成直线,如图 2-5 所示。

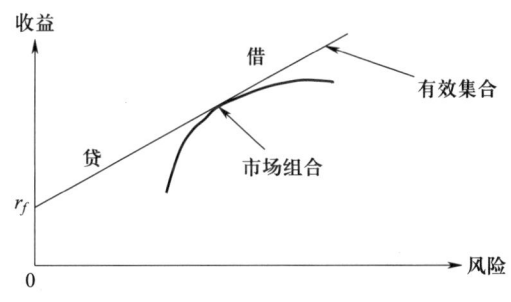

图 2-5 无风险和风险资产的有效集合

在存在无风险资产的条件下,有效集合形成线形的原因很简单,无风险资产的出现使投资者能有机会将风险资产与无风险资产配比成新的投资组合。这一情况的产生,带来了投资组合理论的进步以及资本资产定价模型的出现。

二、杠杆作用

企业在经营活动中经常会使用杠杆,使用杠杆的目的在于不增加投资而增大收益。获取杠杆作用的途径有很多,最为广泛使用的是:①借钱购买资产(如通过保证金账户购买股票);②持有杠杆合约而非现金资产(如期货);③购买或有索偿权(如期权)。但是,杠杆在放大可能的财务收益的同时也放大了相关的财务风险。

当我们在度量收益率时需要考虑杠杆的作用,而在第一节的实例分析中,计算投资持有期报酬率时则忽略了杠杆的作用。公式(2.7)提供了计算持有期报酬率 $HPY(T)$ 的更为通用的一种方法。

$$HPY(T) = L \times [R(T) - 1] - C \qquad (2.7)$$

公式中，L 表示杠杆乘数（=1/自有资金比），是使用杠杆后与单纯进行现货投资相比收益被放大的倍数；$R(T)$ 是相对收益率；C 是以全部投资的百分比形式表示的持有某种头寸的成本，当借款购买证券而生成杠杆时，持有成本为正，用期货合约生成杠杆时，其值为负。计算结果如果为正数，表明投资者持有多头头寸，即买入；如果为负数，则表明投资者持有头寸为空头，即卖出。

实例分析 2-5：长江公司的股票价格当前售价为 20 元，某投资者用 50%的借款购买了该股票，借款来自经纪人，利率为 10%。假如该投资者在持有六个月后以 23.50 元将股票出售，计算该投资者的持有期报酬率。

解析：因为购买金额中有一半来自于借款，因此，杠杆乘数 $L = 2$，并且根据题意可算出相对收益率 $R(T) = 23.50/20 = 1.175$。此外，C 是购买价格的一半的半年利息率，半年利率=10%/2=5%，而购价的一半是借款，因此，$C = 5\%/2 = 2.5\%$。

将上述相关数据代入公式(2.7)中，即得：

$$HPY(T) = L \times [R(T) - 1] - C = 2 \times (1.175 - 1) - 0.025 = 0.325 = 32.5\%$$

假如卖出价与买入价相同均为 20 元，由以上计算可知：

未使用杠杆的投资者，因为 $C = 0$，从而 $HPY(T) = 0$，损益持平；

使用杠杆的投资者，因为 $C = 2.5\%$，从而 $HPY(T) = -2.5\%$，蒙受了 2.5%损失。

因此，我们可得出：随着杠杆乘数加大，杠杆作用的效应当然会进一步放大。如图 2-6 所示。

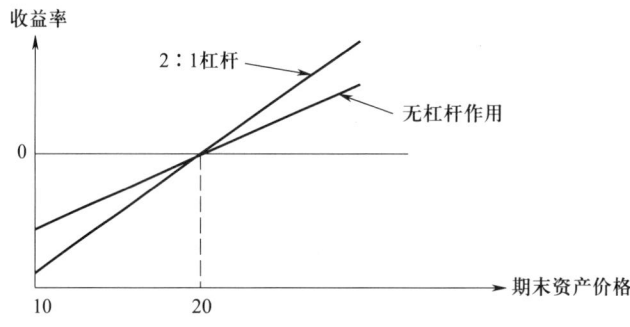

图 2-6　杠杆的放大作用

在大量财务活动中，杠杆都起着非常重要的作用，特别是在策划和选择投资方案时，杠杆的作用是必须要考虑的。

三、价格风险的度量

价格风险被定义为未来价格偏离期望值的可能性。价格波动越大，受险各方承担的价格风险就越大。一般来说，价格风险可用统计学中的期望值、标准差或变异系数来度量。但是，企业管理者仅仅知道价格风险的存在并不足以管理风险，他们还需要知道价格风险的受险程度来决定是否需要对其进行管理。因为两家不同的公司可能面临着同一种价格风险，但其受险程度却可能完全不同。

比如,两家公司同时面临着石油价格的上涨,一家是客运航空公司,另一家是大型草坪修剪公司。两家公司在业务中都使用石油产品,但航空公司使用燃料油,而草坪修剪公司则用汽油作为除草机的动力油。石油价格的上涨,飞机燃料油和汽油的价格也会随着石油价格的波动而波动。然而,在航空公司的经营成本里,油料消耗占38%,而在草坪修剪公司的成本中则仅占4%。这样石油价格的变化会严重影响航空公司的财务业绩,而对草坪修剪公司的影响则微乎其微。

因此,对风险分析的第一步是度量公司对价格风险的受险程度,然后根据受险程度来确定是否对风险进行管理。如果度量风险受险程度的目的是消除风险,则我们可以通过企业现金流量的现值变动来度量企业的经营业绩指标,反映其受险程度。

实例分析2-6:一家企业的财务公司刚刚发放了一笔5年期贷款,价值为1 500万元,贷款利率为固定利率12%,每半年付息一次。公司的这笔贷款源于发行的6个月期的浮动利率商业票据,滚动发行至5年末。第一次发行的利率为9%。如果公司的折现率为12%,假定一年后6个月期的浮动利率突然增加1个百分点,利率由9%上升至10%,试分析利率变化对公司的净现金流量价值的影响。

解析:首先我们计算在当前状况下的公司净现金流量的现值,如表2-3所示。

表2-3 预期净现金流量的现值　　　　　　　　　　　　　　　　　单位:元

时期	已知现金流入	预期现金流出	净现金流量	现值(折现率12%)
1	900 000	675 000	225 000	212 264
2	900 000	675 000	225 000	200 249
3	900 000	675 000	225 000	188 914
4	900 000	675 000	225 000	178 221
5	900 000	675 000	225 000	168 133
6	900 000	675 000	225 000	158 616
7	900 000	675 000	225 000	149 638
8	900 000	675 000	225 000	141 168
9	900 000	675 000	225 000	133 177
10	900 000	675 000	225 000	125 639
			合计	1 656 019

如果一年后浮动利率上升1个百分点,则利率水平由9%上升至10%,预期现金流出在第三期由原来的675 000元上升至750 000元,而已知现金流入是固定利率,所以保持不变,从而导致净现金流的现值减少至1 241 518元。因此,短期利率增加1个百分点,将导致公司与该项融资活动相关的价值减少414 501元。这意味着,利率提高1个百分点可看成公司价值下降25.03%。利率变化的风险状况如图2-7所示。

图2-7就是公司财务管理中的敏感性分析,如果图形陡,则说明利率变化对预期值影响大,风险高;如果图形平缓,则说明利率变化对预期值影响小,风险低。风险状况图在风险管理中非常重要,其原因在于:①风险状况图将迫使管理部门对所面临的风险给予高度重视;②如果不认真地测定风险的受险程度,就不可能有效地管理风险;③风险受险的性质和

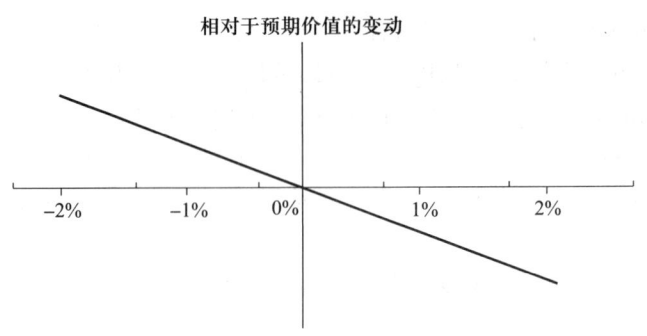

图 2-7 利率变化风险状况

风险状况图的形状会提示合适而有效的风险管理技术。因此,我们能为任何价格风险画出类似的风险状况图,它们可以是利率、汇率以及任意一种商品价格,甚至股票价格。

四、风险价值和风险现金流

(一) 风险价值(VaR)

前文指出,波动率作为风险测量标准的一个缺点是它测量的是不确定性,它既包含了不利结果也包含了有利结果。例如,我们考虑两个投资项目 A 和 B,项目 A 需要投资 1 万元,一年以后的利润可能是 2 万元或者为 0,两种可能的机会相同。项目 B 同样需要投资 1 万元,一年以后的利润可能为 10 万元或者为 0,两种结果的概率相同。项目 B 的波动率要高于项目 A,项目 A 和 B 具有相同的变异系数,但是投资者做投资决策时显然会选择 B 而非 A,因为在这种情况下项目 B 波动率的上升对投资者反而是有利的。系统性风险和非系统性风险同样具有上述缺陷。导致上述问题的主要原因在于我们使用波动率时既考虑了不利结果也考虑了有利结果,如果我们仅考虑不利结果我们会发现两个项目都可能获得零收益且发生的概率相同。为了解决上述问题,我们可以通过 VaR 来反映不利结果对投资可能造成的影响。

VaR(Value at Risk)指的是在指定概率水平 α 下给定公司、资产组合或者某一个具体头寸在未来特定时期内的最大可能损失。对于给定时期内的未来收益 z,$VaR_\alpha(z)$ 等于未来收益 z 的 $(1-\alpha)$ 分位数的负数,即:

$$VaR_\alpha(z) = \inf\{x \in \mathbf{R} : P(z < -x) \leq 1-\alpha\} \quad (2.8)$$

例如,如果期限为一天,收益 z 在未来一天会有 5% 的概率低于 $VaR_{95\%}(z)$。计算 VaR 时,概率水平 α 通常取值 99% 或者 95%,而时间期限通常为一天或者两周。VaR 的计算通常需要知道未来收益的分布函数。然而,当研究对象非常复杂时,预测未来收益的分布并计算 VaR 将会非常困难。

我们以正态分布为例来对 VaR 的计算进行解释。我们知道,对于一个服从标准正态分布的随机变量,它的取值低于 -1.65 的概率为 5%,且任意一个服从正态分布的随机变量都可以进行标准化。如果未来收益 z 是一个服从均值为 μ、标准差为 σ 的正态分布的随机变量,那么,$(z-\mu)/\sigma$ 小于 -1.65 的概率等于 5%。因此,未来收益 z 低于 $(\mu-1.65\sigma)$ 的概率等于 5%,即未来损失高于 $-(\mu-1.65\sigma)$ 的概率等于 5%。例如,一项资产在一天后的收益率 z 为一个服从正态分布的随机变量,预期收益率为 0.1%,波动率为 4%,那么 $VaR_{95\%}(z)$ 等于 6.5%,即未来一天的收益率 z 低于 -6.5% 的概率等于 5%。如果该项资产价值 1 000 万元,那么该资产一天内的损失会有 5% 的概率超过 65 万元,即 1 000 万元的 6.5%。在实务中,因为单日的预期收益率往往很小,人们经常忽略掉预期收益率,即假设 $\mu=0$。常见的估计 VaR 的方法包括 JP 摩根在 1994 年开发的 RiskMetrics™ 法等。

（二）风险现金流（CaR）

企业在实务中往往需要关注较长时期的现金流,因为如果企业短期现金不佳的状况累积起来,公司很可能会面临破产的危机。此外,企业充分考虑下一年出现现金缺口的可能,才能更好地采取应对措施,以避免年末出现较低现金流的状况进而确保其来年的经营。为了实现对未来现金流的管理,企业往往需要预测未来现金流的分布函数。给定现金流的分布函数以后,企业可以自己确定一个不导致财务危机的最低现金流水平,并计算未来现金流低于这一水平的概率。企业也可以自己确定一个不发生严重问题的概率水平,并以此概率水平来估算对应的现金流缺口的大小。在后面这种情形中,我们称计算出来的现金流缺口为在这个概率水平上的风险现金流（Cash at Risk）。这种方法与 VaR 的计算原理是相同的,只不过现在的应用对象是企业的现金流。

企业在选择公司项目时,往往需要同时考虑该项目对 VaR 和 CaR 的影响,以及公司为了维持其风险管理目标采取相应对策而引起的相关成本。单纯计算项目的净现值并接受净现值为正的项目,对公司来讲并不是一个好的决策标准。此外,我们需要注意,资产组合 VaR/CaR 的大小取决于组合中各单项资产的方差、协方差和投资份额,即资产组合的 VaR 并不等于组成它的各单项资产的 VaR 之和,公司的 VaR/CaR 也并非各部门 VaR/CaR 之和。

实例分析 2-7：某中国公司一年以后的现金流服从预期为 700 万元人民币、波动率（标准差）为 500 万元的正态分布。公司现在正在考虑一个需要投资 500 万元的新项目,该项目与公司现有项目的相关系数为 0.6。新项目持续一年且仅在项目结束时收到的现金流服从期望为 600 万元、波动率为 800 万元的正态分布。如果市场无风险利率为 8%,市场风险溢酬为 10%,新项目对应于市场资产组合的贝塔值为 0.7。

要求：(1) 使用 CAPM 模型计算新项目的要求收益率和净现值。

(2) 计算公司现有资产在 95% 水平上的 CaR。

(3) 计算新项目的实施导致公司在 95% 水平上的 CaR 改变的大小。

(4) 如果公司计划保持公司现金流的 CaR 在 95% 水平上不变,且每减少一元 CaR 的成本等于 0.1 元,公司是否愿意实施新项目？

(5) 如果新项目结束时收到的现金为美元,公司如何进行风险管理？

解析：首先,运用 CAPM 模型得到的新项目的要求收益率为：

$$R_j = r_f + \beta_j(\overline{R}_m - r_f) = 8\% + 0.7 \times 10\% = 15\%$$

因此,新项目的净现值等于 $600/(1+15\%) - 500 = 21.74$ 万元。如果单纯按照项目的净现值做决策,那么公司会接受该新项目。

公司现有资产在 95% 水平可能会损失 $(\mu - 1.65\sigma) = 700 - 500 \times 1.65 = -125$ 万元,因此该公司现有资产在 95% 水平上的 CaR 等于 125 万元。

然而,新项目的实施在增加公司净现值的同时也增加了公司未来现金流的风险。即新项目的实施使公司总的现金流波动率[①]由之前的 500 万元上升到了：

[①] 假设公司现行项目的标准差为 σ_1,新项目的标准差为 σ_2,现行项目与新项目的相关系数为 ρ,则公司总的波动率 $= \sqrt{\sigma_1^2 + \sigma_2^2 + 2\rho\sigma_1\sigma_2}$。

$$\sqrt{500^2+800^2+2\times0.6\times500\times800}=1\,170.47(万元)$$

那么公司实施新项目后总现金流在95%水平上的CaR等于：
$$\mu'-1.65\sigma'=(700+600)-1\,170.47\times1.65=-631.28(万元)$$

即新项目的实施将会导致$CaR_{95\%}$增加506.28万元（=631.28-125）。

如果公司希望维持当前的现金流风险水平，即继续保持$CaR_{95\%}$等于125万元，那么公司需要采取措施降低风险，比如通过增发股票使用股权来替代债务从而降低公司当前的负债水平。然而这些措施会有成本。假如公司每降低一元的CaR需要耗费成本0.1元，根据CaR成本进行调整后新项目带来的收入等于项目的净现值减去公司维持当前的现金流风险水平需要花费的成本，即：

$$21.74-506.28\times0.1=-28.89(万元)$$

因此公司会拒绝该新项目。

如果新项目结束时收到的支付为美元，企业会面临汇率风险，因此可以采取远期、期货或者期权等金融衍生品进行套期保值。具体金融衍生品的选择会受该企业套期保值的目标、企业对上述汇率风险的预期，以及各种金融衍生品套期保值的成本等各种因素影响。具体套期保值策略的选取请参见后续章节的介绍。

第三节 财务风险管理的目标及方法选择

第一章我们讨论了对财务风险管理方案的选择，一旦我们决定对风险进行管理，我们就面对具体方法的选择。本节主要讨论风险方案中的转移风险和处置风险的典型方法选择，具体风险管理方法在后面章节中分别介绍。

一、风险管理的目标

当企业处置财务风险时有两种选择，第一种是用确定性来代替风险；第二种是仅替换掉与己不利的风险而将对己有利的风险留下。

（一）用确定性代替风险

在国际财务管理中[①]，我们已知远期合约、期货、互换都是能为财务风险提供某种程度的确定性的金融工具。下面我们以实例分析进行说明。

实例分析2-8：一家中国公司在3个月后需要支付100万欧元，而这家公司的外汇收入为美元，因此，公司需要将美元兑换成欧元。公司如何避免外汇风险？

解析：公司在3个月后要将美元兑换成欧元，如果美元相对于欧元升值，则公司可以用较少的美元换得所需欧元，对公司有利；如果美元相对于欧元贬值，则公司需要用更多的美元才能换得所需欧元。为了避免汇率的波动，公司可以通过做远期将换汇成本固定下来，因此，不论在3个月内汇率如何变化，该公司可以按照已知固定的价格购买欧元，从而不受3个月后市场汇率高低的影响。假如远期汇率为\$1.1/€，利用远期合约规避货币风险如图2-8所示。

从图2-8可以看出，3个月后，若欧元升值，由于公司采取了避险措施，其仍然以1.1美元购买1欧元，这样节省了美元，公司应该为此感到高兴，反之，若欧元贬值，公司仍以1.1

---

① 没有学过国际财务管理的读者，也可以通过后面的章节了解确定性的风险管理工具。

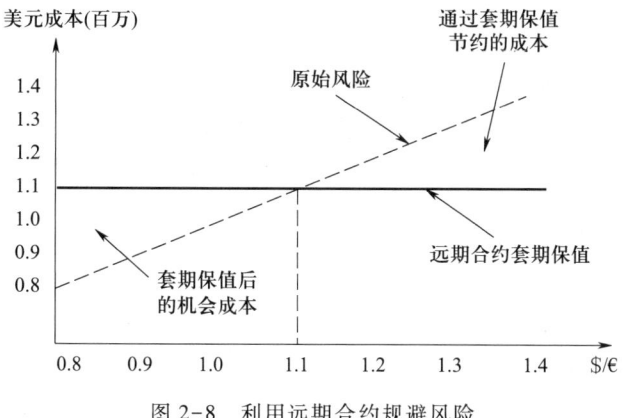

图 2-8 利用远期合约规避风险

美元购买 1 欧元,公司依然应该高兴,这是因为事先已知换汇成本是 110 万美元,而实际发生的也是 110 万美元,成本没有发生变化。但是,我们都会理解公司财务管理人员在欧元贬值时会感到不舒服,因为如果他们没有采取避险措施的话,公司会更好些,公司在需要欧元时只需要直接以市场汇率从市场购得即可,图左下方部分代表了公司在进行避险后的机会成本。

然而,公司的财务管理人员这样想的话就大错特错,因为他们的原始想法是基于避免风险,获得确定性。他的事后后悔是基于事后的认识,而这种认识是在他确切地知道最后的市场汇率后才做出的。

上述的套期保值方法就是用确定性代替了风险,但是,在消除不利于己的风险的同时,也消除了可能存在的于己有利的风险。在许多情况下,将所有的风险都消除是我们所希望的,但是,只将不利的风险消除,而留下对己有利的风险说起来容易做起来难。幸运的是,财务风险管理可以运用第二种选择达到这个目标。

(二) 留下于己有利的风险

实例分析 2-8(续):要想规避于己不利风险,留下于己有利风险,图 2-9 就是一种完美的避险方法。它不仅使我们在欧元升值美元贬值时能获得远期交易中的好处,而且在欧元贬值美元升值时不采取避险措施也能获得全部好处(从成本角度考虑)。

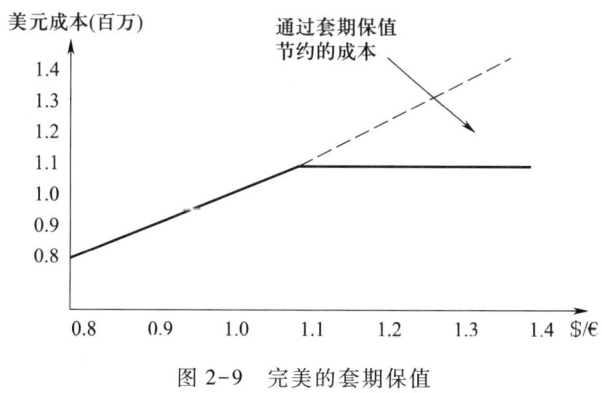

图 2-9 完美的套期保值

然而,这样的避险在现实生活中是不可能出现的,原因在于没有一家银行愿意持有完全相反的头寸,该头寸只能给银行带来损失而不能带来收益。所幸的是,尽管不能获得这种完美的避险模式,但是财务风险管理可以利用金融产品提供一种与之非常相近的避险模式,这就是期权的形式。

如果财务人员通过支付一定的期权费购买一份3个月内以1欧元=1.1美元的价格购买欧元的权利,如果1欧元在3个月后比1.1美元还高,公司财务人员将行使这份期权,以1欧元=1.1美元的价格购买欧元,这与远期交易一样。如果欧元贬值,低于1.1美元,公司财务人员可放弃期权,损失期权费,但可以按市场汇率购买欧元。如图2-10所示。

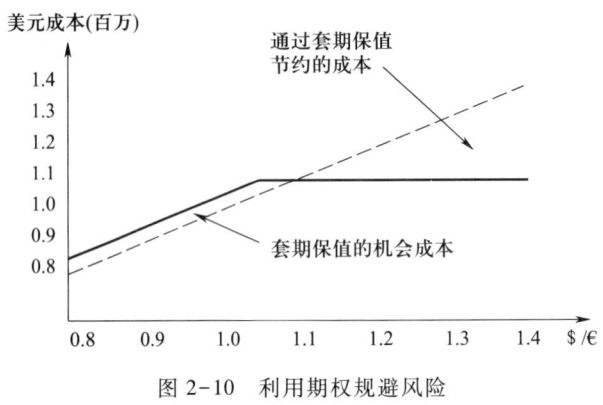

图2-10 利用期权规避风险

注意,图2-10与我们在国际财务管理中的期权图形有所不同,这是因为我们是从支出成本的角度考虑的。从图2-10中该公司可以同时获得上述两种好处,即不仅获得了所希望的固定汇率,而且当市场变得于己有利时还可以灵活运用市场汇率。

二、风险管理的方法

在管理财务风险时,我们从其他角度介绍三种不同但是相互关联的方法:第一种是购买保险。然而保险仅对特定类型的金融/财务风险的管理才是有用的,此类风险称为可保风险。第二种是资产负债管理。这种方法是对资产和负债仔细地进行平衡以消除净值的变化,这种方法最常用于管理利率风险和汇率风险。最后一种就是套期保值,这种方法既可以单独使用,也可与前两种方法结合使用。值得注意的是,资产负债管理涉及资产负债表内的项目,而套期保值通常涉及的是表外项目。经常是当资产负债管理无能为力时,套期保值可作为资产负债管理的替代办法。下面我们分别讨论这三种风险管理的基本方法。

(一)购买保险

在第一章介绍风险管理方案选择时指出,当风险发生的可能性低,影响程度高时,可以采用转移风险的方案。在转移风险方案中,典型的方法就是保险。保险作为风险管理的方法主要针对的是可保风险。所谓可保风险是指这种风险是很多企业(或个人)都面临的,而其彼此之间的风险状况不是高度相关的,并且这种风险发生的概率在很大程度上是确定的。常见的可保风险包括死亡、火灾损失、失窃、债务及医疗费用等。由于火灾会导致财务损失,因此火灾风险是一种财务风险。下面我们以火灾风险为例来对保险进行说明。

企业面临的火灾风险的大小取决于发生火灾的概率以及存在风险的资产的价值。火灾损失风险是一种可保风险,因为许多企业面临着火灾风险,而且每家企业的火灾风险之间几乎不存在相关性。尽管我们不能说,某家企业将会发生或不发生火灾,我们却能有很大的把握知道该企业发生火灾的概率,这可通过精算模型进行估算。

实例分析2-9:假设有1 000家相同的企业,它们的净值都是200万元。每家企业都面临着相同的、概率为2%的火灾风险。如果其中任何一家企业发生火灾,平均损失将为500万元(包括资产的重置成本和损失的经营收入)。火灾对任何一家企业来说都是毁灭性的,将损失所有的权益资本并留下未偿还的债务。因此,面临火灾风险的不仅是企业的所有者,还包括企业的债权人。试分析火灾对每家企业每年的受险金额,并分析为什么企业和保险公司愿意投保和接受保险。

解析:(1)每家企业每年的受险金额。

$$公司每年风险受险金额 = 2\% \times 500 + 98\% \times 0 = 10(万元)$$

假定有一家保险公司愿意承担所有这些企业的任何火灾损失,保险费是每年12万元,超过10万元的部分作为抵补保险公司的管理费和利润。如果发生火灾,保险公司要付出500万元,如果没有发生火灾,全部保险费归保险公司所得。

(2)从企业看保险。

对于投保企业,尽管所交的保险费超过了风险受险金额,但也是值得的,这是因为:①企业的管理者和所有者都是厌恶风险的,这意味着他们愿意为消除风险付出一定的费用。用经济学语言来说,他们从风险的降低中得到了效用收益。②如果他们降低了风险,那么在企业债权人的眼里,企业的资信情况就会变得比较好,如果企业的资信状况变好了,债权人就愿意以较低的成本提供更多的信贷,这样就减少了融资成本,也就抵消了一部分保险费用。

(3)从保险公司看保险。

对保险公司而言,尽管保险公司承担了所有单个企业的风险,它本身并没有处于很大的风险状态,因为这些单个的火灾风险彼此间是不高度相关的。也就是说,此类风险在本质上是非系统性风险(公司特定风险),因此,保险公司相对于每家企业的风险是相当小的。保险公司完全可以用收到企业的保费来抵补确实发生火灾企业的损失。保险公司发出的保险单越多,保险费收入和保险赔偿支出之间相互抵消的程度就越大。从保险公司的角度看,每个新投保企业的加入都使它平均到每家企业的风险下降。保险公司平均到每家企业的风险如公式(2.9)所示。

$$PFR = \frac{IFE}{\sqrt{N}} \qquad (2.9)$$

式中,PFR 表示保险公司平均到每家企业的风险;IFE 表示单个企业的受险额,N 表示被保的同类企业的数量。

保险之所以有效,是因为当保险单基数很大时,保险公司的风险只是投保人风险的很小一部分。保险原理的关键在于单个风险之间互不相关,而保险单发放的基数很大,这一点可用统计语言中的大数定律说明。[①] 从某种意义上说,保险公司实际上是在进行套利活动,只不过这种套利不像我们在第一章讲到的是利用时间或空间差异进行,而是利用风险差异进行。如果不存在风险差异,即如果有一家投保企业经历了毁灭性火灾,所有投保企业也都会发生同样的火灾,在这种情况下,保险是没有意义的。如果要求保险公司同时为所有投保企业赔偿损失,它也是做不到的。由此,我们看到,通过保险来消除风险,特别是价格风险存在着两个问题:第一是保险公司作为引入的中介机构,意味着所有投保企业的总保险成本要大于预期的货币价值。因为保险公司需要支付行政管理费和预期的合理利润。第二,并不是所有风险都是可保的。事实上,价格风险大部分是不可保的,特别是当价格上升是由通货膨

[①] 大量随机现象的平均结果具有稳定性的一系列定理统称大数定律。

胀引起时,这类风险是系统性风险,企业之间该类风险几乎是完全正相关的,因此这种情况下是不可能通过保险来消除风险的。

(二) 资产负债管理

资产负债管理是一种减少价格风险的手段,它通过资产和负债的恰当组合在实现企业目标的同时减少企业风险。这种风险管理技术最为成熟,而它的关键在于构筑资产和负债的正确组合。

在实践中,企业会面临的一种状况是其投资的资金源于浮动利率的债务。此外,养老基金通过出售保险单给客户进行融资,并通过一种称为担保投资合同(guaranteed investment contracts, GIC)的协议来保证投保人的利益。这一合同保证付给保险单持有者一项固定的未来收入现金流,从而构成养老基金的负债,而出售保单的所得由基金投资于金融资产以获取收益。由于市场利率可能发生波动,从而基金资产的收益可能会偏离对保险单持有人的承诺收益,也就是说,尽管这两个价值期初应该是相等的,但它们对利率变动的敏感性是不同的,于是利率波动可能对基金资产价值的影响比对负债价值的影响要大,或者反之,这就存在风险,即当需要付款时,基金可能没有足够的能力偿还债务。

在理想状态下,资产负债管理就是要尽量使资产的收入现金流的时间和数额与负债的支出现金流的时间和数额相匹配,即构造一个使现金流相匹配的资产组合,这个组合被称为专用组合(dedicated portfolio)。然而,要使现金流精确地匹配是非常困难的。即使能做到,其代价也可能是极其昂贵的,或者会迫使基金经理放弃很多有吸引力的投资组合。要想解决这一问题,可以不去匹配现金流,而将注意力集中在资产和负债的价值上,使资产和负债的价值差对利率波动不敏感,这一做法称为组合免疫[①](portfolio immunization)。

既然免疫的目标是使资产负债的组合对利率波动变得不敏感,免疫策略的逻辑出发点自然是度量利率的敏感性。用得最为广泛的度量利率敏感性的手段是久期[②](Duration)。久期是债务工具利率敏感性的相对度量,衡量的是投资者需要平均等待多长时间才能收到报酬,即收到支付报酬时间的加权平均数。以年为单位的久期如公式(2.10)所示。

$$D = \sum_{t=1}^{m \times T} W(t) \times (t/m) \qquad (2.10)$$

其中 $W(t)$ 表示单个现金流现值除以总现金流现值,t 表示现金流的序次数,m 表示每年发生的现金流的次数。

修正后的久期为:

$$D^* = \frac{D}{1+y/m} \qquad (2.11)$$

其中,y 表示债务工具的收益率。

组合的久期就等于各个单项资产的久期的加权平均数。

资产和负债组合的久期特性是免疫策略的关键。对于基金管理可以计算出基金负债的久期,然后选择两种有着不同久期的资产,最后在资产组合中确定这两种资产各自的权重,使得资产组合的久期正好与负债的久期相匹配。应用免疫策略的人常采用久期的原始形式,但其修正的形式也可以用。下面我们通过实例分析说明久期的运用。

[①] 有关免疫的概念及相关的实施策略最早是由瑞定顿(F. M. Redington)在1955年发表的一篇论文中提出的。
[②] 久期是1938年由费里德里克·麦考利(Frederick Macaulay)提出的。

实例分析 2-10: 假定一家养老基金出售一种新的保险单,这种保险单承诺在今后 15 年内基金将每年向购买保单者支付 100 元。如果贴现率为 10%,试分析基金如何将保单获得的资金用于投资以满足支付的需要。

解析: 这就是如何使资产与负债相匹配的问题。养老基金出售保单形成它的负债,首先需要计算这一保单的久期,因为每年付一次,m 等于 1,所以修正后的久期如表 2-4 所示。

表 2-4 久期修正值的计算

时期	现金流	现金流的现值	权重	乘积
1	100	90.909 1	0.119 5	0.119 5
2	100	82.644 6	0.108 7	0.217 3
3	100	75.131 5	0.098 8	0.296 3
4	100	68.301 3	0.089 8	0.359 2
5	100	62.092 1	0.081 6	0.408 2
6	100	56.447 4	0.074 2	0.445 3
7	100	51.315 8	0.067 5	0.472 3
8	100	46.650 7	0.061 3	0.490 7
9	100	42.409 8	0.055 8	0.501 8
10	100	38.554 3	0.050 7	0.506 9
11	100	35.049 4	0.046 1	0.506 9
12	100	31.863 1	0.041 9	0.502 7
13	100	28.966 4	0.038 1	0.495 1
14	100	26.333 1	0.034 6	0.484 7
15	100	23.939 1	0.031 5	0.472 1
		总数 = 760.608 0		D = 6.278 9

注:由于计算权重时进行了四舍五入,因此乘积存在尾差。

$$D^* = 6.278\ 9/(1+10\%/1) = 5.708$$

其次,基金现在的问题是如何把出售保险单所得的 760.61 元进行投资,每年至少获得 10% 的收益,以保证在未来每一时点投资的资产价值至少和负债的价值相当。

假设基金可投资两种金融产品,一种是 30 年期的长期国债,年利率为 12%,按面值出售。另一种是 6 个月期的短期国库券,收益率为年利率 8%。按照上述方法可以计算出 30 年期国债的修正久期是 8.080,短期国库券的修正久期是 0.481。

收益率的波动会导致基金的资产和负债价值发生变化,为使免疫策略完全起作用,资产组合的价值变动必须精确地和负债组合的价值变动匹配,也就是说将两种债券按某种比例加权组合,使得组合后的久期值精确地等于负债的久期值。

设 W_1 和 W_2 分别为长期国债和短期国债的权重,D_1 和 D_2 分别为长期国债和短期国债的久期,D_L 为负债的总久期。

则 $$W_1 D_1 + W_2 D_2 = D_L$$
且 $$W_1 + W_2 = 1$$

将 $D_1 = 8.080, D_2 = 0.481, D_L = 5.708$ 代入上式,有

$$\begin{cases} W_1 \times 8.080 + W_2 \times 0.481 = 5.708 \\ W_1 + W_2 = 1 \end{cases}$$

计算得出

$$W_1 = 0.6879 = 68.79\%, W_2 = 0.3121 = 31.21\%$$

结论:养老基金应当将其出售保险单收入的68.79%投资于30年期的长期国债,31.21%投资于6个月短期国库券,这样投资组合的平均收益率为10.75%(68.79%×12%+31.21%×8%=10.75%),大于成本支出10%。否则,基金就不出售此项保险单。

值得注意的是:如果市场利率发生变化,国债利率也会发生变化,我们可以重复以上的计算以达到免疫策略的有效保护。

免疫方法存在三个问题:第一,这种方法只在短期内是可靠的。也就是说,随着时间的变化,每种资产及负债的久期也将发生变化,而且这种变化对所有相关的金融产品来说是不一致的。因此,今天很有效的组合比例,明天就不一定有效了,而且随着时间推移,这个组合比例将越来越不可靠。第二,久期也会随着市场利率的变化而变化,而且不同金融产品的久期的变化程度是不相同的,利率变化微小,久期匹配的策略效果就很好;利率变化幅度越大,则效果就越差。这样就需要反复计算久期以调整证券组合。第三,久期匹配的策略是在收益率曲线变动采取的是平移形式这个基本假设条件下进行的。但事实并非如此,实际上,短期利率比长期利率更敏感,不同类型的金融产品对利率变动的敏感程度是不同的,即使它们的到期日都相同亦是如此,因为不同类型的金融产品的违约风险是不一样的。

解决第三个问题的有效办法是根据历史上资产和负债的收益率变动之间的关系来调整资产头寸的大小,即如果我们假定资产和负债的收益率变化之间存在着某种比例关系,我们就可用简单回归分析得出系数 β 值,如公式(2.12)所示。

$$y_L = \beta_y \times y_b \tag{2.12}$$

式中,y_L 表示负债收益率的变化,β_y 表示负债收益率与资产收益之间的变化幅度,y_b 表示长期国债收益率的变化。

同理,可算出负债与6个月期短期国债的利率的 β 值。这样我们就可以根据修正久期模型来考虑收益率非平移的情况。

除了运用免疫策略管理资产和负债不匹配的情况,我们还可以通过调整相关账户来管理此类问题,比如在外汇风险管理中,资产负债管理的方法并不一定是管理利率风险和汇率风险的最佳方法,采取此类策略通常不得不以牺牲一些比较有利可图的机会为代价。因此,有时套期保值策略会更好。

(三) 套期保值

套期保值通常在风险发生的可能性高、影响程度低时使用,是通过构筑一项头寸来临时性地替代未来的另一项资产(或负债)的头寸,或者是构筑一项头寸来保护现有的某项资产(负债)头寸的价值直到其可以变现而采取的行动。许多套期保值都是利用资产负债表外工具来做的,如利用期货、期权、互换等。这里,我们主要集中讨论套期保值的基本理论,而非所利用的工具。

实例分析2-11:一家瑞士企业拥有60天后到期的、价值为500 000美元的美国国库券。60天后,该企业需要将到期的美元兑换成瑞士法郎,其风险状况如图2-11所示。

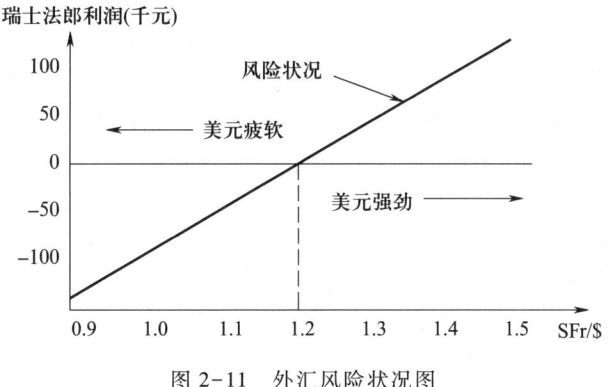

图 2-11 外汇风险状况图

试分析这家瑞士公司面临的风险究竟有多大。如何进行套期保值？

解析：（1）公司面临的风险可用标准差来度量，反映对收益的影响程度。

假设美元对瑞士法郎 60 天的标准差为 0.062 5，期望值为 1 美元＝1.2 瑞士法郎，而且汇率接近正态分布。利用正态分布的特性，我们可以确定置信区间，进行假设检验，确定汇率落在任何特定范围之外的概率。

置信区间就是期望值 μ（预期值）两边对称分布的一段范围，实际结果落入此区间的概率是确定的，这个概率称为置信度，而取值的范围就叫作置信区间。置信区间＝$\mu \pm Z\sigma$，Z 通过查表可得。

例如，置信度为 90%，$1-\alpha=90\%$，考虑正态分布的对称性，可查正态分布表得 $Z=1.64$，因此，置信区间为 [1.2−1.64×0.062 5, 1.2+1.64×0.062 5]，即 [1.097 5, 1.302 5]。

若购买均值为 60 天的远期汇率，则 60 天后收到 600 000 瑞士法郎为盈亏平衡点。根据置信区间我们可知 60 天后收到的瑞士法郎落在 [1.097 5×500 000, 1.302 5×500 000] 之间，即 [548 750, 651 250]。我们得出的结论为：在价值变动的置信度为 90% 的置信区间里，该企业 60 天后盈利（亏损）51 250 瑞士法郎。

这种评估受险程度的方法有一个优势，即不论考虑的是哪种价格，价格变动的标准差对于任何企业都一样。由于风险状况因企业而异，把二者结合起来，我们就能将风险的标准度量方法转化成针对单个企业具体情况的风险度量方法。

例如，我们可以把外币头寸的数额和汇率的标准差相乘计算出企业的利润风险，如公式（2.13）所示。

$$\text{利润风险} = \text{头寸数额} \times \text{价格标准差（价格风险）} \qquad (2.13)$$

对这家瑞士公司来说，即：

$$\text{利润风险} = 500\,000 \times 0.062\,5 = 31\,250 \text{（瑞士法郎）}$$

这里 31 250 瑞士法郎为单位标准差或单位波动性表示的利润风险，还可以将利润风险转换成置信区间。如置信度为 90% 的置信区间（此时 $\mu=0$）为 ±1.64×31 250，即 [−51 250, +51 250]，结果与前面计算一样。

我们还可以计算其 VaR[①]，若管理层不能忍受这一风险，则可以采用具体工具进行套期保值。

[①] 读者不妨尝试计算一下其 VaR 的值。

（2）为了对存在的风险进行套期保值，我们可根据原始风险状况图，选择一种套期保值工具，只要该套期保值工具的损益状态图与原始风险之间呈镜像关系，就可以消除风险。

假设该企业同意 60 天后卖出 50 万美元，远期汇率是 SFr1.2/$，如果美元升值，该瑞士企业将承担这笔同银行的远期交易中的潜在损失；如果美元贬值，该企业将从银行的远期交易中获得潜在的盈利。远期交易的损益状态如图 2-12 所示。

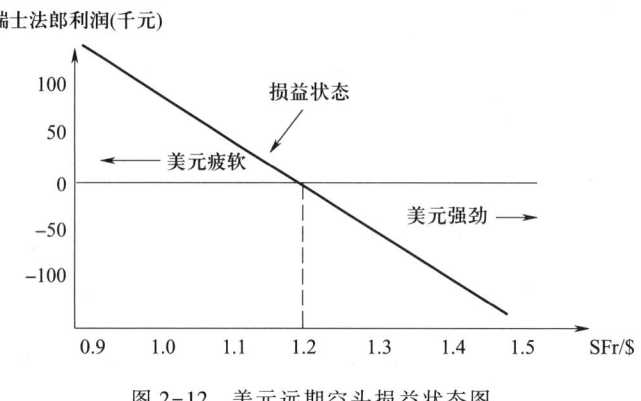

图 2-12　美元远期空头损益状态图

将图 2-11 与图 2-12 叠加，它们彼此呈镜像关系，因此可以达到规避风险的目的。如图 2-13 中的图（a）和图（b）所示。

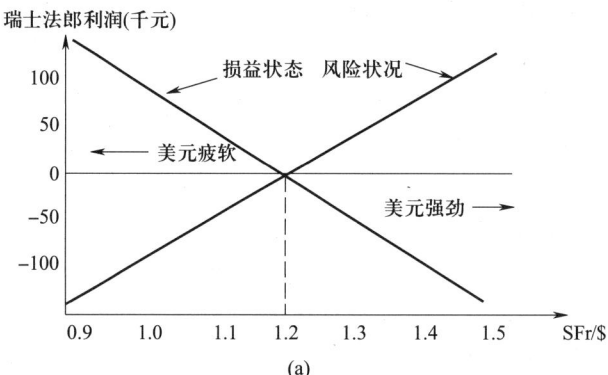

(a)

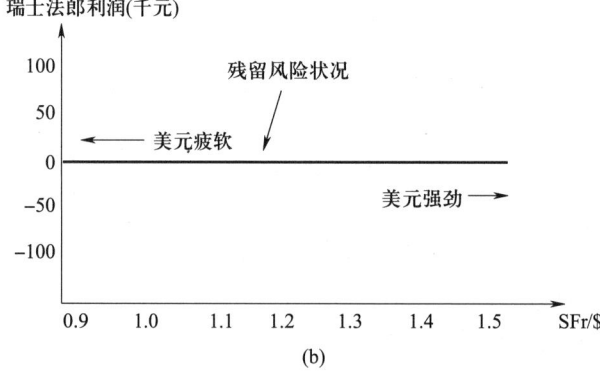

(b)

图 2-13　套期保值后风险状况图
（a）损益状态图和风险状况图；（b）残留风险状况图

此例说明通过套期保值来消除风险,残留风险为0。我们通过套期保值后残留的风险并不一定都是0,我们也并不一定要追求残留风险为0,因为可以将其残留风险看成是套期保值的成本。另外,此例也说明了消除风险的同时,有利的一面也消失了。因此,管理层更希望通过套期保值使企业免受不利价格变动的影响,同时从有利的价格变动中获利。此时,我们可以运用期权进行套期保值,该部分内容将会在后面进行详细讨论。

采用套期保值来减少风险是行之有效的方法,但也有其局限性,实例分析2-10已说明。因此,企业进行套期保值时需要考虑以下三个问题:第一是套期保值规模;第二是套期保值的有效性;第三是套期保值的成本。

1. 套期保值的规模

套期保值的规模是用被保值的现货头寸的规模来度量的。为一个单位的现货头寸完全保值所需的套期保值工具的单位数量就是套期保值规模,又称为套头比。例如,为抵补1个单位的公司债务带来的风险平均需要2个单位的5年期的国债期货,那么套头比就是2:1。

2. 套期保值的有效性度量

两种价格的相关程度可用相关系数 ρ 来度量。假设我们已经采用了恰当的套头比,进行套期保值后还存在的风险称为基差风险,基差风险可用公式(2.14)来度量。

$$基差风险 = (1-\rho^2) \times 价格风险 \qquad (2.14)$$

ρ^2 为可决系数(或拟合优度),它精确地度量了套期保值后消除的风险占原风险的百分比。例如,若 $\rho^2 = 0.87$,这说明套期保值将减少价格风险的87%,而原风险的13%仍存在,剩下的部分就叫作基差风险。可决系数常被用于度量套期保值的有效性。

基差风险的存在是因为现货价格和套期保值工具价格之间并非完全相关,这是因为现货市场的供需情况与套期保值工具市场的供求情况有所不同。一般来说,两种价格不能彼此相差太多而不产生套利机会,但它们可以相差到某种程度而不产生盈利的套利机会,这样基差风险就存在了。

例如,某公司投资者试图通过3个月期短期国债期货交易来为该公司计划中的3个月期商业票据的发行进行套期保值。尽管二者有相同的到期日,而且它们的利率变化也十分接近,但它们的轨迹不可能完全相同(如图2-14所示),因而这家企业用短期国债期货来为商业票据发行套期保值将会面临着某些基差风险。

3. 套期保值的成本

人们普遍认为套期保值相对来说是很便宜的,但毕竟不是完全无成本。这是因为:①套期保值者企图消除的风险必然由套期保值合约的另一方承担,如果另一方也是一个套期保值者,那么他的受险程度正好与第一位套期保值者的受险程度呈镜像关系,这样双方都能获得某种好处。然而,合约的另一方常常是投机者,因而他承担着投资风险。套期保值者的风险由他承

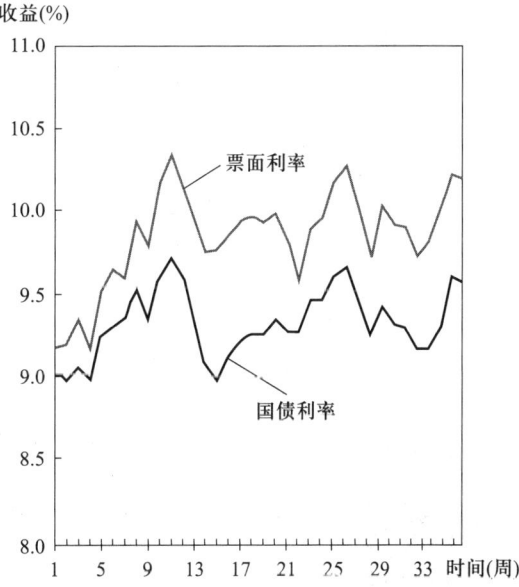

图2-14 商业票据利率和短期国债利率走势图

担,因此,他会对承担的风险要求给予补偿,即套期保值者必须承担费用。②套期保值存在交易费用,如佣金、买卖差价,或者二者兼有。

因此,企业在进行套期保值时,应该考虑成本因素,并且不同的套期保值方法成本也是不同的,这可能是因为市场并非完全有效率,一种形式的套期保值可能比另一种形式的套期保值便宜。并且,相关的费用每天都在发生变化,今天比较便宜的套期保值方法明天不一定便宜。因而我们可进行比较,选择出较好的套期保值方法。值得注意的是,一个套期保值者的最佳方案对另一个企业来说不一定是最佳的。

■ 本章小结

1. 消费者可以使用效用函数表示其偏好,具有不同风险偏好的投资者可以通过各自的效用函数进行投资决策。

2. 与利润相比,收益率是度量资产收益的更为合理的选择。明确有效持有期报酬率、算术平均收益率、几何平均收益率、连续收益率等基本概念,算术平均收益率计算出来的终值要高于几何平均收益率计算出来的终值。只有连续收益率服从正态分布。

3. 无风险资产在风险管理和资产定价中起到调节风险的作用。投资者使用杠杆提高收益的同时也放大了风险。

4. VaR 和 CaR 的使用可以使投资者更加清楚地了解不利影响可能带来的后果,前者关注的是短期现金流,后者关注的是长期现金流。

5. 企业需要根据其具体情况确立恰当的风险管理目标,并能够针对不同性质的风险选择恰当的方法管理风险。

■ 重要概念

有效持有期报酬率	相对收益率	算术平均收益率	几何平均收益率
连续收益率	投资注资期	效用理论	无风险资产
杠杆	免疫政策	久期	

■ 思考题

1. 在实践中,几何平均数和算术平均数对于预期值的影响有什么不同?
2. 运用效用理论评价投资的标准是什么?
3. 什么是严格意义上的无风险资产?
4. VaR 和 CaR 在使用中有什么不同?
5. 企业在套期保值时需要考虑哪些问题?

■ 即测即评

请扫描右侧二维码,进行即测即评。

■ 扩展阅读

第二部分 方法篇

在财务风险管理中需要用到一些解决特定财务问题的产品,而构建这些产品需要一定的方法,这有利于管理者了解使用金融产品为企业规避风险带来的效果和所付出的成本。因此,本篇主要介绍常用的金融产品基本构造方法,以及各种市场之间的关系,尽量避免繁杂的数学方法。

第三章 金融产品基本构造法

本章学习目标

- 掌握积木分析法的含义
- 熟练掌握积木块的分解和组合
- 熟练掌握"0"、"+1"和"-1"的基本含义
- 理解无套利均衡分析的原理
- 掌握无套利均衡分析方法定价

第一节 积木分析法

一、积木分析法的基本原理

财务风险管理在于要创造性地运用各种金融工具和策略来解决财务问题。创造性地运用各种金融工具的思路就如机械工程的概念那样,将一个一个零部件构造成一台一台机器,去实现这台机器的功能。因此,本节主要从实用的角度,把这些零部件或单一的金融产品看成是一块一块的积木,通过搭积木的形式构造成一台新机器或一种新的金融产品。可以这样说,在财务风险管理者眼里,所有的金融产品都是一个一个的音符,将这些音符进行排列组合,就可以创造出赏心悦目而又层出不穷的优美的旋律。

(一) 基本积木块

积木分析法也叫模块分析法,指的是将各种金融产品进行分解或组合,以解决金融/财务问题。首先我们定义一些符号,用 0 表示一条水平线(———),用+1 表示一条由下往上的斜线,换句话说,这条斜线的斜率为正(╱),用-1 表示一条由上往下的斜线,换句话说,这条斜线的斜率为负(╲)。我们通过图形直观表示在财务风险管理中常用的六块积木。这里的每一块积木,都可以看作一种金融产品。积木分析就是要对各种金融产品进行分解或组合。如图 3-1 所示。

图 3-1 中左上方的图形表示某种资产的多头交易,右上方的图形表示某种资产的看涨期权和看跌期权的组合。这一部分的图示表明,当人们将某种资产的看涨期权与其看跌期权组合在一起时,可以形成该种资产的多头交易;或者某种资产的多头交易可以分解为买入看涨期权和卖

出看跌期权。而左下方的图形表示某种资产的现货空头交易。这种交易可以运用买入看跌期权的交易和出售看涨期权的交易来组合,或者该项资产的空头交易可以分解为买入看跌期权和卖出看涨期权。

有关买入看涨、看跌期权和卖出看涨、看跌期权的图形可参见本章附录。

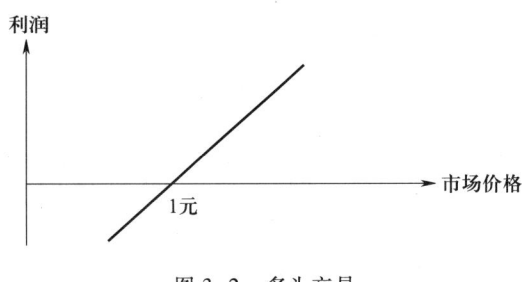

图 3-1　六个积木块

(二) 积木块的组合和分解

前面我们给出了六个积木块,在实践中,我们可以通过运用这六块积木,组合或分解出一些基本的金融产品或新的金融产品。

实例分析 3-1: 假设我们可以做笔的多头交易,即我们在现货市场上,以 1 元钱买进一支笔,等待来日以更有利的价格卖出。其损益情况如图 3-2 所示。

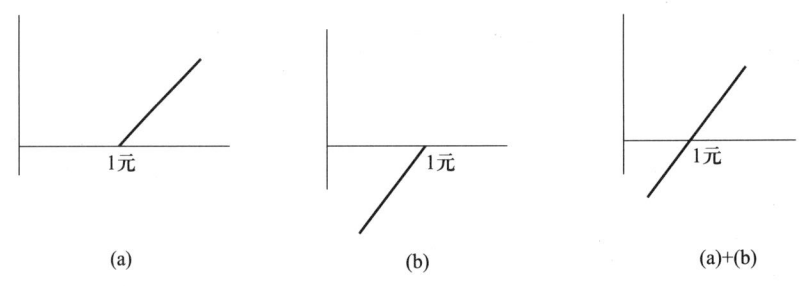

图 3-2　多头交易

试运用积木分析法的原理,分析看涨期权和看跌期权的组合是如何达到多头交易目的的。

解析: 假定笔的看涨期权的协定价格和看跌期权的协定价格均为 1 元,在不考虑期权费的情况下,买入看涨期权和卖出看跌期权的损益图如图 3-3 所示。

1元	1元	1元
(a)	(b)	(a)+(b)

图 3-3　期权合成图形

(a) 买入看涨期权损益图;(b) 卖出看跌期权损益图;(a)+(b) 多头

图 3-3(a)意味着我们买入一支笔的看涨期权,图 3-3(b)意味着我们卖出一支笔的看跌期权,图 3-3(a)+(b)则表示我们在买入笔的看涨期权的同时卖出笔的看跌期权,形成的图形与我们做笔的现货多头交易的图形一模一样。

另外,我们也可以用 0、-1、+1 符号验证,这种方法在比较复杂的分析中经常要用到。在使用符号工具时,首先我们将简单的积木块图形用符号表示出来,然后再相加,最后根据相加后的符号再还原成图,这样无论组合后图形多么复杂,我们都能画出来,具体实例我们在下面进行分析。

在此例中,图 3-3(a)以 1 元钱为界,买入看涨期权　　　　0,　+1
　　　　　图 3-3(b)以 1 元钱为界,卖出看跌期权　　+1,　 0
　　　　　　　　　　　　　　　组合后形成多头　　　　+1,　+1

实例分析 3-1 说明,直接做笔的现货多头交易,可以分解为做笔的期权组合交易来达到同样的目的。或者笔的现货多头交易可以运用笔的买入看涨期权交易和笔的卖出看跌期权交易这两种"积木"来组合。

理解了图 3-1 横线上面的"积木"分析,我们就不难理解横线下面的"积木"分析了。

我们还可以将横线上面的图形与横线下面的图形进行随意组合。例如,将横线上面的现货多头交易与横线下面的期权交易相组合(如图 3-4 和 3-5 所示)。

图 3-4　现货多头　　　　　　图 3-5　买入看跌期权

将这两种交易组合在一起,我们就可以获得另一种新的交易工具(如图 3-6 所示),新产生的工具即买入看涨期权的交易。

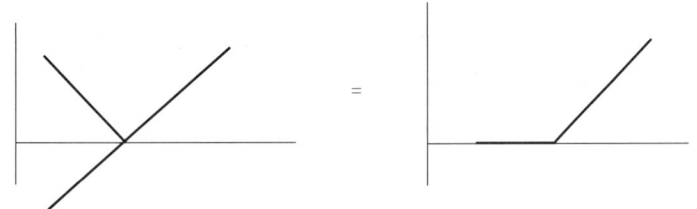

图 3-6　买入看涨期权

即　现货多头交易　　+1,　+1
　　买入看跌期权　　-1,　 0
　　买入看涨期权　　 0,　+1

现货多头交易不仅可以与买入看跌期权交易组合,还可以与卖出看涨期权交易进行组合,从而形成卖出看跌期权空头交易,如图 3-7 所示。

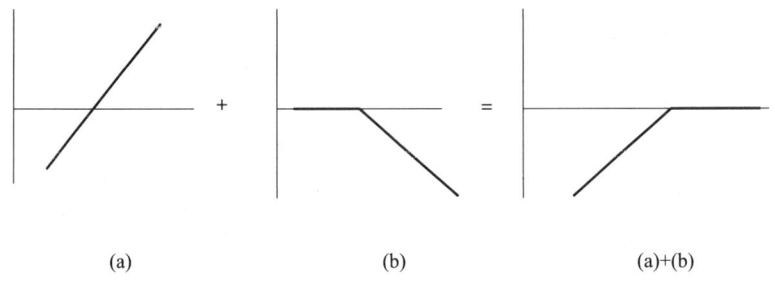

(a)　　　　　　　　　(b)　　　　　　　　(a)+(b)

图 3-7　卖出看跌期权
(a)现货多头;(b)卖出看涨期权;(a)+(b)卖出看跌期权

同理,我们可以用符号进行验证。

我们分析了现货多头交易与横线下面期权交易组合的情况,我们再来分析现货空头交易与横线上面部分的组合。

例如,现货空头交易与买入看涨期权交易组合可以形成买入看跌期权多头交易,如图3-8所示。

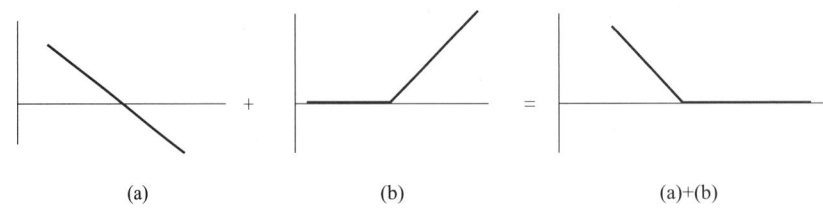

图 3-8 买入看跌期权
(a)现货空头;(b)买入看涨期权;(a)+(b)买入看跌期权

即　现货空头交易　　　-1,　-1
　　买入看涨期权　　　　0,　+1
　　买入看跌期权　　　-1,　　0

又如,现货空头交易与卖出看跌期权交易组合可以形成卖出看涨期权交易,如图3-9所示。

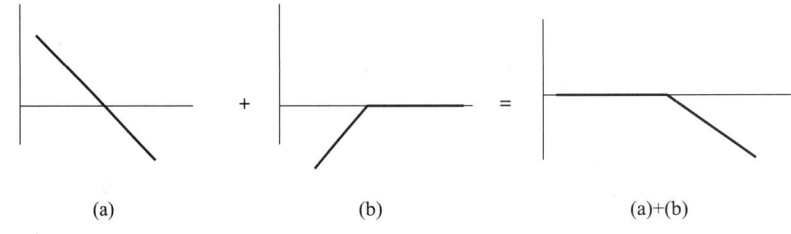

图 3-9 卖出看涨期权
(a)现货空头交易;(b)卖出看跌期权;(a)+(b)卖出看涨期权

从以上的分析中可以看出,现货的多头交易与空头交易能够与期权交易进行组合。其实,远期与期货的损益图与现货交易是一样的,这就意味着以上的分析也适用于远期和期货的分析。

二、积木分析法实例

在财务风险管理中,我们会使用很多期权的组合来达到财务目标或规避财务风险,积木分析法在这方面起到独特的作用。以下通过一些实例分析说明积木分析法的运用。

1. 熊市看涨期权价差

运用这种期权组合策略的要点是,预测市场行情将会下跌,但不能确信行情一定会下跌,希望把收益和损失都限制在一定的范围之内。具体做法是:买进一个协定价格较高的看涨期权,同时卖出一个到期日相同、协定价格较低的看涨期权。熊市看涨期权价差的具体做法见实例分析3-2。[①]

---

① 其他金融产品类似,这里以外币期权为例说明。

实例分析 3-2：投资者预测欧元在 1.052 美元和 1.055 美元之间波动,可以买入一个欧元看涨期权,协定价格 $X=1.055$ 美元,期权费 $P=0.002$ 美元。同时,卖出一个欧元看涨期权,协定价格 $X=1.052$ 美元,期权费 $P=0.003$ 美元。

解析：熊市看涨期权价差实际上是两种一般期权的组合。

首先,把两种期权的一般图形画出,如图 3-10 所示。

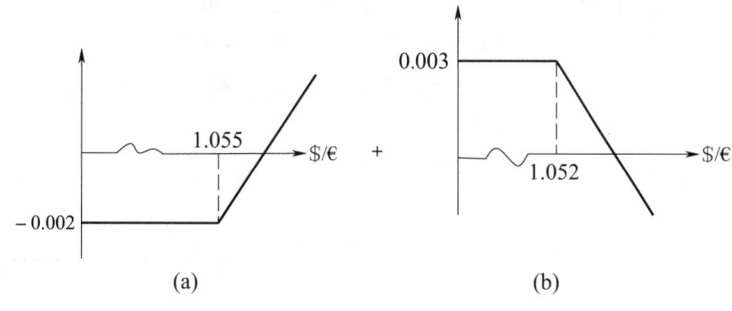

图 3-10 买入(卖出)看涨期权
(a)买入看涨期权;(b)卖出看涨期权

然后将图用 0、-1、+1 符号标出：

	0~ 1.052~	1.055~	+∞
买入看涨期权	0	0	+1
卖出看涨期权	0	-1	-1
熊市看涨期权价差	0	-1	0

最后进行合成,再根据数字符号画出图形来,如图 3-11 所示。

关于期权费,如果市场价格低于协定价格 1.052 美元,等于 1.051 美元,买入看涨期权的投资者放弃期权,按市场价格购买欧元,从而损失的是期权费 0.002 美元,但出售看涨期权的卖方因买方放弃,获得期权费 0.003 美元,净收益为 0.001 美元。

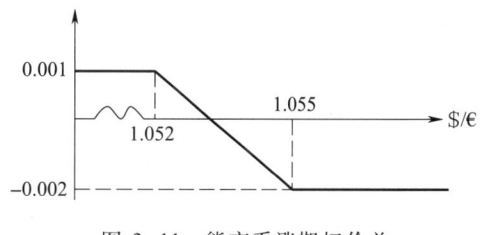

图 3-11 熊市看涨期权价差

如果市场价格高于协定价格 1.055 美元,等于 1.056 美元,买入看涨期权的投资者按协定价格 1.055 美元购买,赚 0.001 美元,但付出期权费 0.002 美元;同时卖出看涨期权,对方行使期权按 1.052 美元买入,出售方亏 0.004 美元,但收到期权费 0.003 美元,因此,将其所有盈利和亏损加起来,共亏损 0.002 美元。

同理,我们可以画出熊市看跌期权价差,基本图形和图 3-11 相同,但由于期权费的不同,盈亏有所不同。

运用牛市看跌期权价差这种期权组合策略的要点是：预期市场行情看涨,但不能确信行情一定会上涨,希望把收益和损失都限制在一定的范围内。具体做法是：买入一个协定价格较低的看跌期权,同时卖出一个到期日相同、但协定价格较高的看跌期权。

2. 多头蝶状价差

投资者预测市场行情将会在某一区间内作幅度不大的变化,希望在这个价格区间内能获利,同时当价格波动幅度超出这个区间时,把自己受到的亏损限制在一定的范围内。采用这种组合策略的获利和亏损都是有限的。具体做法是:买进一个协定价格较低的看涨期权和一个协定价格较高的看涨期权,同时卖出两个协定价格介于上述两个协定价格之间的看涨期权。

实例分析 3-3:可以进行如下操作:

买入瑞士法郎看涨期权： $X = \$1.052$, $P = \$0.006$

买入瑞士法郎看涨期权： $X = \$1.058$, $P = \$0.001$

卖出两份瑞士法郎看涨期权:$X = \$1.055$, $P = \$0.003$

解析:多头蝶状价差是四种一般期权的组合。

首先,把这四种期权的一般图形画出,如图 3-12 所示。

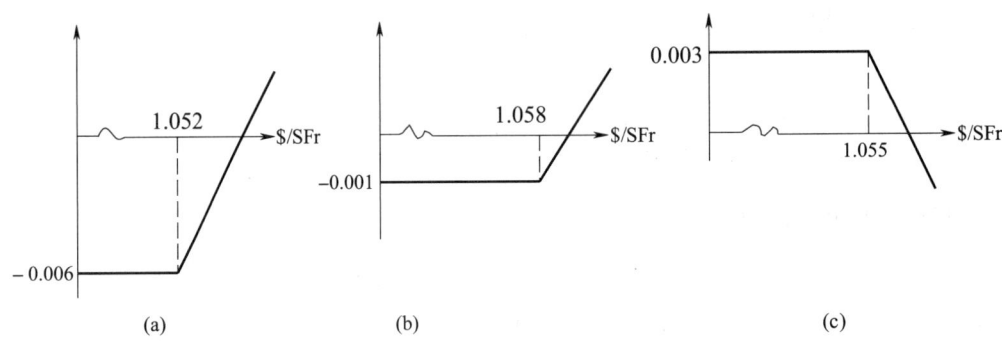

图 3-12 买入(卖出)看涨期权
(a)买入看涨期权;(b)买入看涨期权;(c)卖出看涨期权

然后将图用 0、-1、+1 符号标出:

	0~	1.052~	1.055~	1.058~	+∞
买入低协定价格的看涨期权	0	+1	+1	+1	
买入高协定价格的看涨期权	0	0	0	+1	
卖出居中协定价格的看涨期权	0	0	-1	-1	
卖出居中协定价格的看涨期权	0	0	-1	-1	
多头蝶状价差	0	+1	-1	0	

最后进行合成,再根据数字符号画出图形来,如图 3-13 所示,这是根据上面数字画出的。

关于盈亏状况,如果市场价格低于协定价格 1.052 美元,等于 1.051 美元,投资者买入看涨期权时会放弃所购买的两份不同协定价格的期权,从而损失期权费 0.006 美元和 0.001 美元,同时他出售的两份相同协定价格的看跌期权对方也会放弃,从而他获得两份期权费,共 0.006 美元,因此,净损失为 0.001 美元。

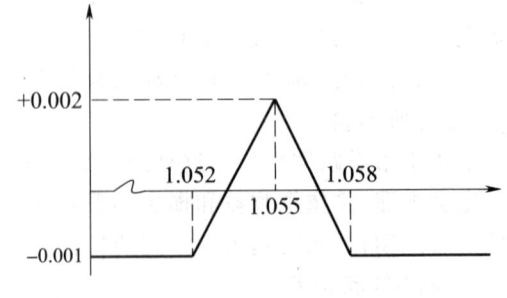

图 3-13 多头蝶状价差

如果市场价格等于1.055美元,投资者会行使买入低协定价格的期权,按1.052美元买进瑞士法郎,然后按1.055美元卖出,从而赚得0.003美元,而买入时支付期权费0.006美元,因此净损失是0.003美元;但是这时会放弃买入高协定价格的看涨期权,支付期权费0.001美元,同时卖出的两份看涨期权的买方放弃期权,收到期权费0.006美元,因此,净期权费为正的0.002美元。

如果市场价格高于协定价格1.058美元,比如等于1.059美元,投资者会行使买入看涨期权,以1.058美元和1.052美元的价格购买瑞士法郎,共盈利0.008美元,但付出期权费共0.007美元,因而买入看涨期权净盈利0.001美元。同时卖出的看涨期权对方会行使,共亏损0.008美元,由于收到期权费0.006美元,净亏损0.002美元,与买入看涨期权的净盈利相抵,亏损0.001美元。从前面分析中可知,只要高于协定价格1.058美元,买入看涨期权收益的增量正好与卖出看涨期权的亏损增量相等。亏损锁定在支出和收取期权费的总和中,从而锁定亏损为0.001美元。

市场价格从1.052美元逐步增加,一直到大于1.058美元为止,这个多头蝶状价差头寸的建立者经历了从亏损0.001美元到盈利0.002美元,然后再到亏损0.001美元的过程。因此,这种蝶状价差交易的损益曲线有两个盈亏平衡点。一个是1.053美元,另一个是1.057美元。

从图3-13看出,多头蝶状价差实际上可以看作是牛市看涨期权价差和熊市看涨期权价差的复合品。

从实例分析3-2和3-3可以看出积木分析块的作用,这种方法使原本复杂的期权组合变得简单了。在后面的专题风险管理中,我们还会运用这一方法。

第二节　无套利均衡分析法

西方主流经济学研究的基本方法是供给和需求的均衡分析,着眼点常常在均衡的存在性和均衡的变动性。而金融/财务研究的一项核心内容是对金融市场中某项头寸进行估值和定价,分析的基本方法是将这项头寸与市场中其他金融资产的头寸组合起来,构成一个新的头寸。

当市场处于不均衡状态时,即价格偏离供求关系所决定的价值,此时就会出现套利机会,而套利力量推动市场重建均衡。市场一旦恢复均衡,套利机会就消失。在市场均衡时无套利机会,这就是无套利均衡分析的依据。市场效率越高,重建均衡的速度就越快。而套利机会消除后所确定的均衡价格与市场参与者的风险偏好无关。因此,无套利均衡分析的思路是非常巧妙的,它抓住了金融市场均衡的最为本质的特征。

一、无套利均衡分析的原理

(一)企业价值的度量

评价一家企业的价值有两种基本的度量方法。一种是会计上度量的账面价值,另一种是金融/财务上度量的市场价值。前者是由企业资产负债表的资产一栏所决定的,如公式(3.1)所示。

$$资产 = 负债 + 股东权益 \tag{3.1}$$

后者是金融市场上的均衡价格反映的价值,如公式(3.2)所示。

$$\text{企业价值} = \text{负债的市场价值} + \text{权益的市场价值} \tag{3.2}$$

财务管理的目标在于使股东财富最大化,就是一个市场概念。股票价格的变动反映了股东拥有的财富的变动。因此,公式(3.2)中负债的市场价值通常是向银行借了多少钱市场价值就为多少,而权益的市场价值则取决于在外流通的普通股股数和当时股票的市场价格。

(二) MM 理论

MM 理论的基本假设包括两个方面:无摩擦环境和企业发行的负债无风险。它们的具体内容包括:①企业不缴纳所得税;②企业发行证券不需要交易成本;③企业的生产经营信息对内和对外来说是一致的,即信息披露是公正的;④与企业有关者可以无成本地解决彼此之间的利益冲突问题;⑤购买企业发行的债券或给企业贷款的收益率均是无风险收益率。

因此,在上述假设条件下,企业的资本结构与企业价值无关,即:

$$V_L = V_U = \frac{EBIT}{K_{SU}} \tag{3.3}$$

其中,V_L 表示负债企业的价值,V_U 表示无负债企业的价值,即企业的所有资金源于股东。K_{SU} 表示无负债企业的股东要求收益率,$EBIT$ 表示息税前收益。这一结论与人们的直觉相去甚远。而且,由此引申出企业的融资活动本质上并不为企业创造价值这一结论。

(三) 无套利均衡分析思想

1991 年,诺贝尔经济学奖得主米勒和莫迪格莱尼两位教授曾经坦言,他俩是在芝加哥大学校园内的比萨饼店里顿悟出关于企业融资行为的理论并一举得奖的。发明这套理论的米勒教授认为,企业的融资行为和其创造价值的能力是不相关的,或者说资产负债表两边互不相关。

在米勒教授看来,比萨饼的价值取决于这块比萨饼本身的大小和馅料的多少,这就类似于企业创造价值的行为,而怎么切割这块比萨饼则属于融资范畴。无论分割成几份,无论分配给银行还是股东,都对比萨饼本身的大小和馅料没有影响。因此,企业的管理层应该关注如何投资创造出新的价值(制造出更大的比萨饼),而不是考虑如何融资(如何分配比萨饼)。因此,在有效金融市场上,一家公司的价值是由其资产负债表里资产的盈利能力所决定的,而与负债的融资方式以及股本结构无关,如公司派发红利的水平、公司增发股票的数量、公司资产和债务的比例,等等。这些融资活动都发生于公司资产负债表的右栏,都与公司的盈利能力和资产状况无关,所以对公司的价值不会有任何影响。

实例分析 3-4: 假设有两家公司 U 公司和 L 公司,它们的资产性质完全相同,处于同一风险等级,即经营风险相同,两家公司每年创造的息税前收益($EBIT$)都是 1 000 万元人民币。U 公司和 L 公司的资本结构情况如表 3-1 所示。

表 3-1 公司资本结构情况　　　　　　　　　　　　单位:万元

项目	U 公司	L 公司
$EBIT$	1 000	1 000
负债	0	4 000(利率8%)
股本数	100 万股	60 万股
K_e	10%	

计算这两家公司的价值及股票价格。

解析：U公司由于无负债,因此,企业价值完全取决于 $EBIT$,即

$$V_U = \sum_{t=1}^{\infty} \frac{EBIT}{(1+K_e)^t} = \sum_{t=1}^{\infty} \frac{1\,000}{(1+10\%)^t} = \frac{1\,000}{10\%} = 10\,000(万元)$$

$$P_U = 10\,000/100 = 100(元/股)$$

对于L公司,由于有负债,负债的市场价值等于4 000万元,根据MM理论,两家企业的价值相等,即：

$$权益的市场价值 = 10\,000 - 4\,000 = 6\,000(万元)$$

$$P_L = 6\,000/60 = 100(元/股)$$

MM理论认为,两家企业的股票价格会相等这是必然的结果。如果L公司的股票价格不是每股100元,而是90元,则人们会采取无风险套利,套利的结果也会使得两家公司的价值相等,股票价格相等。例如,一位投资者可以做如下的交易套利：卖空1%的U公司的股票获得100万元(1%×100万股×100元=100万元),同时买进1%的L公司的债券和1%的L公司的股票,其价值分别为40万元的债券和54万元的股票。交易的现金流量如表3-2所示。

表3-2 投资者套利过程

头寸状况	即时现金流	未来每年的现金流
1%的U公司股票空头	+10 000股×100元/股=100万元	$-EBIT \times 1\% = -10$万元
1%的L公司债券多头	-4 000万元×1%=-40万元	320万元×1%=3.2万元
1%的L公司股票多头	-6 000股×90元/股=-54万元	$(EBIT-320万元) \times 1\% = 6.8$万元
净现金流	6万元	0

这样,这位投资者可以既不花费成本,也不承担风险地套取6万元现金的净利润。这说明L公司的股票价值在市场上被低估,未达到均衡价格。因套利行为所产生的供需不均衡的市场力量将推动其股价上升,直至均衡价格为止,即达到每股100元的均衡价格。

反之,如果L公司的股票价格高于每股100元,比如110元,投资者可以反向构筑头寸,照样获得无风险套利机会,套利的结果推动股票价格回落到均衡价格。

无风险套利机会的出现,说明市场处于不均衡状态,而套利力量将会推动市场重建均衡。市场一旦恢复均衡,套利机会就消失。在市场均衡时无套利机会,这就是无套利均衡分析的基本思想,并由此得出这样一个结论：在MM假设下,企业价值与其资本结构无关。

（四）MM理论的推论

1. 经营风险相同,但股票的风险特性可以不同

尽管两家企业处于同一风险等级,即经营风险相同($EBIT$相同),但是两家企业的股票的风险/收益的特性是不一样的。

实例分析3-5：假设U公司和L公司营业利润随经济状况的不同而不同,如表3-3所示。

表 3-3　U 公司和 L 公司的 EBIT 的概率分布

经济状况	EBIT(万元)	U 公司(共 100 万股)	L 公司(共 60 万股)	
		EPS(元)	净收益(万元)	EPS(元)
好	1 500	15	1 180	19.67
中	1 000	10	680	11.33
坏	500	5	180	3.00
平均值	1 000	10	680	11.33
标准差		4		6.81
变异系数		0.4		0.6

解析：由表 3-3 可知，L 公司的股票风险比 U 公司股票风险大，从而预期收益也高。两家公司股票的市场价格都是 100 元，因此 U 公司的预期收益率是 10 元/100 元 = 10%，而 L 公司股票的预期收益率是 11.33 元/100 元 = 11.33%，这说明对于 L 公司来说，由于存在财务杠杆，放大了权益的收益，同时也放大了收益的风险。

此外，表 3-3 中的 EBIT 是变化的，但均值是相同的，也就是说，经营风险相同是指其 EBIT 的均值是相同的。

2. 加权平均资本成本

在 MM 条件下，企业的加权平均资本成本 K_a 为：

$$K_a = WACC = K_e \frac{E}{B+E} + r_f \frac{B}{B+E} \tag{3.4}$$

其中，B 表示债务的市场价值，E 表示权益的市场价值，K_e 表示权益成本，r_f 表示无风险收益率。

对公式(3.4)进行整理可得负债企业的权益成本 K_{eL} 为：

$$K_{eL} = K_a + (K_a - r_f) B/E \tag{3.5}$$

因为 $\qquad K_a = K_{eU}$

所以 $\qquad K_{eL} = K_{eU} + (K_{eU} - r_f) B/E \tag{3.6}$

由此得出一条非常重要的推论：资本成本取决于资本的使用而不是取决于资本的来源。

该推论说明，如果一家公司在金融市场上为某个项目融资，那么，该公司为该项目所获得的融资成本只取决于投资者对于项目盈利能力和风险水平的预期，而不取决于资本的来源。如果该项目被市场认为是有利可图而风险较低，那么，该公司将轻易地从市场获得低成本的资金；如果该项目被市场认为是高风险和低收益的项目，那么该公司将不得不为这个项目承担高额的融资成本。

实例分析 3-6：有两家电厂，其经营状况如表 3-4 所示。

表 3-4　A 电厂和 B 电厂的收益成本状况　　　金额单位：亿元

项目	A 电厂	B 电厂	项目	A 电厂	B 电厂
每年发电	60 亿度	60 亿度	利息	0	2
销售收入	13	13	税前收益	5	4
生产成本	8	7			

假设两家电厂是免税的，C企业正准备收购一家电厂。两家电厂的价格均是24亿元，只是购买B电厂的价格是支付10亿元并承担全部的14亿元的贷款。那么C企业应该选择购买哪一家电厂呢？

解析：由于这两家电厂是免税的，因此，电厂产生的利润就是税前收益。A电厂的利润率是38.46%，B电厂的利润率是30.77%，A电厂的利润率高于B电厂的利润率，从经济学的角度看，C企业应该购买A电厂。

但是，根据MM理论，融资成本的高低与电厂的盈利能力无关，而决定电厂价值的关键因素是其经营活动的盈利能力。B电厂的生产成本7亿元低于A电厂，从而具有更高的盈利能力。C企业应该忽略其负债的高低，而专注于其盈利能力。即C企业可以用10亿元购买了B电厂后，提前偿还全部银行贷款，这样C企业就不必承担每年的利息费用，相当于用24亿元的价格，购买了一个年盈利6亿元、利润率为46.15%的电厂。

该实例分析说明，公司的股本结构、资金来源、融资成本等因素与该公司的盈利能力无关，不能影响公司的市场价值。换句话说，公司的股票价格应该是由公司创造价值的能力所决定的，而该公司的融资活动不应对股票价格产生任何影响。

3. 零净现值行为

前面的推论使我们认识到，在用折现现金流量计算资产的市场价值时，采用的折现现金流公式为：

$$PV = \sum_{t=1}^{n} \frac{CF_t}{(1+K_e)^t} \tag{3.7}$$

公式(3.7)中，PV表示现值，CF_t表示未来现金流。如果产生这一现金流的资产是在金融市场上交易的有价证券或有价证券的组合，则其均衡价格P_0必定与其市场价值相等，即$P_0=PV$。从而这项资产交易的活动所创造的净现值一定为0，由此又引出另一条推论：在金融市场上的交易都是零净现值行为。

对于企业的非金融性资产而言，由于资产组合到一起会产生组合效应，所以对于投资项目要求净现值$NPV \geq 0$。而企业的价值不是其各项资产的市场价值的加总，而是用其负债和权益的市场价值来度量。企业的价值减去其各项资产的市场价值的加总后的差就是企业的资产组合起来所创造的净现值。

（五）MM理论的含义

在MM条件下，改变企业的资本结构并不为企业创造价值。但是，在现实生活中，MM条件在许多情况下是不成立的，即实际的市场环境不是"无摩擦"的，调整资本结构的金融活动会通过这些"摩擦"因素（比如，税收、交易成本、信息成本、代理成本等）影响企业的价值。另外，企业也不可能无条件、无限制地发行无风险负债。事实上，随着财务杠杆的增加，企业债务的违约风险就会加大，从而MM的结论也就不成立。因此，通过调整企业的资本结构来为企业创造价值就与MM条件不成立相联系，而通过财务结构的设计和重构为企业争取税收方面的好处是财务风险管理的一个重要课题。实例分析3-7说明了税收对企业价值的影响。

实例分析3-7：（延续实例分析3-4）假设对U公司和L公司都要征收25%的所得税，那么两家公司的价值是多少？

解析：考虑所得税后，对于投资者（股东和债权人）来说，每年能够得到的收益现金流是：

U 公司： $EBIT(1-T) = 1\,000$ 万元 $\times (1-0.25) = 750$ 万元

L 公司： $(EBIT-I)(1-T)+I = EBIT(1-T)+T \times I$
$= 750$ 万元 $+ 0.25 \times 320$ 万元
$= 750$ 万元 $+ 80$ 万元
$= 830$ 万元

这里，因为 L 公司财务杠杆的存在，所以每年可以多为投资者创造 80 万元（0.25×320 万元）的收益，这是因为利息是在税前支出，所以每年支付的 320 万元利息中实际有 25%（80 万元）是从政府的税收中吐出来的，这就是所谓的"税盾"或"税收屏蔽"。

有关两家公司的市场价值及其分配情况如表 3-5 所示。

表 3-5 U 公司和 L 公司利润分配情况   单位：万元

	U 公司	L 公司
债权人	0	4 000
股东	7 500	4 500
政府	2 500	1 500
公司的税前价值	10 000	10 000

由表 3-5 的最后一行看出，两家公司的经营风险是相同的。考虑税收后，企业的价值是由资产负债表右边的负债和权益的市场价值度量，因此，两家公司的价值分别为：

$$V_U = 7\,500 (万元)$$

$$V_L = 4\,500 + 4\,000 = 8\,500 (万元)$$

负债企业价值高于无负债企业价值，多出的 1 000 万元（4 000 万元 $\times 25\%$）正是从政府税收中节余出来的，即税盾的价值。

尽管两家公司的价值不同，但是两家公司的权益收益率仍然保持不变，即：

$$\sum_{t=1}^{\infty} \frac{EBIT(1-T)}{(1+K_{eU})^t} = \sum_{t=1}^{\infty} \frac{7\,500\,000}{(1+K_{eU})^t} = \frac{7\,500\,000}{K_{eU}} = 75\,000\,000 (元)$$

所以 $K_{eU} = 10\%$

$$\sum_{t=1}^{\infty} \frac{(EBIT-I)(1-T)}{(1+K_{eL})^t} = \sum_{t=1}^{\infty} \frac{(10\,000\,000 - 3\,200\,000) \times 0.75}{(1+K_{eL})^t}$$

$$= \frac{5\,100\,000}{K_{eL}} = 45\,000\,000 (元)$$

所以 $K_{eL} = 11.33\%$

由此，我们可以得出：在 MM 其他条件不变时，政府征税并不改变企业权益收益现金流的风险特性。

在有公司税的条件下（MM 的其他假设条件不变），公司的加权平均资本成本为：

$$WACC = K_e \frac{E}{B+E} + r_f(1-T)\frac{B}{B+E}$$

$$= \frac{(EBIT - r_f B)(1-T)}{E} \times \frac{E}{B+E} + r_f(1-T) \times \frac{B}{B+E} \quad (3.8)$$

$$= \frac{EBIT(1-T)}{B+E}$$

可以看出,在有税的条件下,企业价值随着财务杠杆的不同而不同,所以加权平均资本成本与企业的资本结构有关,随着财务杠杆的加大,企业的加权平均资本成本会降低。

结合实际经济生活,MM理论告诉我们:通过负债和权益的重组调整资本结构确实能增加企业的价值,但这种价值的创造来源于税收方面的好处、降低了交易成本、减少了信息的不对称、调整了有关各方面的利害关系等,从根本上说,并不影响企业资产所创造的收益。

二、无套利均衡分析法的运用

无套利均衡分析法说明,对于在金融市场交易的金融产品——有价证券来说,如果其收益现金流是 $C_t(t=1,2,\cdots,n)$,则计算现值时所采用的折现率 K 取决于现金流 C_t 的性质,而无论其来源于金融市场的何处。如果有两个现金流 $C_t^{(1)}(t=1,2,\cdots,n)$ 和 $C_t^{(2)}(t=1,2,\cdots,n)$,其特性完全相同,而它们的折现率不同,则它们的市场价值就会不相等,最后人们会进行套利活动,结果会使收益率相等。因此,在金融市场上,获取相同资产的资本成本一定相等。从金融/财务的角度看,产生完全相同的现金流的两项资产可以被认为是完全相同的(即它们是相互复制的),可以相互复制的两项资产如果在市场上交易,一定应该有相同的均衡价格,否则会发生套利。

由此,运用无套利均衡分析法的基本原理是:如果对于市场上现有的一项或一组金融工具,能够用现有的另一组金融工具来"复制"(产生相同的现金流),且复制者和被复制者的市场价格不等(必须把所有发生的交易成本计算在内),就会出现套利机会。

(一) 无套利均衡分析法定价

进行无套利均衡分析的关键技术就是复制技术,下面我们通过介绍状态价格定价技术说明复制技术。

假设有一份风险债券 A,现在的市场价格为 P_A,1 年后的市场价格会出现两种可能的情况:价格上升至 uP_A($u>1$),称为上升状态,出现这种情况的概率是 q;或者价格下跌至 dP_A ($d<1$),称为下跌状态,出现的概率为 $1-q$。1 年后出现两种不同状态的价格如图 3-14 所示。

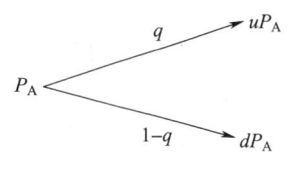

图 3-14 债券 A 状态价格

以 r_f 表示无风险收益率,并假设 $d<1+r_f<u$,记 $\bar{r}_f=1+r_f$。

如果 $\bar{K}_A$ 是债券 A 的预期收益率,则:

$$\bar{K}_A = \frac{quP_A+(1-q)dP_A}{P_A} = qu+(1-q)d \tag{3.9}$$

债券 A 收益率的标准差是:

$$\sigma(\bar{K}_A) = \sqrt{q(1-q)(u-d)^2} = [q(1-q)]^{\frac{1}{2}}(u-d) \tag{3.10}$$

1 个单位的无风险收益证券,1 年后不管出现哪种情况,其市场价值都是 $\bar{r}_f=1+r_f$。

下面我们对基本证券做出定义。

基本证券 1:该类证券现在的市场价格为 π_u,1 年后,如果市场处于上升状态,其市场价值为 1 元,如果市场处于下跌状态,则价值为零。

基本证券 2:该类证券现在的市场价格为 π_d,1 年后,如果市场处于下跌状态,其市场价值为 1 元,处于上升状态时价值为零。基本证券 1 和基本证券 2 如图 3-15 和图 3-16 所示。

下面我们用基本证券来复制风险债券 A。

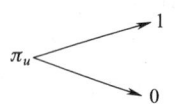
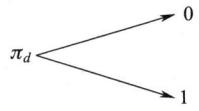

图 3-15　基本证券 1 的价格状态　　　　　图 3-16　基本证券 2 的价格状态

购买 uP_A 份基本证券 1 和 dP_A 份基本证券 2，构成的组合是在 1 年后不管发生何种状态，都产生和债券 A 完全相同的现金流，所以是债券 A 的复制品。由无套利原理可知，复制与被复制证券现在的市场价格应该相等：

$$P_A = \pi_u u P_A + \pi_d d P_A \qquad (3.11)$$

且

$$\pi_u u + \pi_d d = 1 \qquad (3.12)$$

如果我们同时购买 1 份基本证券 1 和 1 份基本证券 2 构成的证券组合，则 1 年后无论出现何种状态，这个证券组合的市场价值都将是 1 元。这是一项无风险投资，其收益率应该是无风险收益率 r_f，于是有：

$$\pi_u + \pi_d = \frac{1}{1+r_f} = \frac{1}{\bar{r}_f} \qquad (3.13)$$

将(3.12)与(3.13)两个方程联立，可解出：

$$\pi_u = \frac{\bar{r}_f - d}{\bar{r}_f(u-d)} \quad \pi_d = \frac{u - \bar{r}_f}{\bar{r}_f(u-d)} \qquad (3.14)$$

将 π_u 和 π_d 代入公式(3.11)中，就可以为债券 A 进行定价了。

注意：基本证券现在的市场价格虽然是由债券 A 的状态价格决定的（即 u 和 d），但基本证券除了可以用来复制债券 A 外，还可以用来复制其他证券，从而可以用来为别的证券定价。

（二）无套利均衡定价实例分析

为了说明无套利均衡分析法，以下我们首先运用基本证券验证债券 A，并为债券 B 定价，然后通过市场可实现的证券为有价证券定价。

实例分析 3-8：假设债券 A 现在的市场价格 $P_A = 100$ 元，$r_f = 2\%$，$d = 0.98$，$u = 1.07$，债券 A 和债券 B 的价格状态如图 3-17 所示。运用基本证券验证债券 A 的价格，并为债券 B 定价。

图 3-17　债券 A 和债券 B 价格状态

解析：首先，由题目已知相关数据，将其带入公式(3.14)中，得：

$$\pi_u = \frac{1.02 - 0.98}{1.02 \times (1.07 - 0.98)} = 0.435\,730$$

$$\pi_d = \frac{1.07 - 1.02}{1.02 \times (1.07 - 0.98)} = 0.544\,662$$

这两个基本证券可以用来作为债券的定价工具。

然后，用这两个基本证券为债券 A 定价，即购买 107 份基本证券 1 和 98 份基本证券 2 进行组合，债券 A 的价格应当是：

$$P_A = \pi_u u P_A + \pi_d d P_A = 0.435\,730 \times 107 + 0.544\,662 \times 98 = 100(元)$$

最后,对于债券 B,相当于购买 103 份基本证券 1 和 98.5 份基本证券 2 进行组合,在 1 年后不管发生何种状态,都会产生和债券 B 完全相同的现金流,所以是债券 B 的复制品。由套利原理知,复制与被复制证券现在的市场价格应该相等。所以债券 B 的价格为:

$$P_B = \pi_u u P_B + \pi_d d P_B = 0.435\,730 \times 103 + 0.544\,662 \times 98.5 = 98.529\,41(元)$$

在实例分析 3-8 中,π_u 和 π_d 是根据债券 A 的状态价格确定的,为什么可以用来复制债券 B 呢?这是因为基本证券 1 和基本证券 2 构成了 1 年后可能出现的两个基本状态的"基",即不管是何种证券,它们 1 年后的状态都可以用这两组"基"来表示。这两个"基"彼此之间保持某种"独立性"(不能用其中一个来表示另一个)。只要保持这种"独立性",不管它们目前的市场价格是多少,都可以被用来复制别的证券。

同理,我们可以用债券 B 的状态价格计算出新的 π_u 和 π_d 来复制债券 A,也会得出同样的结果。

但是,基本证券 1 和基本证券 2 是假想的证券,不是市场上实际存在的证券。无套利均衡分析的实施必须是能够在市场上实际实现的。因此,我们用债券 A 和无风险证券来复制债券 B。

实例分析 3-9: 已知债券 A 和无风险证券是相互独立的证券,债券 A 的状态价格和无风险证券的收益率如实例分析 3-8 所述。请用债券 A 和无风险证券复制债券 B。

解析: 设用 Δ 份债券 A 和现在市场价值为 L 的无风险证券组合来复制债券 B。如果 Δ 为正(L 也为正),则表明头寸为多头(购买),如果 Δ 为负,则表明头寸为空头(卖空)。复制证券现在的市场价值是:

$$P_B = 100 \times \Delta + L$$

1 年后,无论出现何种市场状态,复制证券的市场价值应该同债券 B 的价值一样,即出现上升状态,则有:

$$P_u = \Delta \times 107 + L \times 1.02 = 103$$

出现下跌状态,则有:

$$P_d = \Delta \times 98 + L \times 1.02 = 98.5$$

将以上两个方程联立,得出:

$$\Delta = 0.5, \quad L = 49.5/1.02 = 48.529\,41$$

所以,$P_B = 100 \times 0.5 + 48.529\,41 = 98.529\,41$

结果与实例分析 3-8 用基本证券 1 和基本证券 2 对债券 B 的定价是一样的。如果不一样,显然就可以无风险套利了。

此外,值得注意的是,决定债券 B 的未来状态价格的 u 和 d 以及债券 A 的 u 和 d 是不同的,因此,债券 B 的收益率和风险也和债券 A 不同。并且在无套利均衡分析中,从来没有用到概率 q 和 $1-q$,这说明状态价格与发生风险的概率无关,这就是我们所讨论的风险中性。这在后面会详细讨论。

假定 $q = 0.5$,我们可以算出债券 A 和债券 B 的风险和收益状况,如表 3-6 所示。

表 3-6 债券 A 和债券 B 的风险和收益状况

$\overline{K}_A = 2.5\%$	$\sigma_A = 0.045$	$v_A = 0.018$
$\overline{K}_B = 2.253\,7\%$	$\sigma_B = 0.022\,5$	$v_B = 0.010$

由表 3-6 可知,债券 B 比债券 A 的风险小,预期收益率也低,它们的收益和风险是相互匹配的。由于债券 A 的风险较大,用债券 A 和无风险证券的组合来复制债券 B 时,实际上是用一部分无风险证券来"冲淡"债券 A 的风险,所以在复制证券中的无风险证券的成分应该是多头。反之,如果使用债券 B 和无风险证券来复制债券 A,在复制证券中的无风险证券的成分应该是空头,来"加浓"债券 B 的风险。

在以上的讨论中,我们假设 1 年后只会出现 2 种可能的状况,因此,只需要 2 个基本(独立的)证券就可以复制其他证券。如果出现 3 种或 3 种以上状况呢?显然,只有 2 个基本证券就不够了,对应于可能出现的状况数,需要有同样数目的"独立的"基本证券才能复制实际的证券。因此,只有债券 A 和无风险证券显然是不够的,只有具备足够多的"独立"的证券,才能复制其他的证券或证券组合。而证券或证券组合只有能够被复制,才能通过构筑相反的头寸对冲掉风险,实现完全的套期保值,这就是市场的完全性概念。

市场的完全性可以这样来衡量,对于市场可能出现的各种情况是否具备足够数目的"独立"的金融工具来进行完全的套期保值,从而转移风险。如果具备足够多的此类金融工具,则市场是完全的,否则是不完全的。

财务风险管理就是通过创造新型金融工具来"填补"市场的完全性,从而提高金融市场转移和重新配置收益/风险的能力,提高企业抵御金融/财务风险的能力,从而提高总的社会效用。

▣ 本章小结

1. 分解、组合的最典型方法就是积木分析法,又称模块分析法,即使是复杂的结构性期权,都离不开这种方法。基本的六个积木块是:多头、空头、买入看涨期权、卖出看涨期权、买入看跌期权和卖出看跌期权。只要用"0"、"-1"、"+1"就可以对基本积木块进行分解和组合,构造出各种结构性期权。

2. 无套利均衡分析思想基于无税收条件下的 MM 理论,该理论表明企业的融资行为不为企业创造价值,企业的资本成本不在于资金的来源,而在于资金的使用。

3. 无套利均衡分析方法用于金融产品定价中,其关键技术就是复制技术,即状态定价技术,其要点在于复制和被复制的现金流是相同的。

4. 在状态定价技术中,由于不涉及发生的概率,所以我们称为风险中性,即无套利均衡所确定的价格与市场参与者的风险偏好无关,因此,所使用的收益率为无风险收益率。

▣ 重要概念

多头	空头	买入看涨期权	卖出看涨期权	买入看跌期权
卖出看跌期权	企业价值	MM 理论	状态定价技术	

▣ 思考题

1. 积木分析法的基本原理是什么?
2. 举例说明积木分析法的分解和组合。
3. 熊市看跌期权价差是如何构造的?
4. 无套利均衡分析法的基本原理是什么?
5. MM 理论的推论在实践中有何指导意义?
6. 无套利均衡分析方法定价的核心是什么?
7. 基本证券在定价中的作用是什么?
8. 在状态定价技术中,发生的概率发挥作用了吗?由此说明了什么?

◧ **即测即评**

请扫描右侧二维码,进行即测即评。

◧ **扩展阅读**

附录:期权概念及看涨、看跌期权的风险状态构成

一、期权的基本概念

国际清算银行将期权定义为:期权又称选择权,是指"合约的买入方获得在未来某个确定的日子(或之前)以固定的价格(称为协定价格或行权价(exercise price 或 strike price))买入或卖出一份特定的金融工具的权利"。这里强调的是买方的权利和卖方的义务,即如果市场行情的变化对买方不利时,买方完全可以放弃这种权利,但对期权卖方来说,他有义务在买方要求履行合约时进行出售或购买,这是他必须履行的义务。

期权交易从历史上看,是从期货交易逐渐演变过来的。由于期权交易方式所特有的规避风险的作用,期权合约开始在外汇市场上频频出现。1978 年,荷兰欧洲期权交易所首次引入外币期权交易;20 世纪 80 年代初在北美欧洲交易所内外币期权交易迅速发展,1982 年在费城股票交易所(Philadelphia Stock Exchange)进行的一笔外汇期权交易获得了美国证券交易委员会的批准,从而使期权交易成为一种正常的业务工具。

从 1986 年年初开始,在有组织的交易所内交易的外币期权业务发展迅速。美国费城股票交易所开展了 6 种主要货币和欧洲货币单位的期权交易,芝加哥商品交易所开展了 3 种货币期货合同的期权交易,同时一些欧洲货币期货的期权交易也开展起来。

期权的有关协定价格一般来讲均以一单位外币的美元价格表示,即采用美国术语。与有组织的期权交易所相比,场外交易(over-the-counter,又称柜台交易)的期权可以随意定数量、期限和协定价格以满足客户的需要。场外市场上的期权交易涉及的货币种类一般要大大超过交易所内的货币种类,有些货币甚至没有外汇交易但却有期权交易,一些拉美国家的货币就是如此。

在有组织的交易所进行货币期权交易时,买卖双方也不必直接接触,而是通过清算所达成交易。清算所对卖方来讲是买方,对买方来讲是卖方,因此,清算所保证期权合约的履行。

期权按到期日划分可分为美式期权(american option)和欧式期权(european option)。美式期权从签约日到到期日随时可行使期权,而欧式期权仅仅在到期日时才能行使期权。

二、期权合约

期权有两种基本合约,看涨期权合约或称买权合约(call option contract)和看跌期权合约或称卖权合约(put option contract)。如果期权合约规定持有人有权购买某种金融工具,就称为看涨期权;相反,如果期权合约规定持有人有权出售某种金融工具就称为看跌期权。这两种基本合约和期权买卖双方结合起来,就出现四种情况:①买入看涨期权(buy call or long call);②卖出看涨期权(sell call or short call);③买入看跌期权(buy put or long put);④卖出看跌期权(sell put or short put)。另外,合约买入者为了获得这种权利,必须支付给出售者一定的费用,这种费用称为期权费(premium)或期权价格(option price),国内又称为权利金。

下面我们分别从期权的买方和卖方角度讨论看涨期权合约和看跌期权合约的风险和收益。

(一) 看涨期权的风险和收益分析

1. 买入看涨期权的风险和收益

看涨期权的买方预测某种金融工具的市场价格将上升,向卖方支付一定的期权费,以获得在到期日之前(或到期日)按协定价格购买某种金融工具的权利。当市场价格的变化与预测一致时,买方的收益可能是无限的,但是如果市场价格没有像预测的那样上升,而是下降了,那么该买方可以放弃期权的行使权,最大的损失就是所支付的期权费。当市场价格变化到协定价格加上支付的期权费时,购买者则不亏不盈,此点称为盈亏平衡点。

例1:假设一投资者购买一份瑞士法郎的看涨期权,协定价格 $X = \$0.585\,0/SFr$,支付的期权费 $P = \$0.005/SFr$,购买一份标准合约的花费按照瑞士法郎表示是 SFr62 500,这样,投资者:

最大的风险: $\$0.005/SFr \times SFr62\,500 = \$312.5$

最大的利润:无限的

盈亏平衡点: $\$0.005/SFr + \$0.585\,0/SFr = \$0.590\,0/SFr$

风险和收益如图1所示。

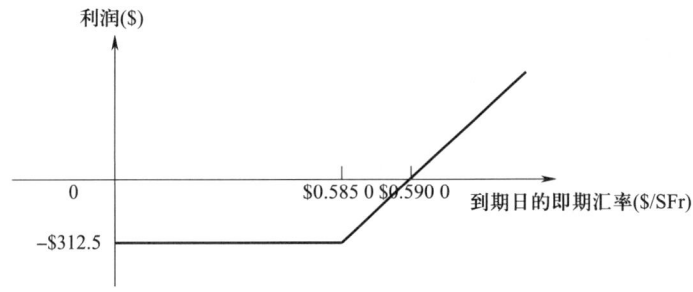

图1 买入看涨期权的损益图

(1) 当市场价格 $\leq \$0.585\,0$ 时,买入看涨期权者不会行使该权利,放弃期权。因为购买者可以直接到现汇市场上去购买,付出的美元少于 $\$0.585\,0$,此时购买者损失的就是当初支付的期权费,每瑞士法郎 $\$0.005$,一份合约共损失 $\$312.5$。

(2) 当 $\$0.585\,0 <$ 市场价格 $\leq \$0.590\,0$ 时,买入看涨期权者虽然行使期权,但加上支付的期权费,从总体上仍然有所损失。例如,市场价格每瑞士法郎为 $\$0.586\,0$,行使期权可以获得利润每瑞士法郎为 $\$0.001$,但考虑支付的期权费每瑞士法郎 $\$0.005$,则仍损失 $\$0.004$,只是减少了原来的损失。只有当市场价格每瑞士法郎为 $\$0.590\,0$ 时,才能做到不亏不盈。

(3) 当市场价格 $> \$0.590\,0$ 时,买入看涨期权者将行使期权,市场价格越高,其收益也就越高,从理论上讲,收益是无限的。例如,市场价格是每瑞士法郎 $\$0.650\,0$ 时,行使期权每瑞士法郎可获得利润＄0.065，扣除期权费每瑞士法郎＄0.005外，买方还可获得纯利润每瑞士法郎＄0.06，一份合约共盈利＄3 750。

2. 卖出看涨期权的风险和收益

卖出看涨期权的分析是从卖方的角度来进行的。对看涨期权的卖方来说，他预测市场价格将下降，于是他出售这种期权获得一定的期权费作为风险的补偿。如果市场价格上升，期权买方将行使期权，卖方就有义务按协定价格出售合约规定的某种金融工具，卖方损失有可能是无限的；如果市场价格下降，出售者最大的收益是他所收取的期权费。当市场价格与协定价格加上期权费一致时，就是该交易的盈亏平衡点。

例2：卖出瑞士法郎的看涨期权的协定价格 $X = \$0.585\ 5/SFr$，支付的期权费 $P = \$0.005\ 5/SFr$，一份标准合约的价格按照瑞士法郎表示是SFr62 500，这样，一份标准合约的出售者：

最大的风险：无限的

最大的利润：$\$0.005\ 5/SFr \times SFr62\ 500 = \$343.75$

盈亏平衡点：$\$0.005\ 5/SFr + \$0.585\ 5/SFr = \$0.591\ 0/SFr$

风险和收益如图2所示。

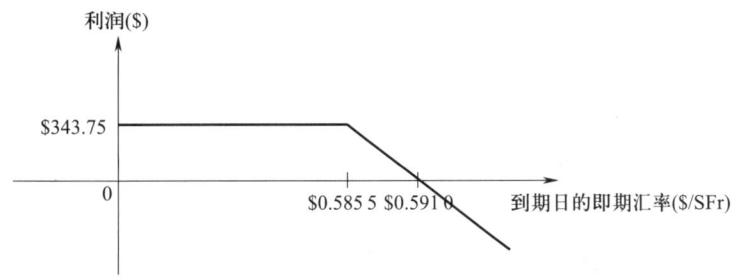

图2 卖出看涨期权的损益图

（1）当市场价格 ≤ ＄0.585 5时，买方放弃期权，不会按协定价格购买瑞士法郎，买方可以直接到现汇市场上购买，付出的美元要少于＄0.585 5。因此，卖方可以获得收取的期权费，每瑞士法郎为＄0.005 5，一份合约共＄343.75。

（2）当＄0.585 5＜市场价格≤＄0.591 0时，卖出看涨期权者出售一个瑞士法郎，只能获得＄0.585 5，因而受到损失，但加上收取的期权费，总体仍然是获利的。例如，市场价格为每瑞士法郎＄0.586 0，买方行使期权，即买方按协定价格＄0.585 5购买瑞士法郎，出售方必须按此价格将瑞士法郎出售，因此与市场价格相比，卖方损失每瑞士法郎＄0.000 5，但加上收到的期权费＄0.005 5，出售者仍然获利每瑞士法郎＄0.005 0。只有当市场价格为每瑞士法郎＄0.591 0时，正好不亏不盈。

（3）当市场价格＞＄0.591 0时，买方行使期权，卖出看涨期权者将会遭受无限的损失。例如，市场价格每瑞士法郎为＄0.595 0时，买方行使期权，卖方每瑞士法郎损失＄0.009 5，加上收取的期权费＄0.005 5，则仍然损失＄0.004 0，如果市场价格继续上升，则出售者损失更大，理论上讲，其损失可以是无限的。

对于上述看涨期权的分析，如果买入看涨期权和卖出看涨期权的协定价格、期权费完全相同，则图1和图2应该是镜像对称的。

(二) 看跌期权的风险和收益分析

1. 买入看跌期权的风险和收益

买入看跌期权指合约买入者获得在到期日以前(在到期日)按协定价格出售合约规定的某种金融工具的权利。为了获得这种权利,买入者必须支付给出售者一定的期权费。

看跌期权的买方通常是预测某种金融工具价格将下跌,当市场价格的变化和他的预测一致时,价格确实下跌,他的收益可能是无限的;但是,如果市场价格上升,与他的预测呈反向变化时,那么看跌期权的买方可以放弃行使期权,但是会损失一笔期权费;当市场价格变化到协定价格减去支付的期权费时,买方正好不亏不盈,即达到盈亏平衡点。

例 3:一投资者买入一份英镑看跌期权的标准合约,其协定价格 $X = \$1.87/£$,支付的期权费 $P = \$0.09/£$,一个标准合约的金额为 £31 250,购买者:

最大的风险:$\$0.09/£ × £31\ 250 = \$2\ 812.5$

最大的利润:无限的

盈亏平衡点:$\$1.87/£ - \$0.09/£ = \$1.78/£$

风险和收益如图 3 所示。

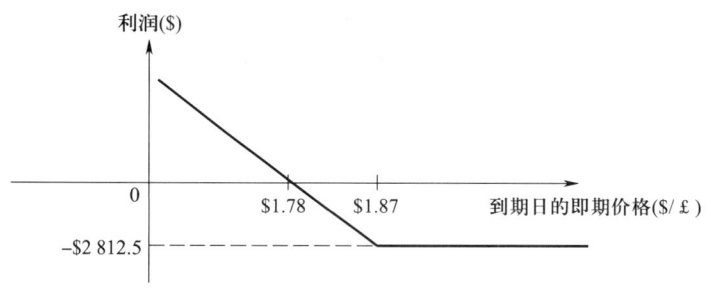

图 3 买入看跌期权的损益图

(1) 当市场价格 < \$1.78 时,买入看跌期权者将行使期权,买方按协定价格 \$1.87 卖出英镑,如果直接在现汇市场卖英镑,获得的美元将少于 \$1.87,购买期权者即使扣除支付的期权费 \$0.09,仍然获得每英镑 \$1.78,高于直接到市场上出售英镑所得。市场价格越小,买入看跌期权者获得的利润越多,理论上讲可以是无限的。

(2) 当 \$1.78 ≤ 市场价格 < \$1.87 时,买入看跌期权者行使期权,但仍然将遭受损失。如果行使期权,出售一个英镑获得 \$1.87,但扣除支付的期权费,从总体上讲仍然亏损。例如,市场价格每英镑为 \$1.80,行使期权可以获利 \$0.07,扣除期权费,则仍然遭到 \$0.02 的损失,只有市场价格为每英镑 \$1.78 时,才能做到不亏不盈。

(3) 当市场价格 ≥ \$1.87 时,买入看跌期权者将不会行使期权,因为直接到现汇市场出售英镑将会获得更多的美元。这样,买入看跌期权者将损失支付的期权费,最大的损失是每英镑为 \$0.09。

2. 卖出看跌期权的风险和收益

卖出看跌期权是指买入看跌期权者如果行使期权,出售者就有责任按协定价格买入合约规定的某种金融工具,为了承担这种责任,出售者要收取一定的期权费。出售这种合约者通常预测未来市场价格上升,当市场价格朝着下跌的方向变化时,出售者有无限的风险;当市场价格朝着上升方向变化时,出售者的最大的收益就是收取的期权费;当市场价格变化到协定价格减去收取的期权费时,出售者将不亏不盈,即达到盈亏平衡点。

例4：出售一份英镑看跌期权的标准合约，其协定价格 $X = \$1.87/£$，收取的期权费 $P = \$0.09/£$，一个标准合约的金额为£31 250，出售者：

最大的风险：无限的

最大的利润：$\$0.09/£ \times £31\ 250 = \$2\ 812.5$

盈亏平衡点：$\$1.87/£ - \$0.09/£ = \$1.78/£$

风险和收益如图4所示。

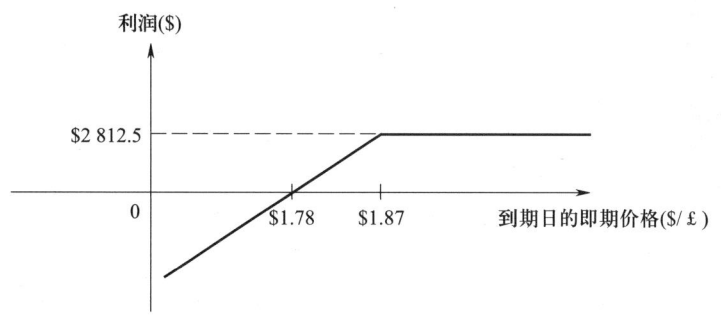

图4　出售看跌期权的损益图

（1）市场价格 < $\$1.78$ 时，看跌期权的买方将行使期权，按协定价格 $\$1.87$ 卖出英镑。出售看跌期权者有责任按协定价格买入英镑，例如，如果市场价格为 $\$1.77$，出售者按 $\$1.87$ 买入英镑，因此损失 $\$0.10$，加上收取的期权费 $\$0.09$，仍然亏损每英镑 $\$0.01$。市场价格越低，出售者承担的风险就越大，理论上讲风险可以是无限的。

（2）当 $\$1.78 \leq$ 市场价格 $< \$1.87$ 时，卖方将获利，因为买入看跌期权者行使期权，按协定价格 $\$1.87$ 出售英镑，出售看跌期权的卖方按 $\$1.87$ 买入英镑。例如，市场价格为 $\$1.80$，虽然与市场价格相比亏损 $\$0.07$，但是加上收取的期权费 $\$0.09$ 仍然获利 $\$0.02$；当市场价格为每英镑 $\$1.78$ 时，才能做到不亏不盈。

（3）当市场价格 $\geq \$1.87$ 时，出售看跌期权的卖方将获得最大利润，因为买入看跌期权者将不会行使期权，完全可以直接到现汇市场出售英镑会获得更多的美元。这样，买入看跌期权者将损失支付的期权费，出售看跌期权的卖方将收取期权费，每英镑为 $\$0.09$，共 $\$2\ 812.5$。

从以上分析看出，由于买入看跌期权和卖出看跌期权的协定价格、期权费相同，因此，它们的损益状况呈镜像对称的，即买方的收益即为卖方的损失，反之，买方的损失即为卖方的收益。将图3和图4叠加即为它们的合成图，如图5所示。

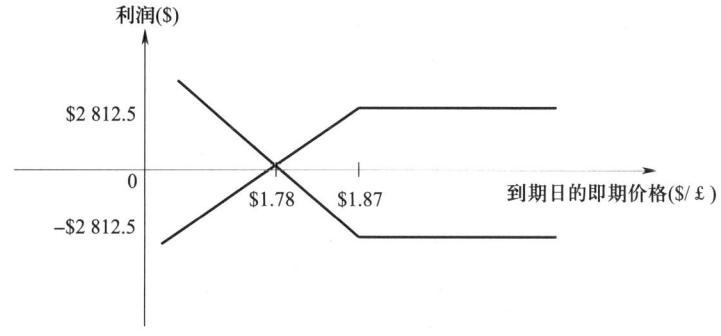

图5　看跌期权买卖双方的损益图

第四章 现货市场之间的关系

本章学习目标

- 了解现货市场的主要分类
- 了解商品市场与货币市场之间的关系
- 了解商品市场与外汇市场之间的关系
- 了解货币市场与外汇市场之间的关系
- 了解货币市场现货之间的工具配置

企业在经营活动中都会涉及各种不同的市场,如商品市场、外汇市场、货币市场、资本市场以及金融衍生品市场。广义地讲,金融衍生品市场是从基本市场上派生出来的,而最基本的市场就是现货市场。因此,了解不同现货市场的特点以及它们之间的关系有利于我们有效地运用不同的金融产品规避风险。

第一节 现货市场之间的平价关系

一、现货市场的主要分类

现货市场是企业涉足最为广泛的市场,在这一市场中会遇到不同的风险,最终会体现在财务上。了解现货市场有助于我们对衍生品市场的理解。

我们可以将财务风险管理涉及的主要现货市场归纳为商品市场、货币市场、外汇市场、债券市场以及权益市场。这些市场都会涉及我们在财务风险管理中常提到的交易形式,即多头交易和空头交易,但这并不意味着我们穷尽了所有的市场分类及其交易。在以上的每一个市场中,既有现货交易,也有衍生产品交易。本章我们分析的焦点是现货市场。

每一个现货市场都有各种不同的产品。从商品现货市场来看,有多少种商品和服务,就有多少个现货市场。从货币市场来看,有多少种短期资金的借贷方式,就有多少种现货市场。从外汇市场来看,有多少种外币,几乎就有多少种外汇交易市场。其他市场以此类推。

二、商品市场与货币市场之间的关系

商品的交换需要借助于统一的交换媒介,这就是货币。从市场的交易过程来看,几乎每一种市场的交易活动都离不开货币市场,如图4-1所示。

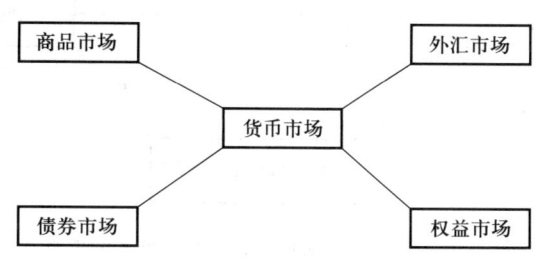

图4-1 货币市场与其他市场的关系

这里,我们主要分析商品市场与货币市场之间的关系。

商品的现货交易可以划分为多头交易和空头交易。

多头交易是指当人们估计某种商品价格要上涨时,首先买入该商品。当该商品价格实际上涨时,再将这种商品卖出以获得利润。我们以一个杯子为例。假设杯子的现货价格为10元。当估计杯子的价格可能上涨时,人们可以借10元人民币,买入一个杯子。一年后,杯子价格涨到15元人民币,人们卖出杯子,赚取5元人民币的差价。如果货币市场上的年利率为10%,人们实际赚取的利润为4元人民币。这里,人们是用自己的钱来买杯子,还是用借来的钱来买杯子,实际上并无差别,因为用自己的钱也是借钱,自己的钱也有机会成本。表面上看,我们只是在谈商品现货交易,但仔细地考察,我们可以发现,这种商品现货交易实际上是和货币市场上的资金借贷紧密相连的。

空头交易是指当人们估计某种商品的价格要下跌时,人们可以先卖出这种商品。当价格下跌时,再买入这种商品,从而赚取差价获得利润。我们还是以一个杯子为例。杯子的现货价格为10元人民币。人民币的年利率为10%。当估计杯子价格要下跌时,人们卖出1个杯子,获得10元人民币,将10元人民币投放到货币市场。1年后,杯子价格跌到5元人民币,人们买入杯子。人们手中仍像以前那样持有1个杯子,但手中多了5元人民币和在货币市场上的投资收益。人们有杯子时,可以卖出自己的杯子;没有杯子也没有关系,人们可以借别人的杯子来卖出。当价格下跌时,再买入杯子还给别人和支付给他人一定的租借费用。这便是现货市场上的空头交易。商品市场上的空头交易,仍然离不开货币市场上的现货交易,即货币市场上的资金借贷关系。杯子是这样,其他商品肯定也是这样。

商品市场是经济的基础性市场,或者说是中心市场,货币市场为商品市场的交换提供了润滑作用。

套利是财务活动中最重要的概念。套利通常是指在不同市场上同时买卖同样的资产或商品从价差中获利的行为。当企业的财务活动涉及国内和国际市场时,金融市场、汇率、利率和通货膨胀率之间的关系都因套利而存在,套利是市场全球化的基础。

套利活动产生了理论上的五大重要的平价关系:①购买力平价定理(PPP);②费雪效应(FE);③国际费雪效应(IFE);④利率平价定理(IRP);⑤远期汇率作为未来即期汇率的无偏估计量(UFR)。

图4-2对以上五个平价关系进行了描述,后面几节重点讨论各市场之间的平价关系。

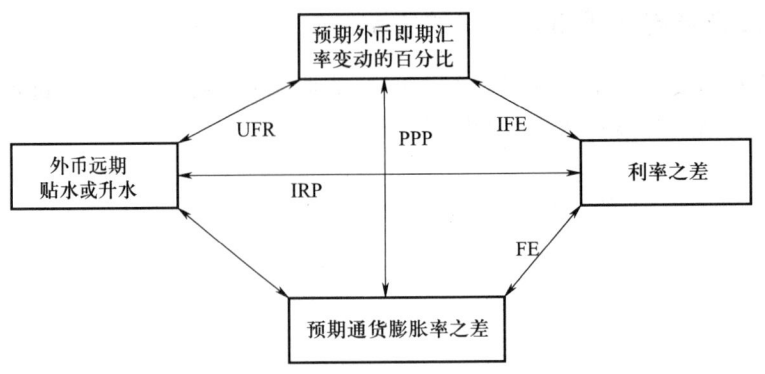

图 4-2 即期汇率、远期汇率、通货膨胀率和利率之间的五大理论关系

第二节 商品市场与外汇市场之间的关系

商品市场除了跟货币市场有着密切联系外,还跟外汇市场有着密切的联系。企业的经营活动不仅涉及国内,也会涉及国外,由于各国使用的是不同的货币,汇率机制的不同导致各种货币的购买力不同。

一、购买力平价理论

购买力平价理论表明,一种货币的汇率是由其一般购买力所决定的,两种货币购买力之比决定它们之间的交换比率。假定一单位商品用英镑购买需 1 英镑,用美元购买需 1.2 美元,则英镑与美元的汇率就是 1∶1.2。因此,均衡汇率等于两个国家的物价水平之比,这一比率称为购买力平价。

(一) 一价定律

美国著名的经济学家米尔顿·费里德提出的"一价定律"被认为是购买力平价理论的最简单形式。一价定律的假设条件是:①同种商品在不同的市场之间买卖不涉及交易成本;②全世界实行自由贸易,不存在保护主义;③一价定律只适用于同种同质的商品。

因此,一价定律认为:各国货币之间的汇率就是同一商品在各国以各自的货币表示的价格之比,因此,一件商品无论在世界市场上的什么地方出售,其购买成本都是相同的。一价定律可用公式(4.1)表示。

$$P(i,t) = P^*(i,t)S(t) \qquad (4.1)$$

其中,$P(i,t)$ 表示 i 商品的一种货币价格,$P^*(i,t)$ 表示 i 商品的另一种货币价格,$S(t)$ 是两种货币之间的现行汇率。

例如,一种商品在美国销售每公斤 400 美元,在英国销售每公斤 250 英镑,根据一价定律,美元与英镑之间的汇率应该为:

$$\$400 = £250 S(t)$$
$$S(t) = \$1.6/£$$

如果现行汇率为 \$1.7/£,这就存在套利机会,即在美国购买商品,然后运到英国出售,获得毛利每公斤 25 美元[(250×1.70)-400],如果从美国到英国的运输和保险费不存在,人们就会进行套利,套利的结果会使得美国商品价格上涨,最终套利机会消失。

但是,一价定律的假设条件有一定的局限性,比如,对于大多数商品而言,在国际贸易中,同种商品在不同的市场之间买卖会涉及成本,而交易成本的差异会刺激大量的套利买卖活动。因此,第一条假设条件只适用于某些商品,如黄金或有价证券,但在实物商品市场和劳动力市场则很可能不成立。另外,政府对国际贸易任何形式的干预都会直接影响到交易成本。

(二) 购买力平价定理的绝对式和相对式

1. 购买力平价的绝对式

购买力平价定理是瑞典经济学家古斯塔夫·卡塞尔(Gustav Cassel)于1918年首先提出的。购买力平价定理的含义是:一国货币按其所能购买的商品和服务确定其价值,因此,两国货币之间的汇率应同这两个国家物价水平的比率相一致。如果我们用商品的价格水平代替公式(4.1)中的商品价格,就可得到购买力平价的绝对式,即

一个国家的价格水平为 $P(t) = \sum_{i=1}^{N} W(i) P(i,t)$

另一个国家的价格水平为 $P^*(t) = \sum_{i=1}^{N} W^*(i) P^*(i,t)$

其中,$W(i)$ 为 i 商品在一国经济中的权数,$W^*(i)$ 为 i 商品在另一国经济中的权数。

因此,两国之间的价格水平的关系为:

$$P(t) = P^*(t) S(t) \tag{4.2}$$

这就是购买力平价定理的绝对式(absolute form of PPP)。

表4-1显示了购买力平价定理的绝对式。

表4-1 各国商品与价格的关系

一组商品	价格		
	瑞士(SFr)	英国(£)	美国($)
2升啤酒	3.44	1.75	3.00
1磅①羊毛	1.72	0.25	1.00
1磅牛肉	8.60	2.00	4.00
合计 $P(t)$	13.76	4.00	8.00

表4-1说明,$P_{瑞士} = \sum_{i=1}^{3} W(i) P(i,t) = 13.76$(瑞士法郎)

$P_{美国} = \sum_{i=1}^{3} W(i) P(i,t) = 8.00$(美元)

$P_{英国} = \sum_{i=1}^{3} W(i) P(i,t) = 4.00$(英镑)

根据购买力平价绝对式可得出:£1 = SFr3.44 或者 SFr1 = £0.290 7

同理,£1 = $2 或者 $1 = £0.5;$1 = SFr1.72 或者 SFr1 = $0.581 4

这说明在瑞士以13.76瑞士法郎能买到一组商品,如果将13.76瑞士法郎换成4英镑或8美元,也可以分别在英国或美国买到同样一组商品。也就是说,不论持有这三种货币中

---

① 1千克 = 2.204 6 磅。

的哪一种货币的上列数额,对持有者来说其购买力是一样的。

2. 购买力平价的相对式

购买力平价的绝对式实际上隐含的条件是:每一种可比较的商品在不同国家所占的权数是相同的,即对所有商品来说都有 $W(i)=W^*(i)$。例如在上例中,对三个国家来讲,啤酒均为 2 升、羊毛均为 1 磅、牛肉均为 1 磅。这一条件实际上是要求有关两国的经济结构大致相同。

事实上,人们很少计算价格水平,因为这种计算需要观察国民经济中所有的价格和数量。所以,比较现实的方法是计算一组价格指数,即收集一小批有代表性的商品价格作为样本计算出价格指数,例如典型的消费物价指数(CPI),它不用货币表示,而是表现为一个与某一基础年份有关的数字。

例 $\quad P_t = \sum_{i=1}^{N} Q_{it} P_{it} \quad P_0 = \sum_{i=1}^{N} Q_{i0} P_{i0}$

其中,Q_i 表示第 i 种商品价值占样本价值中的权数。

$$价格指数 = PI = \frac{P_t}{P_0} = \frac{\sum_{i=1}^{N} Q_{it} P_{it}}{\sum_{i=1}^{N} Q_{i0} P_{i0}}$$

在计算价格指数时,通常以基础年份为 100。如果样本商品在基础年份价格是 10.43 元,而到第二年变为 11.06 元,则第二年的价格指数为:

$$PI = \frac{P_t}{P_0} = \frac{11.06}{10.43} \times 100\% = 106.04\% = 1+h$$

h 表示通货膨胀率。在此例中,$h = 6.04\%$,表明物价水平上升了 6.04%。

人们根据同一价格指数可实际地对比不同货币的购买力变动情况,并据此衡量汇率水平的变动程度。这就是购买力平价的相对形式,或称相对购买力平价定理(relative form of PPP)。购买力平价的相对形式认为,汇率的变动与相应时期内有关国家用价格指数表示的物价水平相对变动成比例,其表达式如下:

$$S(t+T) = S(t) \frac{1+h}{1+h^*} \tag{4.3}$$

或

$$\dot{S}(t) = \frac{S(t+T)-S(t)}{S(t)} = \frac{h-h^*}{1+h^*} \approx h-h^* \tag{4.4}$$

其中,h 为国内通货膨胀率,h^* 为国外通货膨胀率,$\dot{S}(t)$ 表示即期汇率的变化,即公式的左边。公式(4.4)表明汇率变动的程度取决于两国的通货膨胀率。

购买力平价定理的公式说明了即期汇率应反映购买力平价,如果即期汇率偏离平价,则通过市场自发的调节作用,最终将会返回到购买力平价上来。

二、商品市场与外汇市场之间现货工具的配置

关于商品市场与其他市场之间的关系,我们在这里将分析的焦点主要集中在商品市场与外汇市场之间现货工具的配置上。

我们从财务风险管理的角度来分析购买力平价理论。我们假定只涉及中国和美国,且

两国市场仅买卖杯子。在中国商品现货市场上,1个杯子的价格为10元人民币;在美国商品现货市场上,1个杯子的价格为10美元。我们再假定,在外汇市场上,美元对人民币的即期汇率为1美元等于6元人民币。这种状况如图4-3图示。

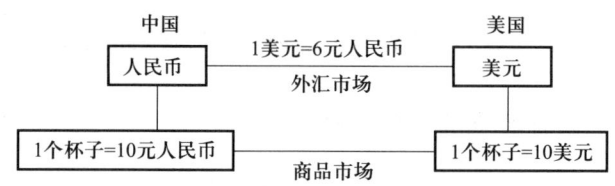

图4-3 外汇市场与商品市场的关系

在这种情况下,市场将会出现套利者。套利者可以用10元人民币买入一个杯子,将杯子出口到美国。在这里,我们忽略进出口成本。杯子在美国卖到10美元。将10美元在外汇即期市场上换成60元人民币。仅这一次循环,10元人民币便变成了60元人民币。如果外汇市场和商品市场价格不变,这种循环还可以继续下去。

持有人民币的人可以这样做。持有外币的人,同样可以这样做。他们可以将外币换成人民币,再用人民币买杯子,将杯子出口到美国,换成美元,从中获利。

假定商品市场上的现货价格不变,套利的结果会使外汇市场中美元和人民币之间的汇率成为1美元等于1元人民币。如果不是这样便可以套利,套利的结果必然是其汇率等于两种货币所代表的购买力的比价。这便是购买力平价定理的基本思想。

本例是将商品市场上的现货工具与外汇市场上的现货工具组合在一起从而进行套利。财务风险管理中所使用的金融理论工具之一是套利分析或者叫作无套利分析(第三章中已讨论)。在这里,外汇资产的价格由购买力平价决定,一旦了解了这种无套利的价格,也就知道在什么情况下是有套利的价格的。换句话说,如果价格偏离了无套利价格,市场上便存在套利机会。

第三节 货币市场与外汇市场之间的关系

在商品市场与外汇市场之间我们分析了购买力平价定理。在货币市场与外汇市场之间,常用的汇率有即期汇率、远期汇率和未来即期汇率,而这些汇率都与货币市场有着密切的联系,从而构成了其他一些平价条件。本节主要讨论利率平价定理和国际费雪效应。

一、利率平价定理

套利活动将即期汇率与远期汇率密切相连,又将这两者与不同货币的利率紧密联系在一起。利用两种货币利率之差,资金在货币间流动是决定即期汇率与远期汇率买/卖汇差的主要因素。实际上,即期汇率和远期汇率之差主要是由于各国的利率不同造成的,利率的差别可以造成远期汇率高于(远期升水)或低于(远期贴水)即期汇率。利率平价定理就是说明远期汇率和即期汇率与两个国家的名义利率(及市场利率)之间的一种正常关系,如公式(4.5)所示。

$$F(t,T) = S(t)\frac{1+i\frac{T}{360}}{1+i^*\frac{T}{360}} \quad \text{(不考虑交易成本)} \quad (4.5)$$

其中，$S(t)$ 表示即期汇率，$F(t,T)$ 表示 T 时刻到期的远期汇率，i 表示国内利率，i^* 表示国外利率。

将公式(4.5)整理和简化，可得近似公式：

$$i - i^* \approx \frac{F(t,T) - S(t)}{S(t)} \times \frac{360}{T} \quad (4.6)$$

公式(4.6)是利率平价定理的另一种表达形式，该等式表明，国内利率与国外利率之差等于外币的升水或贴水，即

$i > i^*$，外币远期升水，国外低利率靠远期货币的升水抵补；

$i < i^*$，外币远期贴水，高利率被外币远期贴水抵消了。

利率平价定理并不总是成立，只要货币市场与外汇市场不均衡，就存在着套利机会。

实例分析 4-1：假定有一投资者没有资金，需要借贷资金进行投资。他获得的市场信息如表4-2所示：

表4-2 市场信息

$S(t)$	\$1.500 0/£	$F(t,1/4)$	\$1.486 0/£
i_{UK}(3个月年利率)	1.2%	i_{US}(3个月年利率)	0.9%

如果交易额为 \$3 000 000 或者 £2 000 000，交易费用为交易额的 0.15%。该投资者是否有套利机会？如果有，其利润为多少？

解析：1. 投资者是否有套利机会？

该投资者身无分文，需要通过借钱进行投资，这里涉及货币市场和外汇市场。因此，是否存在套利机会，需要检验利率平价定理是否成立。

在此例中，标价货币是美元，因此视美国为国内，英国为国外，所以就有：

$$i - i^* = 0.9\% - 1.2\% = -0.3\%$$

$$\frac{F(t,T) - S(t)}{S(t)} \times \frac{360}{T} = \frac{1.486\ 0 - 1.500\ 0}{1.500\ 0} \times \frac{360}{90} = -3.73\%$$

显然，公式(4.6)不成立，即利率平价定理不成立，因而有套利机会。

2. 如何套利获取利润？

套利的基本原则是在成本低的地方借钱，到投资利率高的地方投资，这时不能单纯地看两国的利率水平的高低，还应该考虑远期汇率。因此，由于英镑远期贴水 3.73%，英国高利率的优势会被英镑远期贴水抵消，考虑这一因素，所以有：

$$0.9\% - 1.2\% = -0.3\% > -3.76\%$$

$$0.9\% > 1.2\% - 3.76\% = -2.56\%$$

所以，一个没有任何资金的套利者应该在英国借钱，到美国投资。具体操作如下：

（1）按 1.2% 的利率在英国借 2 000 000 英镑，为期3个月，3个月后归还本息额为：

$$2\ 000\ 000\left(1 + 1.2\% \times \frac{90}{360}\right) = 2\ 006\ 000\text{（英镑）}$$

(2) 把借到的英镑在即期市场上兑换成美元,收到的金额为:
$$2\,000\,000 \times \$1.5/£ = 3\,000\,000(美元)$$
同时订立远期合约,3 个月后按 \$1.486 0/£ 买入英镑。

(3) 在美国货币市场上投资三个月,利率为 0.9%,到期将收到本息和为:
$$3\,000\,000\left(1+0.9\% \times \frac{90}{360}\right) = 3\,006\,750(美元)$$

(4) 3 个月后,履行远期合约以 \$1.486 0/£ 买入英镑,收到的金额为:
$$3\,006\,750 \times \frac{1}{\$1.486\,0/£} = 2\,023\,384.926(英镑)$$

(5) 支付的交易费为:$2\,000\,000 \times 0.15\% = 3\,000$(英镑)

(6) 税前利润为:
$$2\,023\,384.926 - 2\,006\,000 - 3\,000 = 14\,384.926(英镑)$$

以上套利过程是利用远期外汇合约抵补外汇风险,涉及即期汇率、远期汇率和货币市场中的利率水平。此例说明,只要利率平价没有建立,抵补套利就会持续进行,因为套利者可以通过重复上述过程来赚取无风险利润。但是,抵补套利的结果会使得市场的力量推动利率、汇率调整,使得利率平价成立,达到无套利均衡。有关套利行为对市场的影响如表 4-3 所示。

表 4-3 抵补套利的影响

行为	影响
1. 在即期市场上用英镑买美元	英镑的即期汇率下降
2. 在远期市场上买英镑	英镑的远期汇率上升
3. 在英国借款投资于美国	可能使英镑的利率上升而美元的利率下降

二、国际费雪效应

(一) 费雪效应

当投资者进行金融资产投资时,若他暂时放弃了当前的消费,是因为他希望将来获得更多的消费,这时实际利率就是他们要求得到的财富的净增加量。如果所有国家的投资者要求有相同的实际收益,那么国家之间的利率之差就会导致预期通货膨胀率之差。费雪效应正是反映了利率(名义利率)、通货膨胀率与实际利率之间的关系。费雪效应是美国经济学家欧文·费雪(Irving Fisher)提出来的,又称费雪公式。

费雪效应的含义是:"名义利率"是由"实际利率"加预期通货膨胀率所构成。简化的表达式为:
$$i = r + h \tag{4.7}$$

其中,i 表示名义利率,r 表示实际利率,h 表示通货膨胀率。

费雪效应的通用形式认为,每个国家的实际利率是相同的,即世界上只有一个实际利率,否则,如果一个国家货币的实际利率高于其他国家的实际利率,那么大量的资本就会流入这个国家,只要政府不加干涉,这种就会持续进行,直到实际利率水平相等为止。因为两国实际利率相等,用近似表达式就有:
$$i - i^* \approx h - h^* \tag{4.8}$$

(二) 国际费雪效应

费雪效应反映了名义利率与通货膨胀率的关系,如果将费雪效应与购买力平价定理结合起来,就可以得到国际费雪效应,如公式(4.9)所示。

$$\dot{S}(t) = \frac{S(t+T)-S(t)}{S(t)} = \frac{i-i^*}{1+i^*} \approx i-i^* \tag{4.9}$$

公式中的符号与前定义相同。

国际费雪效应表明:在无限制的国际资本流动的条件下,套利活动使得两国的利率之差可以作为预期即期汇率变动的无偏估计量。反之,如果国际费雪效应不成立,市场就会出现套利交易,套利的结果会使得未来即期汇率的变化与两国之间的利率水平之差相等。

实例分析4-2:假定在外汇市场上,某年初的人民币即期汇率为1美元等于6.625 0元人民币,年末的人民币即期汇率为1美元等于6.632 5元人民币。在货币市场上,美元的年利率为1%,而人民币的年利率为1.5%。请验证是否存在套利机会?如果存在,无风险利润是多少?

解析:1. 是否存在套利机会?

因为涉及即期和未来即期汇率以及利率,所以要运用国际费雪效应来判断是否存在套利机会,验证国际费雪效应是否成立。

因为 $i-i^* = 1.5\% - 1\% = 0.5\%$

$$\dot{S}(t) = \frac{S(t+T)-S(t)}{S(t)} = \frac{6.632\,5 - 6.625\,0}{6.625\,0} = 0.011\,3\%$$

显然,国际费雪效应不成立,在这种情况下,市场上必然会产生套利行为。

2. 无风险利润是多少?

因为, $i-i^* > \dot{S}(t)$

所以, $i > \dot{S}(t) + i^*$

因此,人们可以借美元换成人民币进行套利。具体操作如下:

(1) 以1%的利率借入1美元,投资成本为:1(1+1%) = 1.01(美元)

(2) 在即期市场上将1美元换成6.625 0元人民币,并以1.5%的利率投资,1年后的收益:6.625 0(1+1.5%) = 6.724 4(元人民币)

(3) 将到期收回人民币的本息再按年末6.632 5元的即期汇率换成1.013 9美元,偿还美元投资成本1.01美元后,获得利润0.003 9美元,或0.033 15元人民币。

在市场经济的条件下这样做的结果是使其盈利减少并消失。换句话说,汇率差额势必与利息差额相等。从财务风险管理的角度来看,套利者可以将货币市场上的金融工具与外汇市场上的金融工具进行综合运用,从而达到套利的目的。

若市场不受政府的干扰,即期汇率和远期汇率都会在很大程度上受到当前对未来事件预期的影响,即期和远期汇率通过利率之差相联系且一起变动。利率之差的变化等新信息几乎立刻就反映在即期和远期汇率的变化中。将公式(4.9)和(4.6)结合,我们就得到预期理论,如公式(4.10)所示:

$$S(t+T) = F(t+T) \tag{4.10}$$

许多学者对这一结论,即用远期汇率预测未来即期汇率做出可行性研究,他们认为:在理论上讲,公式(4.10)可以通过外汇投资活动或人们对风险的态度来达到,但是,从实际上来讲,效果完全相等,即远期汇率作为未来即期汇率的精确估计量是不可能的。但是,远期汇率可以作为未来即期汇率的无偏估计量。这就意味着,$F(t+T) \neq S(t+T)$,即远期汇率可能高估或低估未来即期汇率,但是每一期的误差之和为零。如图4-4所示。

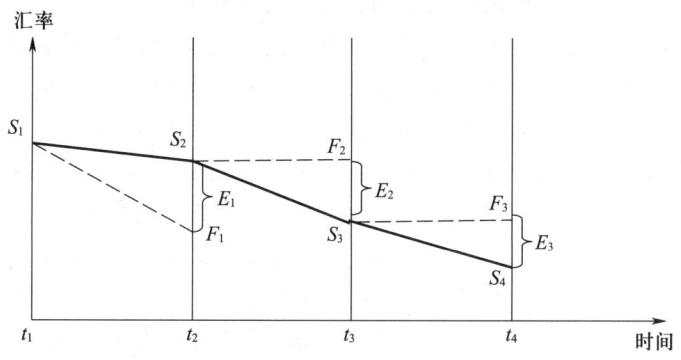

图 4-4　远期汇率作为未来即期汇率的无偏估计量

第四节　现货市场之间的相互联系

一、权益市场与外汇市场之间的关系

权益市场可以看成是货币市场的延伸,投资于权益市场必然与货币市场有着密切的联系,比如,通过保证金投资股票、沽空股票等都可以与货币市场联系起来。而外汇市场和国内货币市场可以看成是货币市场的两个子市场,因此,外汇市场与权益市场之间的关系可以看成是外汇市场与货币市场之间关系的扩展。

外汇市场与权益市场之间的关系可以看成将资金通过外汇市场转换成投资国货币进行国际股票的投资,然后将股票投资收益再通过外汇市场转换成本国货币。除此之外,在中国股票市场上,由于存在 A 股市场和 B 股市场,假定人民币对外币的汇率保持相对稳定,并且,人民币与外汇能够自由兑换,那么,当这两个市场的回报不相同时,人们就会在这两个市场之间转移资金,从而获取 A 股回报和 B 股回报之间的差额。

对股票市场的投资如此,那么对债券市场的投资也是如此,这些投资都可以与货币市场和外汇市场有着密切的联系。我们在前面分析的五种市场类别之间关系,如图4-5所示。

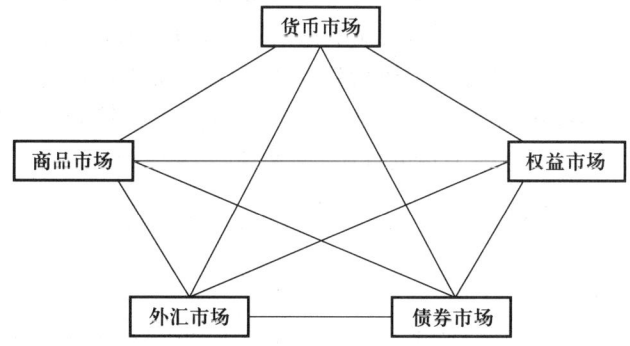

图 4-5　货币市场、商品市场、权益市场、外汇市场以及债券市场的关系

二、货币市场现货之间的工具配置

现货市场工具的配置,不仅可以在商品市场、货币市场、外汇市场、债券市场、权益市场之间进行,也可以在每一个市场内部的不同金融工具之间进行。

在现货市场上,我们可以根据需要进行相互之间的匹配,例如前面讨论的货币市场和外汇市场,或者外汇市场与权益市场。其实货币市场本身的各种工具之间也可以进行配置。

我们以银行的信贷业务为例:银行向客户贷出货币,到期收回本息。从财务的角度来看,这是一笔货币市场上的现货交易。银行不只是向客户贷出资金,而且要求客户将自己的存款业务也放在该银行。存款是货币市场上的又一种业务。这样看来,银行实际上是将货币市场上的两种工具进行了配置。如果该银行在发放贷款时,不仅要求客户在该银行开设存款账户,而且要求客户在用贷款购买商品时,必须购买该银行指定客户的商品。因为这个卖商品的公司,是该银行的又一个客户。这样一来,该银行在发放这笔贷款时,实际上使用了现货市场上的三种现货工具,并将这三种工具紧密结合。另外,该银行不仅要求借款的客户将存款账户开立在本行,而且要求出售商品的客户也将售货的盈利存放在该行。这样说来,银行在发放贷款时,实际上是把货币市场上的四种现货业务结合在一块了。如果我们再设想该银行要求客户把结算业务也放在本行,并且,还向客户开展咨询业务,那么这种结合就更是色彩缤纷了。

货币市场本身的各种现货工具可以相互配置,其他现货市场本身的各种工具照样可以类推。

三、多重现货市场之间的工具配置

我们分析了每一类现货市场内部的金融工具配置,我们还分析了不同类别现货市场之间的金融工具配置,其实,这种分析还可以在更综合的层面进行。换言之,我们不仅可以在双重市场之间进行配置,我们还可以在多重市场之间进行配置。

假定某银行给企业发放一笔外汇贷款,企业用这笔贷款进口某种商品。企业进口商品后,在国内卖出。然后,用销售收入购买外汇,偿还银行外汇贷款本息。

仅从这个例子来看,我们可以发现,这里涉及了多重现货工具的配置。银行给企业发放外汇贷款,这是货币市场上的现货交易工具。企业用这笔贷款进口商品,这是国际商品市场上的现货交易工具。企业用销售收入购买外汇,这是外汇市场上的现货工具。

如果继续前面的例子。该企业实际上将销售收入划分为两个部分,一部分用来购买外汇偿还银行的贷款,另一部分作为存款暂时存放在该银行。这样一来,在这笔交易活动中,我们不仅涉及外币现货交易、外汇买卖现货交易、商品现货交易,我们还涉及本币现货交易。

此外,该企业在进口商品的过程中还会涉及国际结算业务。企业可以要求银行开出进口信用证。这样一来,银行的中间业务也加入了"大合唱"中。接着企业想到了进口和外汇贷款的汇率风险,那么,衍生金融工具也将加入"大合唱"了。这种更"热烈"的场面,我们将在财务风险管理的分析过程中阐述。

■ 本章小结

1. 现货市场是我们企业经营活动的场所,其商品市场、货币市场、外汇市场、权益市场以及债券市场是相互交织在一起的。了解这些市场之间的关系,有利于我们了解衍生品市场,也有利于我们对财务风险进行管理。

2. 适用于不同货币的即期汇率、通货膨胀率和利率的五种平价关系是：购买力平价定理（PPP）、利率平价定理（IRP）、费雪效应（FE）、国际费雪效应（IFE）以及远期汇率作为未来即期汇率的无偏估计量（UFR）。这些平价关系表明，当市场完善时，套利活动可使在世界范围内交易的同种贸易品和金融资产经汇率调整后的价格在交易成本之内。

■ 重要概念

购买力平价　利率平价　国际费雪效应

■ 思考题

1. 举例说明商品市场与货币市场之间的关系。
2. 举例说明外汇市场与权益市场之间的关系。
3. 什么是购买力平价相对式？如何根据这一平价条件判断套利机会？
4. 什么是利率平价？如何根据这一平价条件判断套利机会？
5. 什么是国际费雪效应？是进出口商关心这一平价条件还是投资者？
6. 举例说明多重现货市场之间的关系。

■ 即测即评

请扫描右侧二维码，进行即测即评。

■ 扩展阅读

第三部分 产品篇

金融企业为工商企业开发新的金融产品，但该产品是否适合企业或是否达到预期的财务目标呢？因此，作为财务风险管理者需要了解金融产品的基本特征和与之相吻合的价格。本篇主要介绍基础金融产品、衍生金融产品以及这些产品的简单定价。

第五章 基础金融产品

本章学习目标

- 理解远期交易与现货交易的区别
- 掌握远期汇率的定价方法
- 掌握远期利率协议的主要内容及结算过程
- 会运用远期利率协议对利率风险进行管理
- 会计算利用远期利率协议保值后的实际融资成本
- 掌握两种远期利率协议定价：粗略定价法和精确定价法

产品是能够给最终用户带来有形和无形好处的复合品,产品有商品和服务两种形式。商品具有有形的特点,因此,商品可以持有并可转让。有形特征使商品有可能保存,并可能使生产和供货分割开来。而服务则在很大程度上是无形的,是在交收过程中产生并在交收结束时停止存在。尽管在服务本身终止后,来源于服务的收益是可以继续下去的,但由于服务是无形的,服务不能像有形商品那样持有和转让,它们不能保存或通过中介机构分销。

虽然服务是无形的,但大多数服务不可能不使用有形的商品。在服务过程中所使用的商品可能具有支撑或提供方便的作用。例如,银行提供的自助取款机是为方便客户而提供的一种服务,而支撑着服务的自动取款机和驱动它的通信及计算机系统以及银行信用卡则是商品。因此,产品包括了商品和服务就不难理解了。

金融产品包含了商品和服务两种形式,例如股票、债券、期货、期权等都包含了其支撑性商品可提供的服务。

第一节　远　期　交　易

远期交易是一种基础产品,它是理解衍生金融产品的基础。远期交易是在现时签订合约,在未来某一确定日交割有关资产的交易。

从法律意义上讲,远期交易一旦成交,便不可撤销,因而它会涉及一定的信用风险,即存在着客户届时不履行交割的可能。远期交易是企业最常用的一种套期保值工具。

一、远期外汇交易

最典型的远期交易就是远期外汇交易。在远期外汇买卖中,买卖双方对于将来的外汇买卖事先约定各种有关条件,如外币种类、金额、远期汇率、交割时间及地点,到约定的日期才能进行外汇交割。这种预先签订的合约即外汇合约,通常远期外汇买卖期限为 1 个月、2 个月、3 个月以及 6 个月,也有长达 5 年乃至 10 年的。远期外汇到期时的交割日在大部分国家是按月而不是按天计算的,在日常交易中,任何一个营业日都可以作为远期外汇买卖的交割日。表 5-1 表明了即期与远期外汇买卖交割日的区别。

表 5-1 即期与远期外汇买卖交割日的区别

交易日	种类	交割日
2016 年 11 月 20 日	即期外汇买卖	2016 年 11 月 22 日
2016 年 11 月 20 日	1 个月远期外汇买卖	2016 年 12 月 22 日

远期外汇买卖具有很多作用,最主要的作用是避免贸易和融资上的外汇风险。通过远期外汇买卖,能够事先将贸易和融资上的收益或成本固定下来,有利于经济核算,避免或减少外汇风险。

实例分析 5-1:一家美国公司从英国购买鞋,90 天后向英方支付 100 万英镑的货款。假设英镑的即期汇率是 1.71 美元,在未来的 90 天内,英镑有可能相对美元升值,这样会提高鞋的美元成本,进口商需要支付更多的美元用于支付 100 万英镑。因此,公司的管理层希望通过财务风险管理来规避英镑风险。

解析:为了防止汇兑风险,财务风险管理中最简单、直接的方法就是进口商立即和银行签订一份价格为 £1 = $1.72 的 90 天远期合约。根据合约,90 天后银行给进口商 100 万英镑用来支付鞋的订单,进口商将向银行支付 172 万美元,这是当远期汇率为每英镑 1.72 美元时,与 100 万英镑等值的美元数额。

实际上,使用远期合约使得进口商通过抵补英镑的现行空头头寸将其净受险头寸降为零,即通过远期合约买入 100 万英镑来抵消 100 万英镑的应付账款,只留下 172 万美元的净负债。进口商的 T 形账户如下所示。

进口商的 T 形账户

远期合约收入 £ 1 000 000	应付账款 £ 1 000 000
	远期合约付款 $ 1 720 000

根据此 T 形账户,这笔远期合约使进口商能够将一笔不确定的美元支出($1 000 000 \times S_1$,其中 S_1 是 90 天后的未知 $/£ 的即期汇率)转换成一笔固定的美元支出($1 720 000),这样就消除了这笔交易的所有汇率风险。

图 5-1 标出了进口商在使用远期合约和不使用远期合约情况下的美元成本,它同时也表明,远期合约的收益或损失是英镑远期合约价格和合约到期时的即期价格的函数。

远期头寸的多头和空头所带来的收益或损失取决于远期合约价格和合约到期时合约货币的即期价格之间的差异。在实例分析 5-1 中,进口商承诺以每英镑 1.72 美元的价格买入英镑,如果 90 天后英镑的即期价格低于 1.72 美元,那么进口商由于按照高于市场价格的价

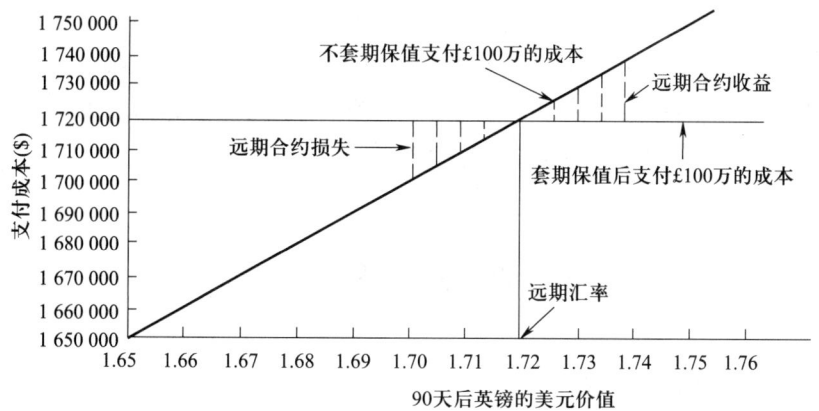

图 5-1 运用远期合约对未来付款套期保值

格买入英镑而遭受远期合约带来的隐性损失;若 90 天后英镑的汇率超过了 1.72 美元,进口商由于可以以合约规定的低于市场价格的价格买入英镑而获得隐性收益。

在远期交易中,有三点值得注意:第一,远期合约所带来的收益或损失与合约签订时的即期汇率每英镑 1.71 美元无关。第二,远期合约的收益或损失都恰好抵消了由于英镑价值变动所带来的购买商品所需美元成本的变化。例如:假设 90 天后的英镑的即期价格是每英镑 1.75 美元,那么进口商需支付 175 万美元的货款。不过,远期合约使进口商有潜在的收益 30 000 美元,即 $1 000 000×(1.75-1.72)$。但是管理层不应关注这一潜在收益,因为原来设定的成本通过远期交易确定以后,无论 90 天后即期汇率怎样变化,有远期合约抵补的鞋的订单的净成本是 172 万美元。第三,远期合约不是期权合约,交易双方在合约到期时都必须履行合约,而不像在期权合约中期权的买方可以选择是否行使期权。在远期合约中,银行必须支付英镑而进口商也必须买入英镑,而且双方都是以事先协定好的价格。

二、远期汇率的定价

在第四章,我们介绍了利率平价定理,如果一投资者身无分文,可以同时进入货币市场和外汇市场,如果两国的利率水平与远期汇率水平不吻合,那么投资者可以获得无风险利润,但套利的结果使得无风险利润不存在,这就是无风险套利定价原理。

因此,由公式(4.5)可知,远期汇率的定价为:

$$F(t,T) = S(t) \frac{1+i\frac{T}{360}}{1+i^*\frac{T}{360}}$$

如果,$F(t,T) = S(t) \left[\frac{1+i\frac{T}{360}}{1+i^*\frac{T}{360}} - 1 + 1 \right] = S(t) \left[\frac{1+i\frac{T}{360}}{1+i^*\frac{T}{360}} - 1 \right] + S(t)$

所以,$W = F(t,T) - S(t) = S(t) \left[\frac{i\frac{T}{360} - i^*\frac{T}{360}}{1+i^*\frac{T}{360}} \right]$ (5.1)

公式(5.1)中的 W 就是远期汇差,或者称为换汇汇率,其他符号与前定义相同。

在银行间市场上,远期报价则采用换汇汇率报价,有的也称为点数报价。即如果远期升水,则在即期汇率上加点数,如果远期贴水,则在即期汇率上减点数,点数由公式(5.1)决定。因此,远期汇率的定价也可由公式(5.2)确定。

$$F(t,T) = S(t) \pm W \tag{5.2}$$

第二节 远期利率协议

一、远期对远期的贷款

20 世纪 70 年代至 80 年代期间,利率变动非常剧烈。利率的波动使得公司的财务人员希望从银行那里找到一种保护其借款不受市场利率影响的办法。而随着金融业的发展,银行为客户提供了越来越多的融资工具,企业向银行借贷款项已不是一件困难的事,但银行也面临着它不能事先将融资的利率固定下来的问题。当时银行对企业的这种需要只能提供有限的解决办法,其形式就是"远期对远期贷款"(forward-forward loan),这样称呼是因为贷款的支取日和偿还日均在将来某一时间进行。为了说明这一贷款形式,我们通过实例分析 5-2 说明。

实例分析 5-2:1980 年,星海公司要求银行提供 100 万英镑的贷款,期限为 6 个月,贷款从 6 个月后开始执行,该客户要求银行现在确定这笔贷款的固定利率以便做好成本预算。已知银行对 6 个月期的贷款利率为 9.500%,12 个月期的贷款利率为 9.875%,这些利率都适用于贷款从现在开始执行,而不是从将来某个时点开始执行。请问银行如何确定这笔 6 个月后贷款的利率?

解析:由于在当时银行没有提供 6 个月之后开始执行的 6 个月期的贷款利率,因此,为了满足客户的需要,银行需要现在以 9.875% 的利率借入 12 个月期的款项,来满足未来 6 个月后的贷款。因而这笔借款既包含了所需要的 6 个月期的远期贷款,同时也包括了融资所不需要的前 6 个月的贷款。为了处理这笔多余时期的资金,银行可以以 9.5% 的利率将这笔借款贷出,然后 6 个月后用收到这笔贷款的本利和来满足客户的需要。因此,问题就转化为这家银行在现有的利率水平条件下,应该借款多少? 6 个月后的贷款利率应该是多少?

1. 应该借款多少?

6 个月后,客户需要 100 万英镑,因此,现在借款将按 9.5% 贷出,为期 6 个月,6 个月后收到本利和等于 100 万英镑,因此,借款金额 x 为:

$$x\left(1 + 9.5\% \times \frac{6}{12}\right) = 1\,000\,000$$

得

$$x = \frac{1\,000\,000}{1 + 9.5\% \times \frac{6}{12}} = 954\,654(英镑)$$

2. 6 个月后的贷款利率是多少?

银行为了满足 6 个月后客户的需要,现在要按 9.875% 的利率借入资金 954 654 英镑,为期 1 年,然后将这笔资金按 9.5% 的利率贷出 6 个月,收到 100 万英镑。6 个月后将这 100 万英镑贷给客户,为期 6 个月,那么,该客户到期偿还的本利和应该正好等于银行借入 1 年

期资金偿还的本利和。因此,要确定6个月后的贷款利率,首先要知道应该偿还的本利和。如果应该偿还的本利和为 S,则

$$S = 954\,654(1+9.875\%\times 1) = 1\,048\,926(英镑)$$

设6个月后的贷款利率为 y,那么,客户在贷款期结束时应该偿还的本利和等于 1 048 926 英镑,因此,

$$1\,000\,000\left(1+y\times\frac{6}{12}\right) = 1\,048\,926$$

解得 $y = 9.785\%$

这样,银行通过借长期贷短期,创造了一笔合成式远期贷款,6个月后的贷款利率为 9.785%。

银行的这笔合成式贷款使得银行和企业都不用担心遭受利率风险,利率为 9.875% 的 12 月期借款与利率为 9.5% 的 6 月期贷款的组合就可以保证利率为 9.785% 的融资来源。

这种远期对远期的贷款需求出现在 20 世纪 70 年代末,从银行的角度看,当时并没有真正流行。此类贷款缺乏吸引力是因为从贷款交易日开始至最终贷款到期日为止的整个时期,银行都要借入资金作为融资来源。实例分析 5-2 说明,虽然客户只需要 6 个月的融资期,但银行需要拆入 12 月期的资金,当银行借款时,它需要占用银行的信贷指标和资本金,这二者对银行而言是有限的、昂贵的资源。下面我们通过实例说明这一点。

实例分析 5-3:假设某家银行可以以 10% 的利率从银行同业市场借入资金,以 11% 的利率贷给客户,银行资本金的报酬率为 15%。同时,根据国际清算银行对资本充足金的原则,银行在贷款总额中必须有 8% 来自自有资本,这是为了保护储户的利益。请确定银行采用远期对远期贷款的成本与效益。

解析:如果银行通过银行间同业拆借为客户 6 个月后贷款 100 万英镑融资,我们可以通过下列简单的资产负债表和利润表说明银行采用远期对远期贷款的成本与效益。

(1) 如果银行进行一般的 6 月期贷款,其资产负债表和利润表如表 5-2 所示。

表 5-2 银行 6 月期贷款的资产负债表和利润表

资产负债表   币种:英镑

资产		负债和自有资本	
客户贷款(6个月)	1 000 000	银行同业存款(6个月)	920 000
		自有资本	80 000
资产总额	1 000 000	负债+自有资本	1 000 000

利润表(6个月)   币种:英镑

收益		费用	
客户贷款(11%)	55 000	银行同业存款(10%)	46 000
		自有资本(15%)	6 000
收益总额	55 000	费用总额	52 000

表 5-2 表明这一笔贷款为银行创造了净盈利 3 000 英镑,相当于资本的年报酬率为 7.5%[(3 000/80 000)×2]。

(2) 如果银行以同样的融资方式展期6个月进行远期对远期的贷款,其收益和成本如表5-3所示。

表 5-3 远期对远期贷款的资产负债表和利润表

资产负债表(前6个月)　　　　　　　　　　　　　　币种:英镑

资产		负债+自有资本	
银行同业贷款(6个月)	1 000 000	银行同业存款(12个月)	920 000
		自有资本	80 000
资产总额	1 000 000	负债和自有资金总额	1 000 000

资产负债表(后6个月)　　　　　　　　　　　　　　币种:英镑

资产		负债+自有资本	
客户贷款(6个月)	1 000 000	银行同业存款(12个月)	920 000
		自有资本	80 000
资产总额	1 000 000	负债和自有资金总额	1 000 000

利润表(12个月)　　　　　　　　　　　　　　　　　币种:英镑

收益		费用	
银行同业贷款(10%)	50 000	银行同业存款(10%)	92 000
客户贷款(11%)	55 000	自有资本(15%)	12 000
收益总额	105 000	费用总额	104 000

表5-3表明,远期对远期的贷款一整年的净盈利仅1 000英镑,相当于资本年报酬率为1.25%,与前面6个月贷款相比,年报酬率仅为前者的1/6。由此可见,银行为什么不喜欢进行远期对远期贷款业务。

在实例分析5-3中,影响银行盈利的最大因素是资产负债表上对资本充足金的要求。中央银行有充足的理由要求银行必须达到资本充足要求,这是在借款人无力偿还贷款时对银行的保护措施。资本金是银行抵抗风险的最后一道防线,保持资本充足是银行生存和发展的第一要务,也是维护金融安全的重要条件。资本充足率的高低是银行竞争力高低的最直接评价指标。8%的资本充足率从理论上可以保证银行贷款变成坏账后不会伤及存款人的利益。如果有某种办法使远期对远期贷款不反映在资产负债表上,就可以不受资本充足要求的约束,从而使银行的利润恢复到原先的水平。正是由于这样一种客观需要才导致了远期利率协议的出现。

二、远期利率协议的运用

远期利率协议(Forward Rate Agreement,简称FRA)是以固定利率授予的一笔远期对远期贷款,但没有实际贷款的支付。在远期利率协议条件下,撇开了本金流动问题,所以远期利率协议就成了资产负债表之外的金融工具。另外,远期利率协议也不像传统的金融工具那样需要满足严格的资本充足率要求,正如前面所述,这种要求对商业银行是一种沉重的负担,也正是这种要求才使得远期对远期贷款在金融市场上倍受冷落,毫无吸引力。当然,在远期利率协议下,银行依然需要调集一部分资本作为远期利率协议交易的保证金,但所需资本的数额与传统的远期对远期贷款所要求的资本数额相比,只是后者的1%左右。

(一) 远期利率协议定义

从使用者的角度来看,远期利率协议是交易双方为了规避未来利率波动风险或者在未来利率波动中进行投机而约定的一份协议。

从保值者角度看,由于已经存在利率变动的风险,因此,他要对未来利率变化进行防范。通过签订远期利率协议,保值者的净受险将大为减少甚至被消除。从投机者角度看,他一开始并没有面临利率风险,但他希望从未来的利率变化中获利,通过签订远期利率协议,投机者也面临着利率风险,不过这种风险对他而言是他愿意承担的或者说是有利风险。

远期利率协议是一种由银行提供的场外交易产品,和外汇市场一样,远期利率协议市场也是由银行参与交易的一种全球化市场。银行之间通过电话联系、信息馈入以及电脑网络在各自的交易室里进行交易。远期利率协议交易的双方一般是一家客户和一家银行,或者是两家银行。与在金融市场上其他的活动一样,银行为暴露在风险之中的各方充当中介,或者银行在金融市场上为顾客的交易承担风险。

(二) 远期利率协议的基本内容

远期利率协议是希望对面临的利率风险进行调整的双方签订的一种协议。通常,我们把远期利率协议的一方定义为"买方",另一方则被称为"卖方",卖方名义上同意向买方贷出一笔具体数额的贷款。"买方"和"卖方"与谁安排远期利率协议交易的人无关,他们仅指谁是交易的名义借方(the notional borrower),谁是交易的名义贷方(the notional lender)。银行可以是买方或卖方,客户也可以是买方或卖方。

在远期利率协议中,强调了"名义"二字,名义贷款(the notional loan)是指特定币种的特定数额,在未来特定的日期才能支取,并将持续一段时间。最为重要的是,名义贷款将以固定利率计算利息,固定利率是在远期利率协议交易成交时商定的。

因此,在一份远期利率协议中,买方名义上答应去借款,而卖方名义上同意贷款给买方,买卖双方约定在未来某一日期开始执行一特定期限的贷款,以固定的价格贷款某种币种标价的、有特定数额的名义本金。

从远期利率协议的基本内容可以看出,协议买方是名义借款人,为了防止利率上升的风险而通过远期利率协议受到保护,这样,当利率走高的话,可以有效地防范高利率造成的借款成本上升;如果利率下跌,他必须按事先确定的利率支付利息。买方购买FRA的动机可能有两种:一种动机是他确实有借款的需要,用FRA作为保值工具;另一种可能是他的基础资产根本就没有面临利率风险,他应用FRA纯粹是为了对利率上涨进行投机。

而FRA的卖方则是名义贷方,贷款利率的高低由他来确定。如果利率下跌,远期利率协议的卖方受到保护,如果利率上升,他依然以事先确定的利率收取利息,这就隐含了某种机会成本。卖方应用FRA的动机同样可能有两种:一是确实面临着利率下跌可能造成损失的风险;另一种是不存在基础资产面临利率风险问题,他纯粹是想从利率下跌中进行投机获利。

因此,综上所述,买卖双方对利率的预期来看,买方是预期利率上升,而卖方则是预期利率下跌。下面我们通过实例分析来说明远期利率协议。

实例分析5-4:一家公司计划在3个月后借入100万美元,为期6个月。假定公司能以LIBOR的水平筹集资金,现在的LIBOR=6%,公司担心未来三个月内利率会上升,如果借款公司等到3个月后再去借款,现在什么也不做,那么该公司可能会面临着利率上升的风险。该公司如何对利率上升风险进行套期保值?

解析:为了防范利率风险,公司可以现在购买一份FRA,对3个月后开始的为期6个月借款进行套期保值。在市场交易中,这笔交易叫作"3个月对9个月的LIBOR",时点均为现在开始,意味着一项在3个月后开始,并在9个月末结束的6个月期的LIBOR贷款。按行话说,这个远期利率协议将表示为"3×9"①,读作"3对9"。银行可能会把这样一份FRA的价格定为6.25%,从而使借方以6.25%的利率将借款成本锁定。在FRA中,买卖双方不需要支付"保证金",但银行一般向客户收取一笔交易佣金。

下面我们分析购买了一份FRA后,企业是如何进行套期保值的。

假定3个月后,市场利率确实上涨到7%的水平,尽管已采用了FRA加以保值,但借款公司仍然要按市场利率7%进行借款。借款6个月后,公司不得不多付利息3 750美元,而这部分多付的利息则因为公司采用了FRA,协议利率是6.25%,因此多出的利息应由银行支付,即银行支付公司这一利差。

$$(收取利率-支付利率)\times 本金\times 期限$$
$$=(6.25\%-7\%)\times 1\ 000\ 000\times 6/12=-3\ 750(美元)$$

这样,公司通过FRA有效地补偿或抵消了利率上涨所引起的借款成本的增加。

(三) 远期利率协议的交割过程

1. 远期利率协议的术语

实际交易的远期利率协议几乎都可以纳入英国银行家协会所起草制定的、有关远期利率协议交易的标准市场文件所阐述的范围中。这些文件被称作"FRABBA"②术语,制定于1985年,这些文件除了正确的法律规范外,还定义了许多重要的术语。为了帮助读者更好地理解,我们通过图5-2作说明。

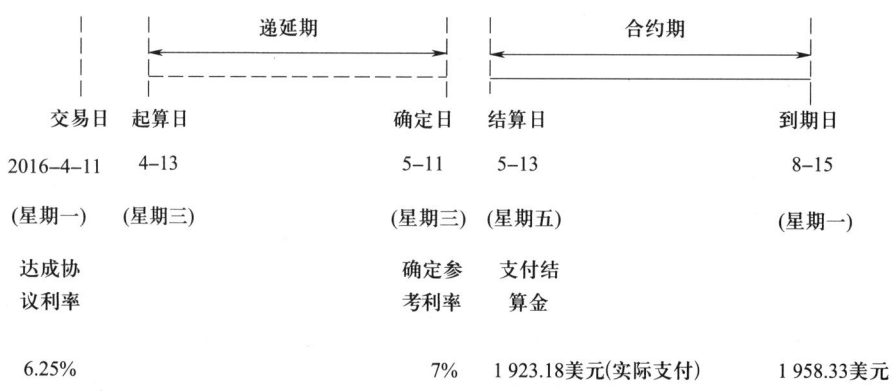

图5-2 远期利率协议时间流程图

在图5-2中,定义了这样一些术语:

交易日(dealing date):远期利率协议成交的日期。

起算日(spot date):从这一天开始计算递延期。

确定日(fixing date):又称基准日,确定参考利率的日期。

---

① 3对9的远期利率协议还可以表示为:3v9,或者3-9。
② BBA——the British Bankers' Association terms.

结算日(settlement date):名义贷款或存款开始的日期。

到期日(maturity date):名义贷款或存款到期的日期。

合约期(contract period):结算日至到期日之间的天数。

协议利率(contract rate):在远期利率协议条件下达成的固定利率。

参考利率(reference rate):在确定日,用以确定结算金额的、以市场为基础的利率。

结算金(settlement sum):在结算日,根据协议利率与参考利率之差确定的一方支付给另一方的金额。

除了上述术语外,在交易日达成远期利率协议的所有条件时,交易双方还需就贷款或存款的名义本金和币种达成一致,这就是:

协议金额(contract amount):名义借贷本金总额。

协议货币(contract currency):表明合约金额的币种。

为了进一步理解上述术语,假定交易日是2016年4月11日星期一,协议双方买卖了一份"1×4"的远期利率协议,面额为100万美元,协议利率确定为6.25%。因此,该远期利率协议货币是美元,协议金额100万美元,协议利率为6.25%。

"1×4"是指起算日至结算日之间为1个月,从起算日至到期日之间的时间为4个月。交易日至起算日之间相隔2天,图5-2中显示交易日为4月11日,起算日是4月13日,所以从起算日至名义存款或贷款的结算日正好一个月,即5月13日,到8月13日正好三个月,但是8月13日和14日正好是周末,非营业日,因此,到期日推到8月15日,共94天。

另外,结算日的前两天要确定参考利率,确定参考利率的日期叫作基准日或确定日,参考利率是基准日LIBOR水平,确定的方法是:先从若干家指定银行取得某一时间的利率报价,然后将这些利率报价按由低到高的顺序排列,剔除最低和最高值,将余下报价计算出平均值,即为伦敦银行间同业拆放利率参考利率。现假定5月11日的参考利率为7.00%。

2. 结算过程

远期利率协议的买方在理论上将借款利率锁定在6.25%,但在基准日,如果客户真要借款,他将面临7.00%的市场利率的借款利率,因此,这笔价值100万美元、为期94天的借款在到期日将额外多支付利息。

$$额外支付的利息 = (7.00\% - 6.25\%) \times 1\,000\,000 \times \frac{94}{360} = 1\,958.33(美元)$$

作为买方的损失则由卖方补偿,在到期日补偿正好就是这1 958.33美元。然而在实践中,通常是在结算日,即潜在贷或存款的开始日支付结算金,这笔资金比实际支付的要早,买方将它用于投资获取利息补偿在到期日多支付的利息。因此,对这笔远期利率协议利息的补偿要进行贴现,在结算日收到的结算金如公式(5.3)所示。

$$结算金 = \frac{(i_r - i_c) \times A \times \frac{D}{B}}{1 + \left(i_r \times \frac{D}{B}\right)} \tag{5.3}$$

其中,i_r表示参考利率,i_c表示协议利率,A表示协议金额,D表示合约期天数,B表示一年总天数(通常一年美元按360天算,英镑按365天算)。

将前面分析的例子中的相关数据带入公式(5.3),结算金为:

$$结算金 = \frac{1\ 958.33}{1+7\% \times \frac{94}{360}} = 1\ 923.18(美元)$$

值得注意的是,远期利率协议是一种用确定性代替风险的方法,买卖双方都接受了 6.25% 的 LIBOR,而不管 LIBOR 实际上是多少,因此,当高于或低于 6.25% 时,均要对对方作补偿。

从前面分析看到,如果 $i_r > i_c$,结算金 > 0,卖方向买方支付;如果 $i_r < i_c$,结算金 < 0,卖方向买方索取补偿。

将公式(5.3)的分子分母同时乘以 B/D,整理得结算金的另一种更为简洁的表达式,如公式(5.4)所示。

$$结算金 = \frac{(i_r - i_c) \times A}{\frac{B}{D} + i_r} \tag{5.4}$$

3. 远期利率协议的套期保值作用

通过远期利率协议,如果客户真要借 100 万美元的话,其套期保值后锁定的借款成本是多少?我们通过图来说明计算过程,如图 5-3 所示。

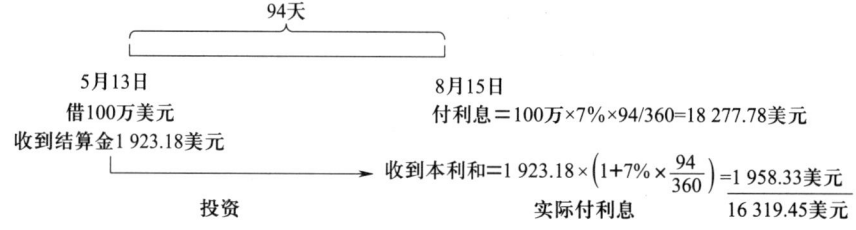

图 5-3 远期利率协议套期保值示意图

所以,实际利率 = $\frac{16\ 319.45}{1\ 000\ 000} \times \frac{360}{94} = 6.25\%$

由此可见,通过远期利率协议将融资成本锁定在 6.25%。

在实践中,客户不可能按 LIBOR 进行借贷,通常借方要在 LIBOR 上加一定百分比,而在存款时则要在 LIBOR 基础上减少一定百分比。假设在该例中,客户可以按 LIBOR+1% 借钱,而按 LIBOR-1% 存款,协议利率 6.25% 和市场利率 LIBOR 7% 仍然不变,那么整个交易过程的实际成本究竟是多少?

在到期日 8 月 14 日,

$$实际支付利息 = 1\ 000\ 000 \times (7\% + 1\%) \times \frac{94}{360} = 20\ 888.89(美元)$$

$$实际收到的本利和 = 1\ 923.18 \times \left[1 + (7\% - 1\%) \times \frac{94}{360}\right] = 1\ 953.31(美元)$$

$$净支付利息 = 20\ 888.89 - 1\ 953.31 = 18\ 935.58(美元)$$

$$实际融资成本 = \frac{18\ 935.58}{1\ 000\ 000} \times \frac{360}{94} = 7.25\%$$

可见,通过远期利率协议,将融资成本锁定在协议利率 6.25% 加 1%。仍然比实际融资成本 8% 低,达到套期保值的作用。

三、远期利率协议定价

远期利率协议定价有粗略定价法和精确定价法。

（一）远期利率协议粗略定价法

远期利率协议粗略定价法是一种简单而快速的定价法，该方法就是将远期利率看成是弥补现货市场上不同到期日之间"缺口"的工具。

实例分析 5-5：某人有一笔资金希望投资 1 年，6 个月期的年利率为 9%，12 个月期的年利率为 10%。如果该投资者希望先投资 6 个月，然后再投资 6 个月，那么他如何锁定他后 6 个月的利率水平？

解析：该投资者投资 1 年可以有多种组合，但根据无套利均衡原理，无论如何选择，其最终投资收益应该趋于相等。根据题意，如果投资者先投资 6 个月，然后再投资 6 个月，他可以签订一份"6×12"的远期利率协议，如图 5-4 所示。

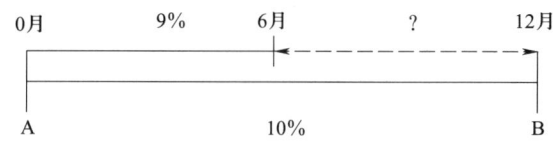

图 5-4　远期利率协议粗略定价法

在图 5-4 中，从 A 到 B 有两种方法，这是金融市场中经常见到的实例。在这种情况下，无论选择哪条路径，市场效率将确保最后的结果是一样的，因此，在此例中，根据他的选择，我们可以把 1 年分成两段，前 6 个月投资收益为 9%，比投资 1 年的收益率少了 1%，那么在后 6 个月的投资中，其投资收益必须比投资 1 年的收益率要高出 1% 才能达到均衡，否则就会出现套利机会，因此，后 6 个月的收益率应该大约等于 11%（10%+1%），如图 5-5 所示。

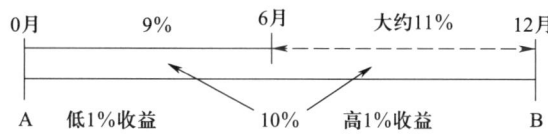

图 5-5　6×12 远期利率的确定

通过实例分析 5-5，我们可以对远期利率协议粗略定价法有一个较为直观的认识。同时，如果我们已知现货市场上有关的利率，这种定价技术为我们提供了一种"快速粗糙"的方法用于估算远期利率协议的大致定价水平。

要注意的是，此种方法计算出来的远期利率协议价格是协议利率的近似值。这是因为投资者把一项较长的投资分解成两项短期投资，其中第二期短期投资由远期利率协议进行保值，这样他就有机会对投资利息进行再投资以获得利息。也就是说，在实例分析 5-5 中，实际远期利率协议的利率可能要比用快速粗糙的估算法所计算出来的水平略低一些。比如 6×12 远期利率协议中，实际的远期利率协议的协议利率（定价水平）大约为 10.53%，而不是前面算出来的 11%。

（二）远期利率协议精确定价法

前面我们把远期利率协议看作是一种"填补时间缺口"的金融工具，并从这一角度出发引入远期利率协议定价的基本概念,提出了粗略的估算方法。下面我们推导能为实际工作所使用的、更为精确的定价公式。相关的概念如图 5-6 所示。

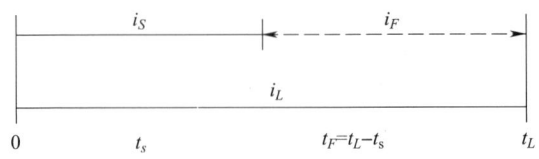

图 5-6 远期利率协议精确定价法

图 5-6 中,i_S 是起算日至结算日之间的货币市场利率,i_L 是从起算日到到期日之间的利率,i_F 是远期利率的协议利率,t_S 是起算日至结算日,t_L 是从起算日至到期日的期间,t_F 是协议期间。

根据无套利均衡分析原理,直接投资与分段投资两种方案的收益相等,所以有以下等式成立。

$$(1+i_S \times t_S)(1+i_F \times t_F) = 1+i_L \times t_L$$

所以,$i_F = \left[\dfrac{1+i_L \times t_L}{1+i_S \times t_S} - 1\right] \times \dfrac{1}{t_F} = \left[\dfrac{i_L \times t_L - i_S \times t_S}{1+i_S \times t_S}\right] \times \dfrac{1}{t_F}$ (5.5)

公式(5.5)中,所有利率都以小数标价,所有时间折合成年计算。如果时间用天数表示,则 $t_L = \dfrac{D_L}{B}$,$t_S = \dfrac{D_S}{B}$,$t_F = \dfrac{D_F}{B}$,带入公式(5.5)中,得到用天数表示的远期利率定价精确公式:

$$i_F = \dfrac{i_L D_L - i_S D_S}{D_F\left(1+i_S \times \dfrac{D_S}{B}\right)} \quad (5.6)$$

其中,D_S 表示起算日至结算日之间的天数,D_L 表示起算日至到期日之间的天数,D_F 表示合约期间的天数,B 表示天数的计算惯例(美元 360 天,英镑 365 天),其他符号与前相同。

仍以"1×4"的数据为例说明:已知 $D_S = 30$ 天,$D_L = 124$ 天,$D_F = 94$ 天,如果 $i_S = 6\dfrac{1}{8}\%$,$i_L = 6\dfrac{1}{4}\%$,将这些数据带入公式(5.6)中,即可得远期利率:

$$i_F = \dfrac{0.0625 \times 124 - 0.06125 \times 30}{94\left(1+0.06125 \times \dfrac{30}{360}\right)} = 0.062580 \approx 6.26\%$$

(三) 远期利率敏感性分析

到目前为止,我们从绝对意义上已讨论了远期利率协议的利率应该是多少,这对于利用 FRA 的保值者和投机者来讲都很重要。同时还应该注意远期利率对市场利率变化的敏感程度。

为了了解远期利率是如何变化的,我们以"6×9"为例说明。

已知 6 个月期的利率为 8%,9 个月期的利率为 9%,要解释远期利率对市场利率变化的影响程度,首先我们需要确定"6×9"的远期利率。以下以粗略定价法进行直观描述,然后再进行精确分析。

1. 粗略定价的直观描述

有关"6×9"的远期利率如图 5-7 所示。

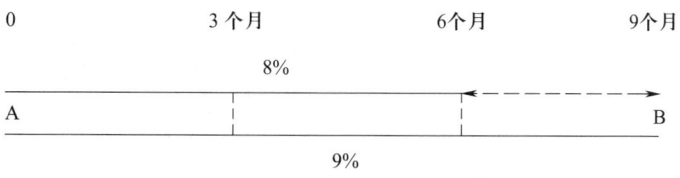

图 5-7 "6×9"远期利率定价

远期利率协议"6×9"表明递延 6 个月,合约期 3 个月,因此,在递延 6 个月中,可以分成两个 3 个月,这说明在前两个时段内,短期利率比长期利率分别低了 1 个百分点,那么在最后一个时段,即合约期内应该得到 2 个百分点的补偿,所以,远期利率应该大约为 11%（9%+2%）。

如果短期利率由 8%上升到 9%,对远期利率的影响如图 5-8 所示。

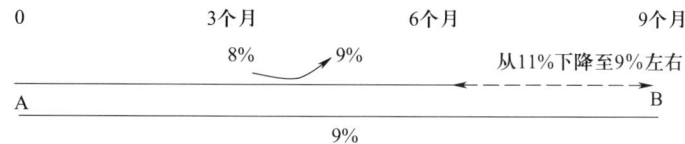

图 5-8 短期市场利率上升 1%对远期利率的影响

图 5-8 显示,如果短期市场利率上升,远期利率协议的利率就应该下降,下降多少取决于递延期间时间长度与合约期间时间长度之比。6 个月递延期间与 3 个月合约期间之比为 2(6/3),因此,6 个月期利率上升 1%,远期利率协议的利率便下降 2%左右。所以,远期利率从原来的 11%下降至 9%左右。

如果长期利率由 9%上升到 10%,对远期利率的影响如图 5-9 所示。

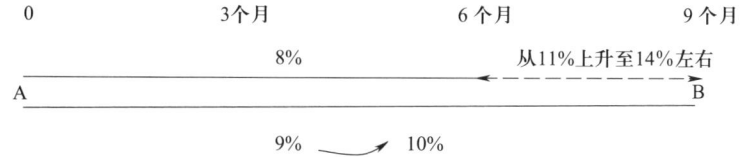

图 5-9 长期市场利率上升 1%对远期利率的影响

图 5-9 显示,如果总期限的市场利率提高 1%,远期利率协议的利率应该上升,上升的倍数取决于总期限与合约期限的比例。在此例中,总期限是 9 个月,合约期限是 3 个月,所以二者之比为 3(9/3)倍。即如果 9 个月期利率提高 1 个百分点,那么合约期 3 个月的利率将提高 3 个百分点,即远期利率协议的利率由原来的 11%上升至 14%左右。

如果短期和长期的市场利率均上升 1 个百分点,对远期利率的影响如图 5-10 所示。

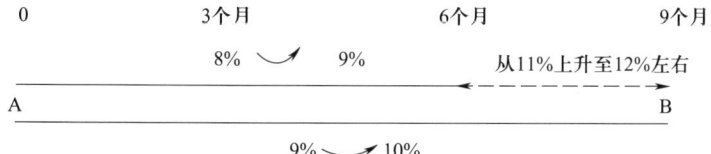

图 5-10 长期和短期市场利率上升 1%对远期利率的影响

根据前面的分析,远期利率协议的利率应该随着市场利率变化而变化。如图 5-10 所示,如果 9 个月期利率提高 1 个百分点,那么远期利率将提高 3 个百分点,同时,6 个月期利率上升 1%,远期利率将下降 2 个百分点。因此,当长期和短期市场利率同时提高 1 个百分点,远期利率的净效应应该提高 1 个百分点,远期利率协议的利率由原来的 11% 上升至 12% 左右。

2. 远期利率敏感性的精确分析

对公式(5.6)进行偏微分,也可以得到前面同样的结论。

当短期利率变化时,对公式(5.6)中的 i_S 求偏导得:

$$\frac{\partial i_F}{\partial i_S} = \frac{-D_S D_F \left(1+i_S \frac{D_S}{B}\right) - (i_L D_L - i_S D_S)\left(\frac{D_S}{B}\right) D_F}{D_F^2 \left(1+i_S \frac{D_S}{B}\right)^2}$$

$$= -\frac{D_S}{D_F}\left[\frac{1+i_L \frac{D_L}{B}}{1+i_S \frac{D_S}{B}}\right] \approx -\frac{D_S}{D_F} \qquad (5.7)$$

公式(5.7)表明,如果短期利率 i_S 与远期利率 i_F 的变化呈反向变化,即短期利率上升 1%,远期利率将下降 $(D_S/D_F)\%$,如果短期利率下降 1%,远期利率将上升 $(D_S/D_F)\%$。

同理,通过对公式(5.6)中的 i_L 求偏导,可得公式(5.8)。

$$\frac{\partial i_F}{\partial i_L} = \frac{D_L}{D_F\left(1+i_S \frac{D_S}{B}\right)} \approx \frac{D_L}{D_F} \qquad (5.8)$$

公式(5.8)表明,长期利率 i_L 与远期利率 i_F 的变化呈同向变化,即长期利率上升 1%,远期利率将上升 $(D_L/D_F)\%$,如果长期利率下降 1%,远期利率将下降 $(D_L/D_F)\%$。

如果短期利率和长期利率同时变化,则对公式(5.6)求全微分,可得公式(5.9)。

$$\frac{\partial i_F}{\partial i_{all}} \approx \frac{\partial i_F}{\partial i_S} + \frac{\partial i_F}{\partial i_L} = -\frac{D_S}{D_F} + \frac{D_L}{D_F} = \frac{D_L - D_S}{D_F} = \frac{D_F}{D_F} = 1$$

即

$$\frac{\partial i_F}{\partial i_{all}} \approx 1 \qquad (5.9)$$

公式(5.9)表明,如果长期利率和短期利率同时变化 1%,远期利率与之同方向变化 1%。

表 5-4 总结了常用的标准远期利率协议的远期利率对市场利率变化的特征。

表 5-4 标准远期利率协议的利率的变化特征

标准远期利率协议	i_S 上升 1%	i_L 上升 1%	i_S 和 i_L 同时上升 1%
3×6FRA	−1	+2	+1
6×9FRA	−2	+3	+1
9×12FRA	−3	+4	+1
6×12FRA	−1	+2	+1

远期利率协议有许多用途,除了作为套期保值的对冲工具以外,银行还可以利用远期利率协议来套利,套取相关的金融工具之间的利润。

由于远期利率协议不是采用变动保证金进行盯市操作,所以远期利率协议的参与者承担的风险比期货交易的参与者承担的风险要大,结果使得远期利率协议市场变成只由信用很好的机构组成。当然,也还存在一些风险:在任何时候,如果对方违约的话,所承受的风险至多也就等于重新签订一项远期合约的成本,即只相当于签约的手续费,数额就是远期利率协议交易商应当赔付给遭受违约一方的金额,使之能够重新签订一项具有相同条款的远期利率协议。

■ 本章小结

1. 远期交易是在现时签订合约,在未来某一确定日交割有关资产的交易。远期合约主要包括远期外汇合约和远期利率协议,二者均为非标准化合约,在场外交易。

2. 在远期外汇买卖中,买卖双方对于将来的外汇买卖事先约定各种有关条件,如外币种类、金额、远期汇率、交割时间及地点,到约定的日期才能进行外汇交割。

3. 远期利率协议是希望对面临的利率风险进行调整的双方签订的一种在未来某时日开始执行一特定期限的贷款(存款)协议。该协议的合同双方在名义本金的基础上,根据协议利率和参考利率差额进行结算。

4. 远期合约的定价基于无套利均衡的分析方法进行。

■ 重要概念

远期外汇协议	远期利率协议	远期对远期贷款	名义借方	名义贷方	名义贷款
协议利率	参考利率	结算金	交易日	起算日	确定日
结算日	合约期

■ 思考题

1. 什么是远期汇率和远期利率?
2. 远期价格与未来即期价格的关系是什么?
3. 常见的远期合约是什么?
4. 远期对远期的贷款与远期利率协议有何不同?
5. 远期利率协议是如何定价的?
6. 简述远期利率与实际融资利率的关系。

■ 即测即评

请扫描右侧二维码,进行即测即评。

■ 扩展阅读

第六章 互换产品和定价

本章学习目标

- 掌握货币互换产品的计算过程
- 掌握利率互换后的实际融资成本
- 了解商品互换与其他互换的不同
- 了解交易商在互换中的作用
- 掌握互换零息票定价法

金融衍生产品是通过预测股价、利率、汇率等未来价格走势,以支付少量保证金签订远期合约或者互换不同金融产品等派生出来的新的金融产品,这些产品有互换、期货、期权等,在这些金融产品基础上进行分解和组合构建的另一种新产品也是金融衍生产品。值得注意的是,今天的金融衍生产品可能明天成为基础金融产品。本章主要讨论互换产品在风险管理中的运用及简单定价。

第一节 互换产品的主要类型

在金融市场上,没有一个市场像互换市场那样成长发展得这么快,这种金融产品的有效性和灵活性,对财务经理们加强风险管理十分重要。互换现在已广泛地应用于工业企业、金融机构、银行(储蓄机构)、保险公司以及世界性组织和主权政府。

互换的应用非常广泛,主要用于降低成本、管理风险、实现规模经济、在世界资本市场上套利、创造复合金融产品等。随着客户的需要,新的互换方法几乎每天都在出现。通常,大多数具有互换头寸风险的人认为,互换是非常复杂的金融产品,但在实际生活中,互换的复杂性在于需要大量的文件工作来制定合约条款,而根据特殊要求"量体裁衣"的互换合约会包括许多特别的防范措施。

互换是指互换双方达成协议并在一定的期限内转换彼此货币种类、利率基础以及其他资产的一种交易产品。下面我们主要通过实例分析各种互换产品。

一、利率互换和货币互换

(一) 利率互换

利率互换是双方达成的一项协议,即在一特定偿还期内按双方约定的名义金额交换利息支付。其中,"名义金额"是指互换交易中理论上的本金。因而,名义本金只是据以计算利息的参考金额,本金并不实际转手。偿还期限从少于1年到15年以上不等,多数交易在2年到10年之间。利率互换的两种主要类型为息票互换和基点互换。息票互换是指一方根据交易时某国库券的收益计算出的固定利率支付利息,另一方以浮动利率支付利息,浮动利率是按照整个协议期间内规定的指数定期调整的利率。基点互换是指双方按照不同的参考利率交换支付浮动利息。从根本上来说,利用这种相对直接的交易机制,利率互换在不同类型、不同货币之间依照交易结构的变化可转换为债务发行、资产、负债或任何现金流的互换问题。

实例分析 6-1:假设 A、B 双方都需要 10 000 万美元、5 年期的资金。为了减少融资风险,A 愿意以固定利率借款而 B 愿意以浮动利率借款。假设 A 是一家资信等级为 BBB 的公司,而 B 为 AAA 级银行。尽管 A 在其经营活动中可能很容易从银行或其他来源获得浮动利率资金,但它很难在资本市场上以有吸引力的价格发行固定利率债券筹到资金。相反,B 方却在这两个市场上都可以以最好的利率借到资金。双方进入固定利率或浮动利率市场发行 5 年期新债券的成本如表 6-1 所示。

表 6-1 A、B 双方各自在不同市场上的筹资成本

借款人	资信等级	固定利率	浮动利率
A	BBB	8.5%	6 个月 $LIBOR$+0.5%
B	AAA	7.0%	6 个月 $LIBOR$
差异		1.5%	0.5%

A、B 双方如何通过利率互换获得融资成本的好处?

解析:表 6-1 表明,虽然 B 无论在固定利率还是浮动利率方面都具有绝对优势,但是,这两个市场对 A 和 B 的定价不同:固定利率市场认为资信等级为 AAA 级的公司与资信等级为 BBB 级的公司之间的差异为 150 个基点(1 个基点等于 0.01%),浮动利率市场则认为这个差异只有 50 个基点。因此,B 在固定利率方面具有相对优势,A 则在浮动利率方面具有相对优势。通过利率互换,双方均可利用这 100 个基点的利差。

首先,A 方从银行获得 5 年期的、价值 10 000 万美元的浮动利率欧洲美元贷款,利率在 $LIBOR$ 基础上加 50 个基点,同时,B 方发行价值 10 000 万美元、固定利率为 7% 的 5 年期欧洲债券。然后,A 和 B 通过花旗银行进行下面的利率互换。A 方同意 5 年内给花旗支付 7.35% 的年息,以该利率乘上名义本金 10 000 万美元计算利息。与之对应的支付是,花旗银行同意在 5 年内按 6 个月的 $LIBOR$ 进行支付利息,计息期与浮动利率贷款付息日调整相一致。通过此次互换,A 设法使浮动利率贷款转换成了利率为 7.35% 的固定利率贷款。

与此方式类似,B 方也通过花旗银行参加互换,而它同意对 5 年期的名义本金 10 000 万美元以 6 个月的 $LIBOR$ 利率支付利息,以换取收到 7.25% 的利息支付。因此,B 方通过互换将固定利率贷款转换成了浮动利率贷款,实际成本为 $LIBOR$ 减 25 个基点。

为什么花旗银行或其他金融中介机构要参与这种交易呢?当全面审视此次交易之后,花旗愿意参与这项交易的原因是比较显而易见的。图6-1展示了这例典型的互换交易结构。

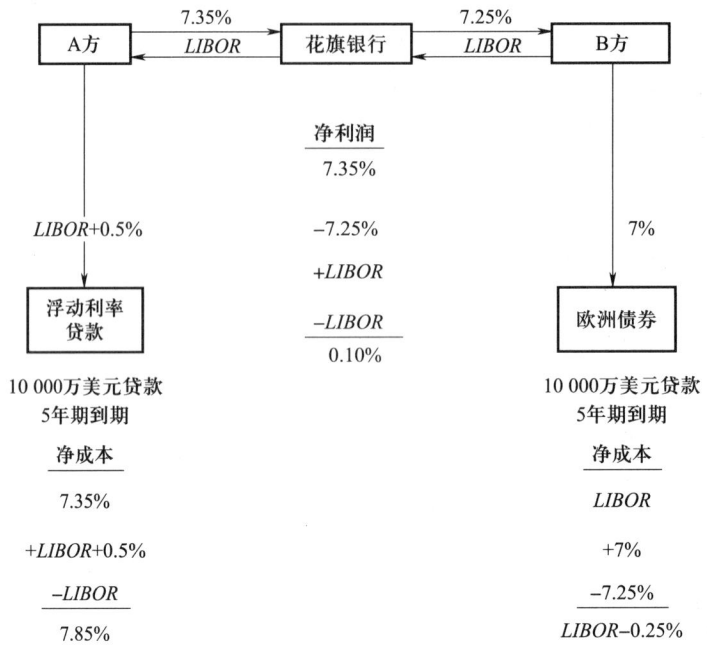

图 6-1 典型的互换结构

花旗银行作为金融中介机构,它将这两笔交易撮合起来,扣除风险后,花旗银行净得10个基点的利差:

收到利率(来自A)	7.35%
支出利率(付给B)	(7.25%)
收到利率(来自B)	LIBOR
支出利率(付给A)	(LIBOR)
净收利差	10个基点

因而,花旗在以后5年里从这10 000万美元的互换交易中每年可获得100 000美元的收益。

以上分析表明利率互换具有降低融资风险的潜在能力,利用利率互换还能降低成本。其降低成本的能力根据在金融市场的资信等级的差别而定。实际上,利率互换为不同市场上、不同的借款人提供了比较优势(如果存在比较优势的话),为借款人和投资者双方增加了选择权。同时,A方和B方以固定利率和浮动利率分别借款时有100个基点的利差,利率互换使双方分享了这部分利差,其各自的收益,如表6-2所示:

表 6-2 在利率互换中各方的收益

当事方	正常融资成本(%)	互换后成本(%)	节约成本/盈利(%)
A	8.50	7.85	0.65
B	LIBOR	LIBOR-0.25	0.25
花旗银行	—	—	0.10
			总计 1.00

在实例分析6-1中,A将其固定利率成本降低了65个基点,B将其浮动利率成本降低了25个基点,花旗银行为安排这次交易及承担了交易双方的信用风险而得到10个基点的收益。在这一例中A和B各自获得的好处是不一样的,有时,互换可以使得A和B均分扣除中介后的90个基点的好处。

实例分析6-2:H公司希望筹集资金1 000万美元,愿意支付浮动利率,M公司也希望筹集1 000万美元,因为想把未来的利息固定下来,所以愿意支付固定利率。两家公司的筹资期限均为3年。双方进入固定利率或浮动利率市场筹集3年期新债券的成本如表6-3所示。

表6-3 H、M双方各自在不同市场上的筹资成本

利率类型	H公司	M公司	差异
固定利率	10%	13%	3%
浮动利率	$LIBOR+1\%$	$LIBOR+2\%$	1%
			2%

假设双方共享节约成本的好处,请分析通过互换后各自的实际融资成本。

解析:通过表6-3可以看出,H公司无论在固定利率市场还是浮动利率市场都有绝对优势,M公司在这两个市场上都具有绝对劣势,但是,固定利率市场差异3%和浮动利率市场差异1%表明,两个市场对H公司的融资成本定价是不同的,因此H公司在固定利率市场具有相对优势,M公司在浮动利率市场具有相对优势,所以H为M筹集固定利率,然后换取浮动利率,M为H筹集浮动利率换取固定利率。由于双方共享节约的成本,因此,双方各自节约的融资成本为$(3\%-1\%)/2$,即为1%。

H公司的实际筹资成本为:$LIBOR+1\%-1\%=LIBOR$

M公司的实际筹资成本为:$13\%-1\%=12\%$

若有中介,只要中介费小于1%,双方都能在互换中获利。

在实践中,中介安排互换,并提供报价,ask rate是指银行愿意支付LIBOR收到固定利率,bid rate表明银行愿意收到浮动利率支付固定利率,这二者的差就是银行的利润,至少是2个基点。大多数情况下,参考利率都用LIBOR,也可用其他的参考利率①。

实例分析6-3:A公司有一笔两年期的固定利率贷款,利率为6%,但是公司愿意用浮动利率贷款,公司用浮动利率贷款的利率水平为$LIBOR+12$个基点。B公司也有一笔两年期的浮动利率贷款,贷款利率为$LIBOR+15$个基点,公司预期利率要上升,所以愿意用固定利率贷款,该公司固定贷款的利率为6.12%。

银行作为中介,关于两年期的互换利率报价为5.90(bid),5.95(ask),请计算两家公司参与利率互换后的实际融资成本。

解析:根据题意,A公司和B公司的融资成本如表6-4所示。

因为银行报价5.90(bid)和5.95(ask),银行的利润为0.05,所以,差额0.09%-0.05%=0.04%由A和B分享,各节约0.04%/2=0.02%,即2个基点。

因此,A公司实际浮动利率$=LIBOR+0.12\%-0.02\%=LIBOR+0.1\%$

---

① 中国的银行间拆借利率符号表示为SHIBOR,即上海银行间拆借利率。

表 6-4　A、B 双方各自在不同市场上的筹资成本

利率类型	A 公司	B 公司	利差
固定利率	6%	6.12%	0.12%
浮动利率	LIBOR+0.12%	LIBOR+0.15%	0.03%
			0.09%

B 公司实际固定利率 = 6.12% - 0.02% = 6.10%

A、B 双方与银行的交易如图 6-2 所示：

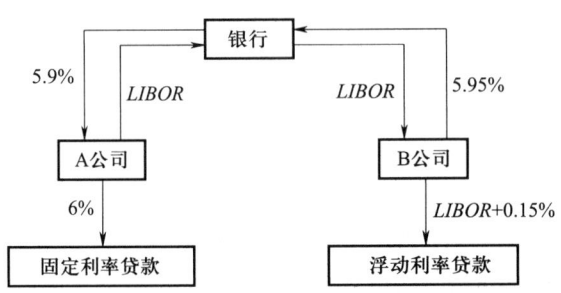

图 6-2　银行报价的互换结构图

银行作为中介，获得了 5 个基点的好处，同时 A 和 B 也从中获得了利率成本的节约。其计算结果如表 6-5 所示：

表 6-5　A、B 双方互换的计算过程

项目	A	B
实际贷款	(6.00%)	(LIBOR+0.15%)
向银行支付	(LIBOR)	(5.95%)
收到银行的支出	5.90%	LIBOR
互换后的实际融资成本	(LIBOR+0.10%)	6.10%
公开市场上的融资成本	(LIBOR+0.12%)	(6.12%)
节约	2 个基点	2 个基点

（二）货币互换

互换合约可以在各种货币之间进行，这种合约叫货币互换，它有助于管理利率和汇率风险。许多金融机构者进行本国货币和外国货币的互换安排，并把它作为一项重要的业务来开展。从技术上讲，货币互换就是将以一种货币标价的债务偿还责任转换成用另一种双方同意的货币标价的债务本金的偿还责任。通过互换未来现金流量的义务，各方都能将以某一种货币标价的现金流量转变为以自己更需要的货币标价的现金流量。

货币互换获得了对冲权，该权利使各方有权用相应的拒付来抵消任何利息和本金的拒付。如果没有这种对冲权的话，一方违约就不能免除另一方合同规定的付款责任。此外，由于货币互换不是一笔贷款，所以它不作为负债出现在资产负债表中。

货币互换与利率互换存在很多不同，最主要的区别在于：在货币互换中，到期时通常要按预先约定的汇率进行本金总额的交换。

货币互换交易的基本做法是:持有不同种货币的交易双方,以商定的筹资本金和利率为基础,进行货币本金的交换并结算利息。货币互换一般包括三个基本步骤:

1. 本金的初期互换

本金互换在每笔货币互换交易中都会发生,其目的是确定交易双方各自本金的金额,以便将来计算应支付的利息和再换回本金;

2. 利息的互换

利息互换是指按协定的利率以偿还本金额为基础进行利息支付;

3. 本金的再次互换

在合约到期日,双方换回交易开始时互换的本金。

有时,货币互换不一定一开始就需要进行本金互换,也可以从现有的负债开始,先互换利息,到期再互换本金。

实例分析 6-4:瑞士爱华公司在两年前发行了价值 500 万美元的债券,期限为 7 年,息票率为 9%,当时的美元对瑞士法郎的汇率为 SFr1.60/$,因此,这笔债务的账面价值为 800 万瑞士法郎。现在距偿还日还剩 5 年。同时,美国海奇公司现有 5 年期的瑞士法郎债务 1 000 万瑞士法郎,息票率为 8%。双方如何通过货币互换来改变资金的负债结构?

解析:由于这两项债务都是过去发生的,因此,在互换初期不交换本金,也不考虑原来发行债券的费用。

假设现在美元与瑞士法郎汇率比为 1:1.25,那么爱华公司的美元债务就比海奇公司相应的瑞士法郎债务要少,爱华公司的债务可以全部转换成瑞士法郎,而海奇公司只能将部分债务转换成美元。所以互换的本金金额为 500 万美元或 625(500×1.25)万瑞士法郎。如果银行作中介,双方各需要向银行支付 0.2% 的手续费,这部分费用一般加到利息中去。在以后的 5 年中,爱华公司和海奇公司的利息交换和期末本金互换分别如图 6-3 和图 6-4 所示(单位:万元)。

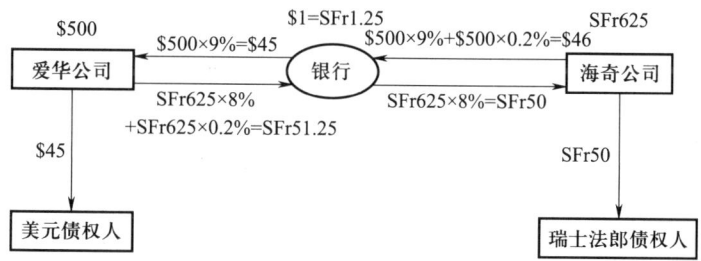

图 6-3 利息互换

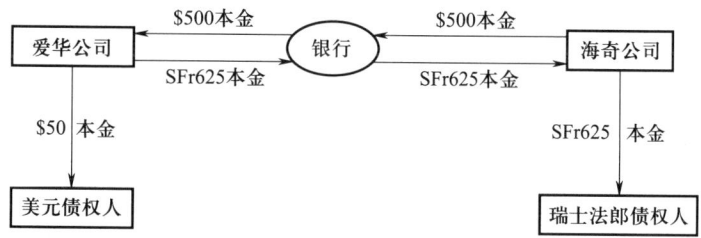

图 6-4 到期日本金互换

互换交易生效后,通常是不能随时赎回的。如果互换交易者的资产和负债结构发生了变化,需要从互换中解脱出来,可以采用反向互换,在反向互换中,中介既可以是原来的中介,也可以不是原来的中介。

货币互换的作用不仅仅限于企业中长期外币贷款、改变资本结构中的货币币种,也可以用于其他的经济活动,例如设备租赁、对外直接投资等,且这些长期的资产和负债往往存在一系列的现金流,这时,货币互换就可以派上用场了。因为互换交易是一种长期的金融工具,期限甚至可以长达20年或以上,加之企业具有一系列现金流,所以可用于对冲现金流的风险。

(三) 利率/货币互换

利率/货币互换将货币互换和利率互换的特点结合起来。设计这种互换旨在将一种货币的利息支付形式转换成另一种货币的利息支付形式。最常见的利率/货币互换形式是将一种货币的固定利率负债转成另一种货币的浮动利率负债。双方在互换中既规避了汇率风险,同时又都可以节约自身的筹资成本。

实例分析 6-5:R 公司是一家日本企业,正准备到美国建厂,需要筹集 2 000 万美元,希望筹集浮动利率贷款。有关筹资利率的报价为:美元利率:$LIBOR+60$ 基点;日元利率:1.2%。

M 公司是一家美国企业,正在寻求再融资 24 亿日元的贷款,希望筹集固定利率贷款。有关贷款利率报价为:美元利率:$LIBOR+50$ 基点,日元利率:1.5%。

当前汇率为 \$1=¥120,假设互换 2 年,利息支付在年底,通过互换双方各自的实际融资成本是多少?

解析:通过题意可知,两家公司在筹集本币时都具有优势,因此,双方可以通过筹集本币互换自己所需要的外币。

1. 首先互换本金,如图 6-5 所示:
2. 年底互换利息和本金,如表 6-6 所示:

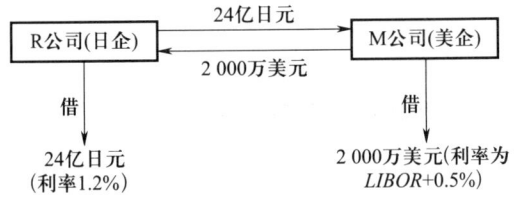

图 6-5 期初互换本金

表 6-6 年底利息和本金的互换

项目	R 公司	M 公司
支付给银行利息	2 880 万日元	2 000 万美元×($LIBOR+0.5\%$)
支付给对方公司	给 M:2 000 万美元×($LIBOR+0.5\%$)	给 R:2 880 万日元
收到利息	2 880 万日元	2 000 万美元×($LIBOR+0.5\%$)
收到本金	24 亿日元	2 000 万美元

3. 互换后的结果如表 6-7 所示:

表 6-7 互换后节约的利息成本

项目	R 公司利息成本	M 公司利息成本
不互换	2 000 万美元×($LIBOR+0.6\%$)	24 亿日元×1.5%=3 600 万日元
互换	2 000 万美元×($LIBOR+0.5\%$)	2 880 万日元
节约额	2 000 万美元×0.1%=20 000 美元	720 万日元

二、商品互换

商品互换是交易一方对给定的商品量按单位固定价格周期性地支付给互换对手,而互换对手方则对给定的商品数量按单位浮动价格(通常是按周期所观察的即期价格的平均价格)支付给交易对方。一般来讲,互换的商品可以是相同的,也可以是不相同的。如果它们是相同的,就不必交换名义本金,如果它们是不同的,则可能会要求交换名义本金。总的原则是:由于所有交易实际发生在现货市场上,因而并不发生名义本金的交换。

实例分析 6-6:原油生产商(互换交易方 A)平均每月生产 8 000 桶原油,由于市场价格是波动的,从而他的收入也是波动的,为此,他希望固定五年中出售原油的收入。同时,石油精炼和石化产品制造商(互换交易方 B)平均每月需要原油 12 000 桶,由于石油价格的波动,使得他的成本也不确定,所以他希望将其五年中的购买原油成本固定下来。他们如何通过互换将其收入和成本固定?

解析:由于原油生产商和石化产品制造商出售和购买的产品数量不同,为了达到他们的要求,他们进入互换市场,找到互换交易商进行商品互换,但实际上他们仍继续在现货市场上进行他们的实际交易。

假如当他们进入互换市场时,相同等级的原油现货价格为每桶 55.25 美元,于是制造商(B)同意每月按一桶 55.30 美元支付给互换交易商,而交易商同意按前一个月的每天原油价格的平均价支付给 B;同时,原油生产商(A)同意按前一个月每天原油价格的平均价格与交易商每月按一桶 55.20 美元价格交换。通过这样的安排,有效地固定了互换双方的价格。其互换交易如图 6-6 所示。

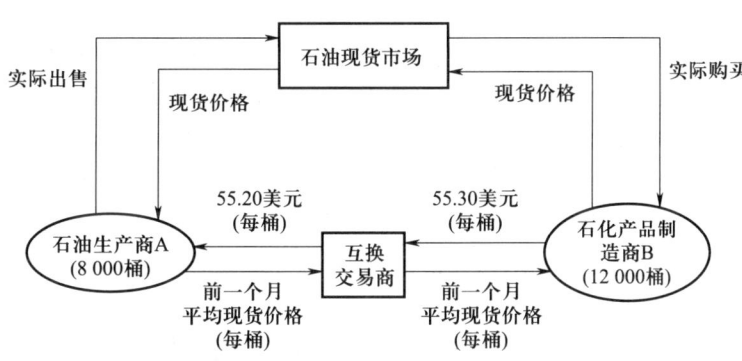

图 6-6 商品互换交易

图 6-6 的上方是现货交易情况,下方是互换交易情况。在这笔交易中,如果 A 与 B 直接互换,由于双方的名义商品数量不一致可能导致互换失败。但引入了互换交易商后,互换就变得可行了,这是因为交易商可以和第三方以固定价格支付 4 000 桶进行互换,来抵消因为名义商品数量不匹配的风险。在找到合适的互换对手前,互换交易商可以利用期货对商品价格作套期保值。

第二节 互换交易商的作用

在互换市场上,互换交易商或经纪人起到非常重要的作用。作为互换交易商,他们随时准备以互换对手的身份参加互换业务,他们起到固定价格支付或固定价格接受的作用,他们的利润来自于买进或卖出固定价格的差异。

互换交易商在互换市场上与最终用户直接参与互换是不一样的。交易商不必要求与对手一一匹配(如实例分析6-6),他不是与单一对手进行互换交易,他要不时与多方进行互换使之平衡,要不就将其多余部分进行套期保值,总之,他使其自己互换业务账面上所承担的风险都能很好地实现对冲。

互换交易商是如何实现上述平衡的?下面通过美国市场来说明。

实例分析6-7:一家企业希望将其价值2 500万美元的固定利率对浮动利率的5年期利率互换。企业希望支付浮动利率收取固定利率,于是该企业通过互换交易商完成了这样一笔互换交易,那么互换交易商在这笔交易中是如何帮助企业完成互换的?

解析:美国国债市场在平衡互换交易商的风险中起到非常重要的作用。根据客户的愿望,互换交易商同意为这2 500万美元支付年利率9.26%来换取客户支付的6个月期LIBOR利率,而互换交易商则马上出售2 500万美元(面值)的短期国库券,并利用出售所得购买2 500万美元(面值)的5年期中期国债,通过这样交易,互换交易商实现了对冲。如图6-7所示。

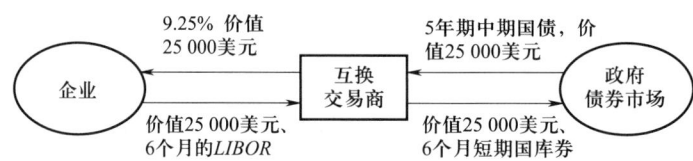

图6-7　互换交易商在国债市场上抵补作用

在实践中,互换交易商一般使用短期国债期货进行套期保值。图6-7显示了一种基差风险,这是因为互换交易商收到6个月的LIBOR,而支付的是短期国库券利率,而二者的利率变化并不呈完全正相关。

当互换交易商确定了一个相匹配的互换时,或者至少对第一个互换部分的名义本金相匹配时,互换交易商将减少国库券(或国债期货)市场中的对冲比例。他通过不断地在现货或期货市场上调整头寸来有效地运用互换,而不必过分地关心单个互换问题。

第三节　零息票互换定价法

通过交易商利用国债市场对冲的做法,有助于解释交易商是如何对互换定价的。通常的做法是采用具有同等平均寿命期的国库券的利率加一定幅差或基点来定价。

在财务风险管理中,对金融产品的定价问题是财务经理需要关注的一个主要问题。在国债收益率基础上加恰当幅差来定价是互换市场上最早出现的一种方法,直至今天这种做法仍然存在,主要是因为定价体系相当便利。但是,随着互换市场的发展,银行开始提供日益复杂的各种非标准互换,这些互换产品的定价是通过寻找与之相似的普通互换——对照互换,然后再计算在这一基础上所须进行调整的价格。

一、零息票定价原理

零息票一词来源于债券市场,指的是一种没有息票的债券,通常以低于面值发行,到期按面值偿还,在持有期间不再支付利息,这种债券似乎缺乏投资吸引力,因为在买入债券和收到报酬之间可能有很长一段时间,而附息债券却每6个月或1年能够定期支付利息。但是,恰恰是这些到期前定期收到的利息可能会带来麻烦,投资者不仅需要对所有收到的利息进行再投资,而且每次再投资时的市场利率都会对总的投资收益产生影响。收益度量的是到期收益率,是以所有的利息均能以相同的利率再投资为假设前提的。如果市场利率发生变化,到期收益率也会变化。例如,一种5年期、息票率为10%、半年付息一次的债券以平价出售,即收益率为10%。但是,在购买后市场利率下降至8%,那么债券价格就会上涨,收益率将降至9.67%,如果该债券期限为30年,则收益率将降至8.73%。然而,零息债券则避免了这些问题,由于没有息票,也就不需要再投资,所以不存在会受到债券到期前利息变动影响的现金流量。如果以某一到期收益率买入一种零息债券,并且持有至到期,不论在这期间利率发生了何种变化,实际的收益率将与初始到期收益率完全一致。

二、零息票定价的假设

零息票互换定价原理以下列重要假设为基础:
(1) 每种主要货币均存在一系列零息票利率;
(2) 这些零息票利率可用于对任何未来现金流量进行估值;
(3) 一切互换,无论多么复杂,都只不过是一系列的现金流量;
(4) 对互换进行估值和定价,使用零息票利率计算每笔现金流量的现值,再将其求和。

三、零息票互换的具体定价方法

零息票互换的具体定价法主要包括以贴现因子为中心的远期利率、债券息票率/互换利率以及零息票利率的定价方法。

(一) 贴现因子

在零息票互换定价法中,根据市场利率推算一系列贴现因子是非常重要的。所谓贴现因子,就是在公司财务管理或公司理财中根据货币市场或资本市场计算利息不同的未来现金流量现值的折现因子,该因子是一个介于0到1之间的数。用一般式表示如下:

$$P = F \times V_K \tag{6.1}$$

式中,P表示未来现金流的现值,F表示发生于时点K的未来现金流量,V_K表示发生于时点K的现金流量的贴现因子。

根据期限不同,计算利息的方式有所不同。因此,对于小于或等于1年的期限,采用单利法,因此贴现因子表示如下:

$$V_K = \frac{1}{1 + Z_K t_K} \tag{6.2}$$

而对于1年以上期限,则采用复利法,贴现因子如公式(6.3)所示。

$$V_K = \frac{1}{(1+Z_K)^{t_K}} = (1+Z_K)^{-t_K} \tag{6.3}$$

以上二式中,Z_K表示K期间的零息票利率(到期收益率),t_K表示以年为单位的起息日至时点K的时间。我们可以根据这两个公式求出不同期限的到期收益率或贴现因子。如表6-8所示。

表 6-8 根据零息票利率计算的贴现因子

期限	零息票利率(到期收益率)	贴现因子
3 个月	3.50%	0.991 326
6 个月	3.75%	0.981 595
9 个月	4.00%	0.970 874
1 年	4.25%	0.959 233
2 年	4.50%	0.915 730
3 年	4.75%	0.870 037
4 年	5.00%	0.822 702
5 年	5.25%	0.774 265

(二) 贴现函数

由于现金流量可能发生在未来任何时候,因此,零息票互换定价需要计算未来每个可能日期的贴现因子,这些贴现因子的全部集合称为贴现函数。

将公式(6.2)和(6.3)用泰勒公式展开,可以看出其展开结果与 e^{-zt_K} 的展开结果类似,因此,我们可以判断贴现函数是一个指数函数,利率水平越高,曲线下降越快。所以已知贴现函数上的任意两点 V_1 和 V_2,可以通过指数内插法求出中间的贴现因子 V_K,即

$$V_K = V_1^{\left[\frac{t_K}{t_1}\left(\frac{t_2-t_K}{t_2-t_1}\right)\right]} V_2^{\left[\frac{t_K}{t_2}\left(\frac{t_K-t_1}{t_2-t_1}\right)\right]} \quad (6.4)^{①}$$

其中,V_1 表示时点 1 的贴现因子,V_2 表示时点 2 的贴现因子,V_K 表示在 1 与 2 之间时点 K 的贴现因子,t_1 为起息日至时点 1 的时间,t_2 为起息日至时点 2 的时间,t_K 为起息日至时点 K 的时间。所有时间均以相同的单位表示,或以实际天数,或以年数表示。

实例分析 6-8:假设起息日是 2015 年 4 月 21 日星期四,3 个月期限的到期日是 7 月 21 日星期四(91 天),6 个月期限的到期日为 10 月 21 日星期五(183 天)。如果 3 个月的利率为 3.5%,6 个月的利率为 3.75%,所有日期以天数计算,全年 360 天。请计算 4 个月期的零息票利率。

解析:通常我们能够在市场获得当月期、3 个月期、6 个月期、9 个月期以及 12 个月期的贴现因子或利率,但是 4 个月期的利率不容易获得,可是我们可以通过公式(6.4)计算出贴现因子,这样就可以将其利率算出。因此,计算贴现因子是关键。时间示意如图 6-8 所示。

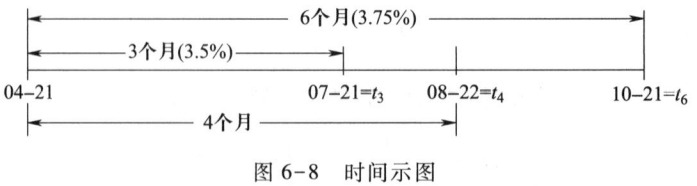

图 6-8 时间示图

---

① 该公式的推导过程见本章附录。

因为4个月期应该是8月21日,而该日正好是周日,所以延迟至8月22日,共123天。由表6-8知3个月期和6个月期的贴现因子分别是0.991 326和0.981 595,并将相关天数带入公式(6.4)可得:

$$V_4 = 0.991\,326^{\left[\frac{123}{91}\left(\frac{183-123}{183-91}\right)\right]} \times 0.981\,595^{\left[\frac{123}{183}\left(\frac{123-91}{183-91}\right)\right]}$$
$$= 0.991\,326^{0.888\,677} \times 0.981\,595^{0.233\,785} = 0.987\,988$$

求出了4个月期的贴现因子,就可以计算出4个月期的零息票利率,即

$$Z_4 = \left(\frac{1}{0.987\,988} - 1\right) \times \frac{360}{123} = 0.035\,585 = 3.56\%$$

这一数据与按线性内插法计算出的数据稍有差异,但非常接近。如果收益率曲线不是很光滑,或者期限很长,那么结果会出现更大的差异。

如果使用插值法计算的相应日期在已知最早贴现因子之前,或在已知最晚贴现因子之后,即不在某两个贴现因子之间时,则必须使用公式(6.4)的变形公式(6.5),即

$$V_K = V_n^{\left[\frac{t_K}{t_n}\right]} \tag{6.5}$$

其中,t_n表示起息日至时点n的时间,t_K表示起息日至时点K的时间,K可能在时点n之前或之后。V_n表示已知t_n的贴现因子,V_K表示要计算的在t_n之前或之后的时点K的贴现因子。

通过公式(6.2)、(6.3)、(6.4)和(6.5),我们就可以计算出一系列包括所有一切未来日期的完整的贴现函数,从而可以计算出所需要的一切零息票利率。

(三) 零息票利率、附息债券息票率、互换利率及远期利率的关系

1. 零息票利率、平价附息债券息票率以及互换利率之间的关系

要理解如何确定普通互换利率,首先需要了解平价附息债券的息票率的确定。平价附息债券是指按面值进行交易的债券,这种债券的到期收益率与息票率相同。

设到期收益率和息票率为i,假设购买面值为100元的、五年期的平价附息债券,相应的现金流量如图6-9所示。

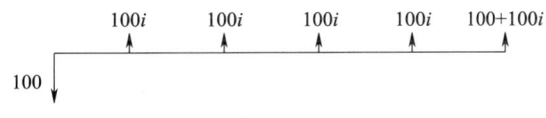

图6-9 平价附息债券的现金流量

如果购买平价附息债券的资金是从伦敦同业拆放利率借来,那么融资产生的现金流量如图6-10所示。

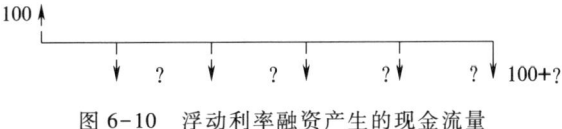

图6-10 浮动利率融资产生的现金流量

将上述两种现金流量情况结合起来,如图6-11所示。

从图6-11中可知,来自本金的现金流量相互抵消,剩下的只是平价附息债券的固定利息支付以及伦敦同业拆放利率融资的浮动利息支付。这一图形正好反映了利率互换的现金

流量。由此我们可得到一个重要的结论：普通利率互换中的固定利率与平价附息债券的收益率或息票率一致。

这意味着确定普通利率互换中恰当的固定利率就等同于确定了平价附息债券的恰当的息票率。因此，我们的问题就转化为，为了给互换利率定价，如何利用贴现因子给平价附息债券的息票率定价。

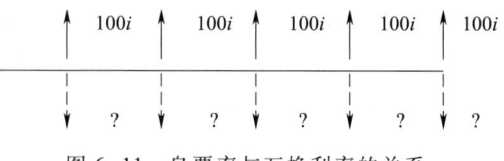

图 6-11 息票率与互换利率的关系

如果已知债券每个付息日的贴现因子，每年付息 m 次，则计算债券的现值公式为：

$$P = \frac{100 i_K}{m} V_1 + \frac{100 i_K}{m} V_2 + \cdots + \frac{100 i_K}{m} V_K + 100 V_K$$

$$= \sum_{t=1}^{K} \frac{100 \frac{i_K}{m}}{\left(1+\frac{i_K}{m}\right)^t} + \frac{100}{\left(1+\frac{i_K}{m}\right)^K} \tag{6.6}$$

其中，K 表示总的期数，$V_1, V_2, \cdots, V_K$ 为第一个、第二个……、第 K 个付息日的贴现因子，m 为一年付息次数，i_K 表示平价附息债券的息票率（以小数表示），P 表示债券现值。

对于平价债券，$P=100$，将其带入公式（6.6），得：

$$100 = \frac{100 i_K}{m} V_1 + \frac{100 i_K}{m} V_2 + \cdots + \frac{100 i_K}{m} V_K + 100 V_K \tag{*}$$

$$i_K = \frac{1-V_K}{\frac{V_1+V_2+\cdots+V_K}{m}} = \frac{1-V_K}{\sum_{j=1}^{K} \frac{V_j}{m}} \tag{6.7}$$

公式（6.7）很重要，它可以用来确定平价附息债券的息票率，从而确定一个具有 K 期的互换交易的互换利率 i_K。

实例分析 6-9：运用表 6-8 中的贴现因子，计算 3 年期的互换年利率。

解析：因为互换利率与息票率相同，因此，从表 6-8 中获得相关数据，并带入公式（6.7）中，可得 3 年期互换年利率：

$$i_3 = \frac{1-0.870\,037}{0.959\,233+0.915\,73+0.870\,037} = 4.734\,5\%$$

这样计算出的 3 年期互换利率比 4.75% 的 3 年期零息票率仅略低一点。

通过对公式（*）的整理，我们可以在已知第 K 期互换利率和前 $K-1$ 个贴现因子的情况下确定第 K 个贴现因子。

$$V_K = \frac{1 - i_K \sum_{j=1}^{K-1} \frac{V_j}{m}}{1+\frac{i_K}{m}} \tag{6.8}$$

注意，这是一个"连环推导"公式，即知道 $K-1$ 个贴现因子和第 K 期互换利率，就可求出第 K 期的贴现因子，依此类推。

另外从公式（6.3）中，可以在已知贴现因子的条件下求得零息利率，如公式（6.9）所示。

$$Z_K = t_K \sqrt{\dfrac{1}{V_K} - 1} \qquad (6.9)$$

这样,公式(6.7)、(6.8)、(6.9)和公式(6.3)提供了从贴现因子计算互换利率,从互换利率计算贴现因子,从贴现因子计算零息票利率以及从零息票利率计算贴现因子的方法。这些公式在互换利率和零息票利率之间以及贴现因子之间建立起了一种数字联系。

2. 贴现因子与远期利率的关系

假设 $t_K = 1/m$,即一年中有 m 个长度相同的阶段的 t_K,则第一期末的贴现因子为:

$$V_1 = \dfrac{1}{1+\dfrac{Z_1}{m}} \qquad (6.10)$$

如果用远期利率代替零息票利率,则可求出远期利率,如图6-12所示。

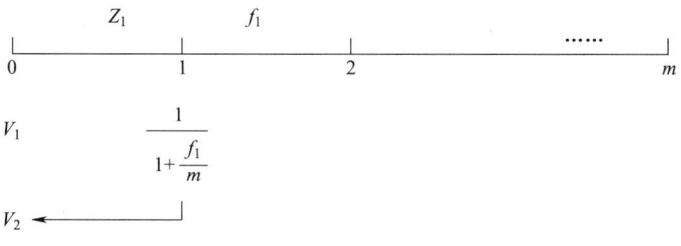

图6-12 远期利率与贴现因子的关系

图6-12表明,要计算 V_2,则先用 f_1 远期利率贴现到时点1,然后再用 Z_1 贴现至0点,如公式(6.11)所示。

$$V_2 = \dfrac{\dfrac{1}{\left(1+\dfrac{f_1}{m}\right)}}{\left(1+\dfrac{Z_1}{m}\right)} = \dfrac{1}{\left(1+\dfrac{f_1}{m}\right)\left(1+\dfrac{Z_1}{m}\right)} = \dfrac{1}{\left(1+\dfrac{Z_1}{m}\right)} \times \dfrac{1}{\left(1+\dfrac{f_1}{m}\right)}$$

$$= \dfrac{V_1}{\left(1+\dfrac{f_1}{m}\right)} \qquad (6.11)$$

式中,f_1 为第一个远期利率。

将此公式推广,就可以根据前一个贴现因子和远期利率求出任一时点的贴现因子。如公式(6.12)所示。

$$V_{K+1} = \dfrac{V_K}{1+\dfrac{f_K}{m}} \qquad (6.12)$$

式中,f_K 为时期 K 至 $K+1$ 的远期利率。

若已知公式(6.12)两边的贴现因子,可得远期利率公式为:

$$f_K = \left(\dfrac{V_K}{V_{K+1}} - 1\right) \times m \qquad (6.13)$$

实例分析6-10:已知6个月的贴现因子,1年的贴现因子,求 6×12 的远期利率。

解析：由表 6-8 得 $V_{6m}=0.981\,595$，$V_{12m}=0.959\,233$，一年分两期，所以 $m=2$，将相关数据带入公式（6.13）中得：

$$f_{6\times12}=\left(\frac{V_{6m}}{V_{12m}}-1\right)\times2=\left(\frac{0.981\,595}{0.959\,233}-1\right)\times2=4.66\%$$

若要求初始点 K 的贴现因子，可根据 K 之前的远期利率将公式（6.12）整理得：

$$V_K=\frac{1}{\left(1+\frac{f_{K-1}}{m}\right)}\times\frac{1}{\left(1+\frac{f_{K-2}}{m}\right)}\times\cdots\times\frac{1}{\left(1+\frac{f_0}{m}\right)}=\prod_{j=0}^{K-1}\left[\frac{1}{1+\frac{f_j}{m}}\right] \quad(6.14)$$

以上推导的公式使得我们可以简便地在贴现因子、互换利率、零息票利率和远期利率之间进行转换，其核心都是围绕着贴现因子进行，如图 6-13 所示：

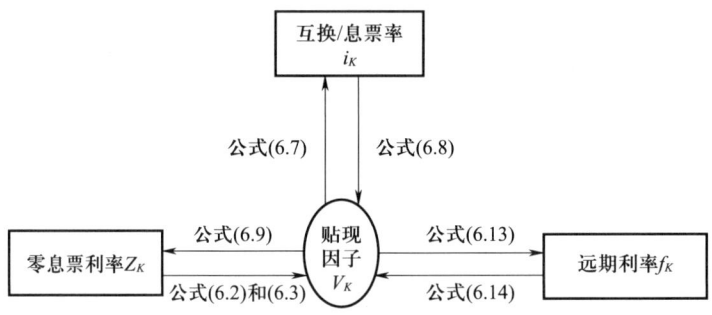

图 6-13　各种利率与贴现因子的关系

图 6-13 中，贴现因子置于图中心，这表明贴现因子的重要性。因为贴现因子是零息票定价法的基础，贴现因子可以从许多不同的市场利率求得，一旦求出了贴现因子，就可以求出其他三种利率，或对其他各种金融产品的定价。

例如，欧元 2016 年在中国市场上的相关利率水平如表 6-9 所示。

表 6-9　欧元 2016 年在中国市场上的利率水平

期限	1月	3月	6月	1年	2年
利率（%）	0.030 0	0.050 0	0.150 0	0.200 0	0.250 0
贴现因子	0.999 98	0.999 88	0.999 25	0.998 00	0.995 02

我们就可以根据公式（6.2）和（6.3）求得对应的贴现因子，如表 6-9 中第三行。或者已知 1 年期的贴现因子和 2 年期利率，可用公式（6.8）计算 2 年期的贴现因子：

$$V_{2y}=\frac{1-i_2\sum_{j=1}^{2-1}\frac{V_j}{m}}{1+\frac{i_2}{m}}=\frac{1-i_2\times V_{1y}}{1+i_2}$$

$$=\frac{1-0.250\,0\%\times0.998\,00}{1+0.250\,0\%}=0.995\,02$$

在实际业务中，可以从多种渠道获得市场利率，通常在国际市场上，通过欧洲货币市场上获得 1 年期以下的利率，远期利率协议获得 2 年以下的利率，互换市场上获得 2 年至 10

年的利率,而在债券市场上,可获得 2 年至 30 年的利率。将这些信息结合起来,可构筑覆盖各种期限的贴现函数。如果相对某一种期限由几种不同的利率,则可对其进行加权平均,并且通常给予利差最小、流动性最大的市场利率以最大的权重。由于金融衍生产品市场具有交易量大和流动性强的特点,远期利率协议利率、期货价格和互换利率通常比货币市场利率以及债券收益率更常用。

一旦求出了贴现因子,即可计算任意一种零息票利率、远期利率或互换利率。

实例分析 6-11:根据表 6-8 计算 2 年期、半年付息一次的互换利率,以及 1×2 年的远期利率。

解析:由表 6-8 可知 6 个月期、1 年期和 2 年期的贴现因子,但是不知 1.5 年期的贴现因子,因此,我们可运用公式(6.4)求得。即

$$V_{1.5} = V_1^{\left[\frac{t_K}{t_1}\left(\frac{t_2-t_K}{t_2-t_1}\right)\right]} V_2^{\left[\frac{t_K}{t_2}\left(\frac{t_K-t_1}{t_2-t_1}\right)\right]} = 0.959\,232\,614^{\frac{1.5}{1}\left[\frac{2-1.5}{2-1}\right]} \times 0.915\,729\,951^{\frac{1.5}{2}\left[\frac{1.5-1}{2-1}\right]}$$

$$= 0.959\,232\,614^{1.5 \times 0.5} \times 0.915\,729\,951^{\frac{1.5 \times 0.5}{2}} = 0.937\,790\,296$$

两年期、每半年付息一次的互换利率运用公式(6.7)计算得:

$$i_K = \frac{1-V_K}{\dfrac{V_1+V_2+\cdots+V_K}{m}} = \frac{1-V_{2y}}{\dfrac{V_{6m}+V_{1y}+V_{1.5y}+V_{2y}}{2}}$$

$$= \frac{1-0.915\,729\,951}{\dfrac{0.981\,595\,092+0.959\,232\,614+0.937\,790\,296+0.915\,729\,951}{2}} = 1.11\%$$

如果要求 1×2 年的远期利率,则可通过公式(6.13)求得,即

$$f_{1y \times 2y} = \left(\frac{V_{1y}}{V_{2y}} - 1\right) \times 1 = \left(\frac{0.959\,232\,614}{0.915\,729\,951} - 1\right) = 4.75\%$$

图 6-13 形象地说明了零息票利率、互换利率以及远期利率之间的关系。如果再进一步利用数学方法加以研究,即可得出另外两个公式,有助于我们更好地理解这些利率之间的关系。

$$i_K = \frac{\sum_{j=1}^{K} \dfrac{f_{j-1} V_j}{m}}{\sum_{j=1}^{K} \dfrac{V_j}{m}} \qquad (6.15)$$

$$1 + Z_K = \sqrt[t_K]{\prod_{j=0}^{K-1}\left(1 + \frac{f_j}{m}\right)} \qquad (6.16)$$

从公式(6.15)可知,互换利率 i_K 是各远期利率 f_j 的加权算术平均数。

这一结论容易理解,这是因为利率互换与远期利率协议之间具有类似性。买入远期利率协议,就会产生相应的结算金流量,用以补偿事先商定的固定利率与到期时的市场利率之间的差额。如果市场利率高于事先确定的固定利率,远期利率协议的买方成为结算金的收入方;如果市场利率低于事先确定的固定利率,则远期利率协议的买方成为结算金的支付方。这一特点与互换交易中的固定利率支付方完全类似。如果互换期内浮动利率高于固定利率,固定利率的支付方收取净利差;如果浮动利率低于固定利率,则固定利率的支付方支

付净利差。

所以,买入一系列远期利率协议为未来多个时期进行保值与为同样时期进行互换交易来保值实际的效果是一样的。但是互换与远期利率协议也有以下两个区别:

第一,不同时期的 FRA 一般应该确定不同的协议利率,每一期的协议利率与对应时期的远期利率一致。而利率互换通常按不变的固定利率执行。

第二,在 FRA 条件下,结算金要进行贴现并在合约期开始时支付。而在利率互换条件下,净利差是不用贴现的,而且往往是在每一期互换的期末进行支付。

如果要用一种利率来取代上述不同时期的一组远期利率协议的利率,那最好用互换利率,因此对这一组远期利率取平均数较为恰当。公式(6.15)中采用的是加权平均数方法,权重是这一组各个时期的贴现因子。

另外,公式(6.16)的含义是:

$$零息票利率+1=(远期利率+1)的几何平均数$$

这表明每一个远期利率都与相应期间开始时的贴现因子和该期间结束时的贴现因子之间建立起一种联系,因此,要求出多个期间之后的贴现因子,就应将此前各个贴现因子相乘,按照定义,这样做的结果必然与使用整个期间的单一零息票利率所得结果相同。

因此,通过公式(6.15)和(6.16)可知,互换利率和零息票利率都是远期利率的平均数,只不过前者是加权算术平均数,后者是(1+远期利率)的几何平均数。

虽然同样一组数值的几何平均数总是小于(最多等于)其算术平均数,但是,几何平均数并不一定总是小于或等于加权算术平均数。可以从数字上证明互换利率与零息票利率的差异取决于收益率曲线的形状。如果收益率曲线是正斜率,则零息票利率要略高于互换利率;若收益率曲线是负斜率,则零息票利率要略低于互换利率。如图 6-14 所示。

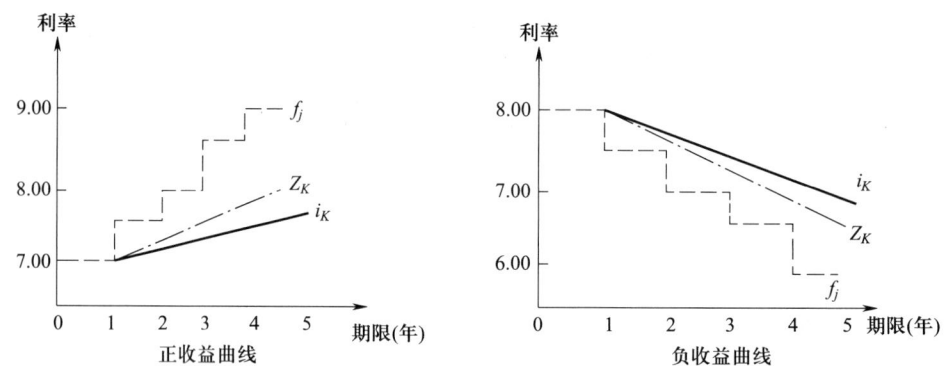

图 6-14 远期利率、零息票利率以及互换利率关系

图 6-14 表明了两种收益曲线,三种利率的变化状况。在以上两种情况下,互换利率和零息票利率均为远期利率的平均数。在正收益曲线情况下,互换利率和零息票利率比远期利率上升得要慢,或者说,远期利率比互换和零息票利率上升得要越来越快,这就是贴现因子的加权作用。

当收益曲线为负斜率时,此时所有利率都下跌,但远期利率要比互换利率或零息票利率下跌得更快,而且零息票利率要略低于互换利率,这一点恰好与收益率曲线正斜率相反。

本章小结

1. 互换是指互换双方达成协议并在一定的期限内转换彼此货币种类、利率基础以及其他资产的一种交易产品。

2. 利率互换是双方达成的一项协议,即在一特定偿还期内按双方约定的名义金额交换利息支付。其中,"名义金额"是指互换交易中理论上的本金。因而,名义本金只是据以计算利息的参考金额,本金从不实际转手。通过利率互换可以降低融资成本。

3. 货币互换就是将以一种标价货币的债务偿还责任转换成用另一种双方同意的标价货币的债务本金的偿还责任。通过互换未来现金流量义务,各方都能将以某一种标价货币的现金流量转变为以自己更需要的标价货币的现金流量。通过货币互换,主要是规避汇率风险。

4. 利率/货币互换是指一家公司通过固定利率筹集一种货币换取另一家公司用浮动利率筹集的另一种货币,双方在互换中既可以规避汇率风险,又可以节约自身的筹资成本。

5. 商品互换是交易一方对给定的商品量按单位固定价格周期性地支付给互换对手,而互换对手方则对给定的商品数量按单位浮动价格(通常是按周期所观察的即期价格的平均价格)支付给交易对方。总的原则是:由于所有交易实际发生在现货市场上,因而并不发生名义本金的交换。

6. 零息票定价使得我们可以简便地在贴现因子、互换利率、零息票利率和远期利率之间进行转换,其核心都是围绕着贴现因子进行,贴现因子是关键,因此贴现因子是零息票定价法的基础。

重要概念

利率互换　　货币互换　　利率/货币互换　　商品互换　　贴现因子　　贴现函数

思考题

1. 互换的基本类型有哪些?
2. 在互换定价中,如何理解财务风险管理中分解和组合?
3. 互换交易商在互换中的作用是什么?
4. 举例说明如何运用零息票对互换交易进行定价。
5. 为什么在零息票定价中贴现因子处于核心地位?

即测即评

请扫描右侧二维码,进行即测即评。

扩展阅读

附　　录

已知公式(6.2)和(6.3)如下:

$$V_K = \frac{1}{1+Zt} \quad \text{以及} \quad V_K = \frac{1}{(1+Z)^t} = (1+Z)^{-t}$$

将上面两个式子按泰勒展开式展开：

$$\frac{1}{1+Zt} \approx 1 - Zt + (Zt)^2 - (Zt)^3 + (Zt)^4 - \cdots$$

$$\approx 1 - \log(1+Zt) + \frac{\log(1+Zt)^2}{2!} - \frac{\log(1+Zt)^3}{3!} + \frac{\log(1+Zt)^4}{4!} - \cdots \quad (1)$$

$$\frac{1}{(1+Z)^t} \approx 1 - t\log(1+Z) + \frac{[t\log(1+Z)]^2}{2!} - \frac{[t\log(1+Z)]^3}{3!} + \frac{[t\log(1+Z)]^4}{4!} - \cdots \quad (2)$$

然后，式子(1)和(2)与 e^{-Zt} 的展开式比较：

$$e^{-Zt} \approx 1 - Zt + \frac{(Zt)^2}{2!} - \frac{(Zt)^3}{3!} + \frac{(Zt)^4}{4!} - \cdots \quad (3)$$

可知，贴现函数是一个指数函数。

令 $V_K = e^{-Zt_K}$，已知在 t_1 和 t_2 之间的一点为 t_K，根据插值法原理，就有

$$\begin{bmatrix} t_2 \\ t_K \\ t_1 \end{bmatrix} \quad \frac{t_K - t_1}{t_2 - t_1}, \quad \frac{t_2 - t_K}{t_2 - t_1}$$

$$t_K = t_K \times 1 = t_K \left[\frac{t_K - t_1}{t_2 - t_1} + \frac{t_2 - t_K}{t_2 - t_1} \right] = t_K \times \frac{t_K - t_1}{t_2 - t_1} + t_K \times \frac{t_2 - t_K}{t_2 - t_1}$$

$$= t_2 \frac{t_K}{t_2} \times \frac{t_K - t_1}{t_2 - t_1} + t_1 \frac{t_K}{t_1} \times \frac{t_2 - t_K}{t_2 - t_1}$$

因为，$V_K = e^{-Zt_K}, V_1 = e^{-Zt_1}, V_2 = e^{-Zt_2}$

所以，$V_K = e^{-Zt_K} = e^{-Zt_2 \left[\frac{t_K}{t_2} \times \frac{t_K - t_1}{t_2 - t_1} \right]} \times e^{-Zt_1 \left[\frac{t_K}{t_1} \times \frac{t_2 - t_K}{t_2 - t_1} \right]}$

$$= V_2^{\frac{t_K}{t_2} \times \frac{t_K - t_1}{t_2 - t_1}} \times V_1^{\frac{t_K}{t_1} \times \frac{t_2 - t_K}{t_2 - t_1}}$$

整理得公式(6.4) $V_K = V_1^{\left[\frac{t_K}{t_1} \left(\frac{t_2 - t_K}{t_2 - t_1} \right) \right]} V_2^{\left[\frac{t_K}{t_2} \left(\frac{t_K - t_1}{t_2 - t_1} \right) \right]}$

又因为 $V_n = e^{-Zt_n}$

所以整理得公式(6.5) $V_K = e^{-Zt_K} = e^{-Zt_n \times \frac{t_K}{t_n}} = V_n^{\frac{t_K}{t_n}}$

第七章 期货及其定价

本章学习目标

- 掌握利率期货的特点
- 区别期货市场与远期市场，期货市场与现货市场的不同
- 理解短期利率期货的报价
- 掌握短期利率期货的定价及其基差收敛过程
- 掌握利用短期利率期货进行套期保值的方法

期货合约是新型的金融衍生产品之一。金融衍生产品是一种合约，其价值是由其基础资产（例如股票、债券或货币）、参考利率（例如90天国库券利率）或指数（例如标准普尔500指数）派生而来的。常见的金融衍生产品包括互换、远期、期货和期权。第六章讨论了互换，本章主要介绍在财务风险管理中常用的利率期货合约的运用以及期货的定价。

第一节 期货概述

期货是一种历史悠久的商业交易工具，它在近代商业史上对于促进统一市场的形成起到极其重要的作用。期货合约是从商品市场上的延期交货合同演变而来的，这些延期交货合同实际上是远期合约。18世纪，日本大阪的稻米市场最早使用标准化的期货交易合约，并设立一家清算事务所帮助进行标准化的交易。这种清算事务所最早只是商品交易所内的一个簿记机构，它们的作用是确认交易，但并不对一份合约的双方进行担保。后来随着交易的发展，清算事务所开始对其成员征收保证金，从而使期货与远期交易出现了明显的区别。

一、期货的特征

期货是指缔结在未来某个确定的日子买入或卖出一项有关资产的合约，并且在有效期内每天结清市价差额的金融产品。在金融期货出现之前，期货合约买卖的资产主要有农产品、原油、铝、铜或黄金等。金融期货的产生，如外币、股票指数、利率等，使得期货交易品种更加丰富。不管是哪类期货，它们都具有一些共同的属性，是与远期不同的一种产品。期货自身有以下几个重要特征。

（一）在组织严密的交易所交易

早期期货交易集中在一个拥挤的交易大厅内进行，期货合约的买卖双方通过经纪人或交易成员把订单传入交易大厅形成市场。在这一交易市场上，场内经纪人以公开喊价的方式或用标准手势对期货的价格进行讨价还价。因此，期货价格每一分钟都在变动，它随着买卖数量的变动而不断趋向新的均衡。芝加哥期货交易所是全球规模最大、历史最悠久的期货交易所。计算机技术普及后，根据公开喊价原理设计而成了一种自动化的计算机撮合成交方式。

期货交易过程如图7-1所示。

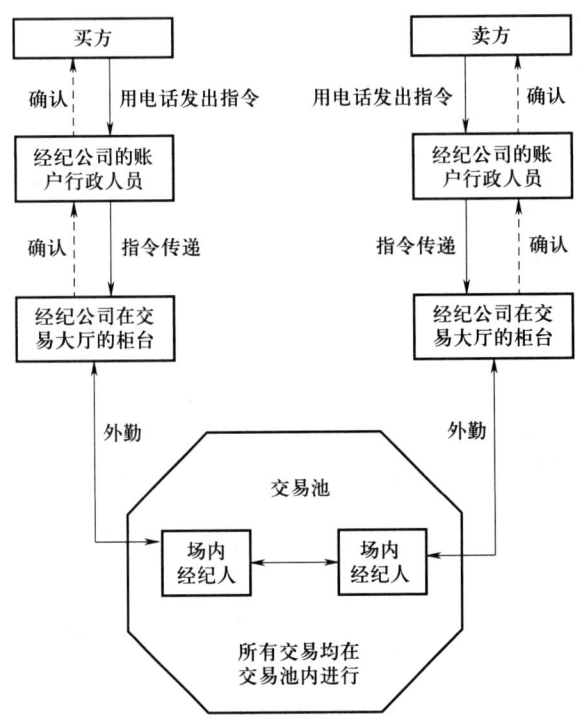

资料来源：洛伦兹·格利茨．金融工程学．唐旭，等，译．北京：经济科学出版社，1998：71．

图7-1 期货交易过程

（二）标准化合约

期货合约是标准化合约，合约规定了不同商品的品种、数量、最小变动价位、每日价格最大波动幅度限制（涨跌停板）、合约月份、最后交易日等。如货币期货合约在美国货币期货市场上，交割最多的时间为三月、六月、九月和十二月。合约于交割月份的第三个星期三的两个工作日前到期。因为合约的金额和到期日都是标准的，因此，市场所有的参与者都熟悉合约的种类，这就为顺利达成交易创造了条件。

（三）保证金和盯市原则

一旦交易予以确认，其会员（即交易各方）的资金支持的清算所就成为期货合约买卖双方的法定对方。实际上，正是交易所的会员对交易双方提供了保证，极大地消除了任何一方不履行合约的风险。期货交易的会员通过缴纳履约保证来保证合约的履行，每天按市价结算一次，并且维持一定限额的保证基金以防范任何一方不履行合约的风险。

合约规格对履约保证做出了要求。履约保证（原来称为初始履约保证）是指缔约时建立的履约保证账户应有的余额。比如对英镑期货合约来说是 1 350 美元。如果期货合约在某营业日结算时有损失,账户的金额降到维持履约保证的数额(如 1 000 美元)以下,交易所就会要求户主立即追缴履约保证,这样新增加的资金使账户回到原履约保证的水平。例如,一份英镑期货合约的账户上有初始余额 1 500 美元(履约保证 1 350 美元和多出的 150 美元),某营业日结算时亏损 600 美元,现在是 900 美元,比原来的维持履约保证数额 1 000 美元低 100 美元,则户主必须立即补交 450 美元(1 500-600+450=1 350)以满足履约保证的要求。

期货合约的收益和损失在每个交易日收盘时都要进行结算,在实践中被称为按市价结算或盯市。下面举例说明期货交易每日结算这一重要特点。一位投资者在星期二早晨做了一笔到期日为星期四下午的瑞士法郎多头期货合约,合约的价值为 125 000 瑞士法郎,协议汇价为 0.75 美元。投资者首先应在履约保证账户中存入 1 452 美元。在当天收盘时,期货价格上升到 0.755 美元。由于每日结清市价,有三件事情会发生。第一,该投资者得到 625 美元的现金收益(125 000×0.005);第二,原来价格为 0.75 美元的期货合约被取消;第三,投资者拿到一份价格为 0.755 美元的新期货合约。因此,期货合约的价值在每个交易日都要归结为零。到星期三收盘时,价格又跌至 0.743 美元。该投资者应支付 1 500 美元(125 000×0.012)的损失给交易对方,并以价格为 0.743 美元的合约代替原来的合约。到星期四收盘时,价格继续下降到 0.74 美元,并且合约到期。该投资者支付 375 美元的损失给对方并按照当前的 0.74 美元的价格买进瑞士法郎。在未支付佣金之前,投资这份合约的净损失为 1 250 美元(625-1 500-375)。详细结算过程如表 7-1 所示。

表 7-1 期货合约结算过程

时间	行动	现金流
星期二早晨	投资者买入瑞士法郎期货合约,两天后到期,价格为 0.75 美元	无
星期二收盘	期货价格升至 0.755 美元。头寸按市价结算	投资者收到: 125 000×(0.755-0.75)=625(美元)
星期三收盘	期货价格降至 0.743 美元。头寸按市价结算	投资者支付: 125 000×(0.755-0.743)=1 500(美元)
星期四收盘	期货价格降至 0.74 美元。合约按市价结算,投资者交割,买入 125 000 瑞士法郎	(1) 投资者支付: 125 000×(0.743-0.74)=375(美元) (2) 投资者支付: 125 000×0.74=92 500(美元) 此份期货合约净损失为=1 250(美元)

二、期货市场与远期和现货市场的比较

期货市场与远期市场在很多方面都不同,如表 7-2 所示。总体来讲,大公司并不认为期货为规避风险提供了非常有用的工具,原因是合约金额是固定的,以及盯市原则导致每天现金流的不确定性。但是,小企业或个人由于进入远期市场较难,反而认为期货是非常有用的工具。

表 7-2　期货市场与远期市场比较

项目	期货市场	远期市场
合约金额	标准化的合约,因此交易数量一定是标准合约金额的倍数	根据客户需要可以通过银行协商达到任何希望的数量
到期日	固定到期日,合约期限最长一般不超过1年	1年内任何时间都可以,有时也可以协商更长的时间
地点与定价	在有组织的交易所内由计算机撮合成交	可与任何地方银行通过计算机、电话或其他通信工具达成交易,银行是以买价/卖价的形式报价
担保	有保证金的要求,每日期货合约都要以现金形式结算	在交割前没有任何保证金或现金的要求,但客户要与银行有信用额度协议或其他关系
交割	很难到期交割,通常是做一个与原先头寸相反的交易进行对冲	即使做了一个相反头寸,也不能进行对冲。每笔远期交易都是一个独立的协议,到期必须进行交割
合约对方	清算所	银行或其他交易方
信用风险	清算所	交易方
佣金	一个回合交很少一笔,或通过协商确定	佣金支付通常包含在买卖差价中
杠杆	非常高	通常没有,只是由于达成协议到实际交割有一段时间,因此也可以视为具有一定的杠杆效应

期货交易与现货市场的交易区别比与远期市场的交易区别更为突出,两个市场的比较如表 7-3 所示。

表 7-3　期货市场与现货市场比较

项目	期货市场	现货市场
合约金额	标准化	所有交易内容均可协商
信用风险	清算所对交易任何一方的违约进行担保	存在交易对手的风险
交割	任何时候都可以进行反向交易,大多数合约以反向交易了结头寸,或以实物或现金支付进行清算	由交易对方决定是否冲销头寸,交割形式一般为实物交割
担保	需要满足每日保证金数额要求	对保证金没有强制性要求
盯市	每日盈亏以现金结算	逐日结算利润仅反映在账面上

值得注意的是,尽管许多金融期货合约都允许实物交割,但是以现金进行结算的新期货合约的使用越来越广泛。比较重要的合约,如较新的政府债券期货合约等,都要求只能使用现金进行结算,这使得对期货合约的管理简单化了。常见的现金交割的期货合约有利率期货合约和股票指数期货合约等,这些合约与已经在现货市场上交易的金融产品相搭配,保证了现货市场与期货市场的价格紧密地联系在一起波动。

期货合约的优势为:①流动性强;②清算高效;③具有高度的杠杆效应;④交易成本低。但是,期货合约也存在着一些局限性,主要有:①标准化合约使得合约缺乏灵活性;②保证金负担可能会使公司面临着再融资的风险。

第二节 短期利率期货

一、短期利率期货合约介绍

期货合约是在现在确定了将来发生交易的价格和条件。短期利率期货(short-term interest rate futures, STIRs)是一种标准化合约。表7-4给出了常见的短期利率期货合约。

表7-4 常见的短期利率期货合约

币种	期货交易所①	合约金额
3个月期英镑	LIFFE	500 000 英镑
3个月期欧元	LIFFE/Eurex	1 000 000 欧元
3个月期欧洲美元	CME	1 000 000 美元
3个月期欧洲日元	TFE/LIFFE	100 000 000 日元

这些短期利率期货合约最低变动价格通常是一个基点,即0.01%,因此,最小变动价值计算如下:

$$最小变动价值 = 合约金额 \times 一个基点 \times 合约时间$$

比如,三个月期的欧元合约金额为1 000 000欧元,则最小变动价值为1 000 000欧元×0.01%×3/12=25欧元,同理可以计算出欧洲美元的最小变动价值为25美元,英镑的最小变动价值为12.5英镑。

但要注意的是,欧洲日元的最小变动价格是0.005%,所以日元的最小变动价值为100 000 000日元×0.005%×3/12=1 250日元。

我们以伦敦国际金融期货交易所上市交易的三个月期英镑合约这一典型产品来说明短期利率期货合约的定义。如表7-5所示。

表7-5 伦敦国际金融期货交易所的短期英镑利率期货合约定义

交易单位	500 000 英镑
交割月份	3月、6月、9月、12月
交割日	最后交易日之后的第一个营业日
最后交易日	交割月份的第三个星期三上午11点
报价	100减去利率
最小价格波动	0.01%
最小变动价值	12.50 英镑
交易时间	08:05-16:02(交易场交易) 16:27-17:57(APT屏幕交易②)

---

① LIFFE——伦敦国际金融期货交易所,Eurex——欧洲期货交易所,CME——芝加哥商业交易所,TFE——多伦多期货交易所。

② 屏幕交易是指计算机化的交易指令匹配系统。那些想进行期货交易的投资者只需要将期货合约的数量和一定的价格通过计算机键盘敲入,计算机就会立即搜寻,看是否有卖出的指令正好与之匹配,然后将交易指令排队。伦敦国际金融期货交易所自己开发的以屏幕为基础的交易系统称为APT。通过这种系统可以延长时间以便促进市场的流动性,至于计算机屏幕将来是否能完全取代交易大厅,还有待关注。

短期利率期货合约类似远期利率协议(FRA),它们有助于锁定将来的利率并按现金结算。但是短期利率期货又不同于 FRA,因为它采取盯市原则(如前面介绍的货币期货每天要结算损益)。

二、短期利率期货报价

短期利率期货定义为一种固定利率的存款或借款。期望通过期货进行投机的人,会希望以低利率借入资金(卖出期货),而以高利率存入资金(买入期货)。但这样一种交易原则意味着"逢高买入,逢低出售",似乎与常规交易原则相反。尤其在瞬息万变的期货交易场中,由于许多交易商凭直觉操作,这种策略会使人们轻易犯错。因此,利率期货的最初设计者们将此类期货设计为按照一种指数"价格"交易,而不是以利率本身作为价格。因此,期货报价如公式(7.1)所示。

$$P = 100 - i \tag{7.1}$$

式中,P 表示指数价格,也是利率期货的报价,i 是用百分比表示的未来利率。

这种报价方式仅仅改变了当利率发生变动时期货价格变动的方向。如果利率上升,则期货价格下降;如果利率下降,则期货价格上升。通过这样的报价,只要交易商按照期货的报价而不是利率进行交易,他们就可以成功地遵循"贱买贵卖"的原则了。

例如,某日英镑利率期货合约以 91.68 的价格成交,则这一价格意味着合约的利率为 8.32%。某交易商认为利率水平会下跌,即期货合约的价格还会上涨,因此,他买入 10 份这种期货合约,并耐心等待。几天之后,利率果然下跌至 7.54%,期货价格上升到 92.46。交易商结清头寸,从每份期货合约中获得 78 个价格变动单位的利润。如果一个变动单位价值 12.5 英镑,则这笔交易共盈利 9 750 英镑(10×78×12.5)。

值得注意的是,此类短期利率期货合约的价格并不是通常意义上的价格。91.68 价格并不意味着 91.68 英镑、91.68 美元或其他任何货币计量的金额。事实上,期货的价格只不过是相应的名义存款或借款的执行利率的另一种表达方式,它是一般利率水平的一种代表。因此,期货价格更像股票指数,表明股票市场的一般价格水平,而不是任何一种股票或股票组合的真实价格。

三、短期利率期货定价与基差收敛

(一) 短期利率期货价格的确定

短期利率期货报价中用 100 减利率,因此这类利率期货定价的关键就是如何确定这一利率水平。而这一利率水平就是远期利率。

为了说明这一点,我们首先比较期货与远期利率协议的时间流程。如图 7-2 所示。

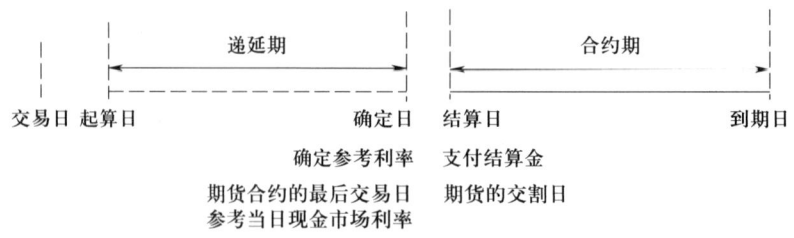

图 7-2 期货与远期利率协议的时间流程图

从图 7-2 可知,期货合约的最后交易日相当于远期利率协议的基准日,而期货合约的交割日则相当于远期利率协议的结算日。并且从 FRA 的基准日与期货合约的最后交易日看出,它们与现金市场的利率紧密相关。确定这一相关关系的是最后交易日所采用的程序,即合约的最终结算价格不是由交易场中的价格决定的,而是参考当日现金市场利率决定的。

例如,伦敦国际金融期货交易所的短期英镑利率期货交割结算价为:100-当日上午 11:00 英国银行家协会确定的三个月期英镑存款的结算利率。而在法国国际期货及期权交易所交易的巴黎同业拆放利率期货的相应结算价为:100-当日上午 9:30、上午 11:00 和上午 12:30 巴黎银行确定的同业拆放利率的平均值。

因此,用公式表示为:

$$P_{\text{EDSP}} = 100 - i_{\text{REF}} \tag{7.2}$$

式中,P_{EDSP} 表示交易所交割结算价[①],i_{REF} 表示参考市场利率。

这一定义可以确保不论期货合约在到期前价格如何变动,其最终价格将始终与现金市场的利率相吻合。三个月期资金的现金市场利率就像一块磁铁,将期货价格越拉越近。但是,在合约到期前,期货价格并不随现货市场的利率变化,而是随着期货合约期满时的预期利率——远期利率变化。

因为远期利率定价公式为:

$$i_F = \frac{i_L D_L - i_S D_S}{D_F \left(1 + i_S \times \dfrac{D_S}{B}\right)}$$

据此可求得合约到期前期货价格 P,如公式(7.3)所示。

$$P = 100 - \left[\frac{i_L D_L - i_S D_S}{D_F \left(1 + i_S \dfrac{D_S}{B}\right)}\right] \tag{7.3}$$

式中的符号含义与前相同。

为了说明期货与远期利率协议之间的关系,我们通过一实例说明。

实例分析 7-1:假定现在是 2017 年 2 月 7 日星期二,某企业为一个月后 3 个月借款的利率水平进行套期保值,采用短期利率期货方式,应该如何确定合理的期货价格?

解析:现在通过短期利率期货进行套期保值,那么合约的到期日为 3 月的第三个星期的星期三,即 3 月 15 日,其时间流程如图 7-3 所示。

假如已知 $LIBOR1$[②] $= 7.5\%$,$LIBOR2 = 7.6875\%$,$LIBOR3 = 7.75\%$,$LIBOR6 = 7.875\%$,采用线性内插法计算 i_s 和 i_l。

$$\begin{Bmatrix} 30 & 7.5\% \\ 36 & i_S \\ 60 & 7.6857\% \end{Bmatrix}$$

$$\frac{36-60}{30-60} = \frac{i_S - 7.6875\%}{7.5\% - 7.6875\%} \qquad 解得:i_S = 7.5375\%$$

[①] EDSP 的全称为:the exchange delivery settlement price。
[②] $LIBOR1$ 表示 1 个月期的 $LIBOR$,如果字母后面跟着的是 3,则表示 3 个月期的 $LIBOR$,依次类推。

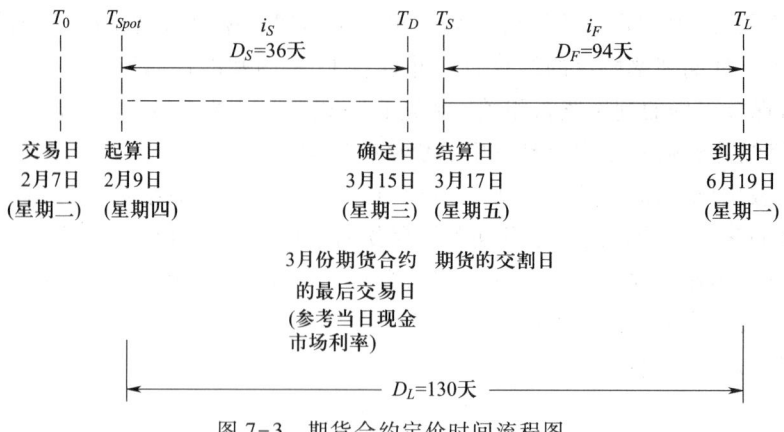

图 7-3 期货合约定价时间流程图

同理可得 130 天的利率 $i_L = 7.81\%$

将这些数据代入公式(7.3)中,可得期货在交易日的合理定价为:

$$P = 100 - \left[\frac{i_L D_L - i_S D_S}{D_F\left(1 + i_S \frac{D_S}{B}\right)}\right] = 100 - \left[\frac{7.81\% \times 130 - 7.5375\% \times 36}{94\left(1 + 7.5375\% \times \frac{36}{360}\right)}\right]$$

$$= 100 - 7.86\%$$

因此,合理的期货价格是 92.14。

一般来讲,大部分计算价与实际价的误差都在 1/16%(0.0625%)的范围内,误差产生的原因主要有:①用内插法带入市场利率时出现的误差;②计算 LIBOR 数值时近似值只取到 1/16%。

另外还要注意的是,计算期货价用的是远期利率协议的利率水平,这是因为银行大量地应用期货合约来为其远期利率协议交易进行套期保值,所以这两种金融产品之间的价格趋于一致。但是,随着期货交割日的临近,交割日的结算价用市场参考利率,而这正好是远期利率与现货市场利率之间存在的差异,从而形成了现货市场利率与期货价格相背离,这种差异就是我们常说的基差:

$$\text{利率期货基差} = \text{即期利率} - \text{期货价格} \tag{7.4}$$

例如:即期利率 = 当前的 LIBOR = 5%,期货价格 = 95.5,那么基差为:

$$5.00\% - 4.50\% = 0.50\%$$

(二) 基差与收敛

1. 基差

为了更好地理解基差,我们将在远期利率协议中使用的"填补缺口"方法运用于利率期货市场上。如图 7-4 所示。

从图 7-4(a)可以看出,远期利率上升,期货价格下降,收益率曲线呈正斜率向上倾斜状,在这种情况下,6×12 远期利率大约为 11%,远高于 9% 的即期市场利率。而图 7-4(b)则正好相反,远期利率下降,期货价格上升,收益率曲线呈向下倾斜状,6×12 远期利率大约为 9%,远低于即期市场利率。由此我们可得出一条普遍的规律:

远期利率高于即期利率时,收益率曲线为正斜率;

远期利率低于即期利率时,收益率曲线为负斜率。

如果我们用价格代替上述规律中的利率,就可以得到适合期货市场的一般性规律:

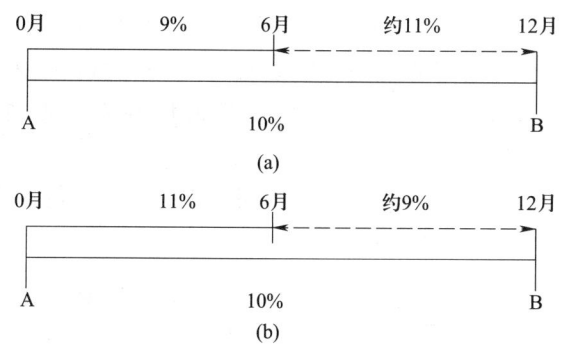

图 7-4 上升和下降的收益曲线

(a) 上升的收益曲线；(b) 下降的收益曲线

当即期价格高于期货价格时，收益率曲线为正斜率；

当即期价格低于期货价格时，收益率曲线为负斜率。

我们对公式(7.3)求偏导数，可知期货价格受短期利率变化、长期利率变化以及短期利率与长期利率同时变化的影响。其结论如下所示：

$$\frac{\partial P}{\partial i_S} \approx \frac{D_S}{D_F} \quad (7.5)$$

$$\frac{\partial P}{\partial i_L} \approx -\frac{D_L}{D_F} \quad (7.6)$$

$$\frac{\partial P}{\partial i_{all}} \approx -1 \quad (7.7)$$

公式(7.7)证实了利率与期货价格之间的负相关关系。同时，公式(7.6)说明，如果仅仅是长期利率发生变动，则该利率变动与期货价格变动也存在负相关；而公式(7.5)则说明，如果长期利率不变，那么短期利率的上升将导致期货价格的上升。这些结论正好与远期利率的结论相反。

2. 基差收敛

有些保值者认为期货为人们提供了将未来进行交易的利率水平锁定在现行利率水平上的工具，这种看法从前面的分析中可知并不完全正确。期货的使用者虽然可以锁定未来交易的利率水平，但锁定的利率是远期利率。只不过，随着某种期货合约的最后交易日的来临，现货价格与期货价格也逐渐靠拢，这一过程称为收敛或趋同。为了理解这一概念，我们以 3 个月期现金存款所跨的时期与 3 个月期货合约所涉及的时期作一比较。

以 2017 年 3 月到期的合约为例。首先，期货市场：2017 年 3 月份期货合约的交割日为 2017 年 3 月 15 日星期三，与之对应的 3 个月的远期利率协议包括的时间为：3 月 17 日开始至 6 月 19 日结束(2017 年 6 月 17 日是星期六)，这一时间是固定不变的。

比较现货市场与期货市场，如图 7-5 所示。

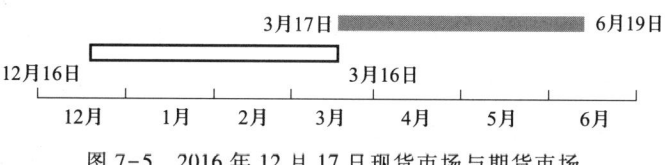

图 7-5　2016 年 12 月 17 日现货市场与期货市场

2016年12月14日交易的3个月期存款,起息日为12月16日,到期日为3月16日。显然,现货市场存款所包括的时期与期货市场基础存款(所对应的远期利率协议)时期没有重叠。由于二者涉及的时间不同,现货市场利率和期货市场利率可能完全不同。

一个月以后,即1月16日,现货市场三个月期存款的利率期包括的时间为1月16日至4月17日,如图7-6所示。

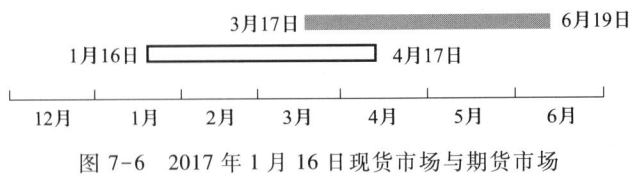

图7-6　2017年1月16日现货市场与期货市场

此时,现货市场存款期与期货市场基础存款期(远期利率协议)有31天的重合。一个月后,2月20日,此时现货市场存款期与期货市场基础存款期之间出现了两个月的重合期。在这种情况下,两个市场的利率更为接近。如图7-7所示。

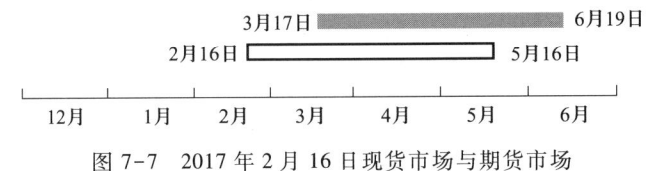

图7-7　2017年2月16日现货市场与期货市场

最后,在期货合约的最后交易日,现货市场存款期与期货市场基础存款期(远期利率协议)完全重叠,在这一天,现货价格和期货价格也应该完全相同,此时达到完全收敛。如图7-8所示。

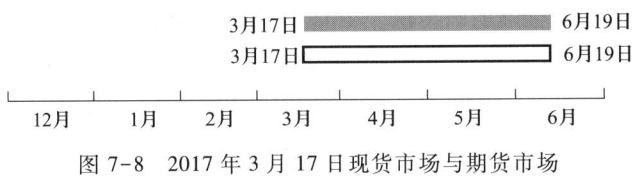

图7-8　2017年3月17日现货市场与期货市场

从图7-5至图7-8表明基差是如何随着时间的变化而逐渐缩小的,最终在合约交割日基差趋于零,出现完全的收敛。

第三节　利率期货套期保值的运用

一、期货套期保值原理

套期保值(hedging)是指买进(或卖出)与现货市场数量相当、但交易方向相反的期货合约,以期在未来某一时间通过卖出(或买进)期货合约来补偿因现货市场汇率变动所带来的实际价格风险。套期保值的目的是最大限度地减少价格波动所带来的不利后果。

套期保值的原理就是利用基差。基差的计算方法是用即期价格减去期货价格。即期价格和期货价格受相同的因素影响和制约,且两者变动方向是一致的,离交割日越近,基差越趋于零。因为,如果期货价格与即期价格出现差距,交易者就会利用两个市场买低卖高,从而缩小即期价格和期货价格的差,这种交易活动称为套利。套利活动有助于使期货合约在期满时,基差趋于零。套期保值正好利用两个市场的相关关系进行交易,从而达到规避价格风险和锁定成本的目的。

套期保值的操作可分为以下几个步骤:

第一步,交易者根据自己的需要,通过买进或卖出期货合约建立第一个期货头寸。需要考虑的是:

(1) 买入还是卖出期货合约? 买入期货合约称为多头套期保值,卖出期货合约称为空头套期保值。

(2) 需要多少份期货合约?

计算合约份数如公式(7.8)所示:

$$合约份数 = \frac{贷/存款数}{合约金额} \times \frac{贷/存款期(月)}{合约期限} \quad (7.8)$$

(3) 选择哪个到期日?

考虑基差风险,通常应该选择接近存款或借款日的期货到期日的月份。

第二步,支付初始保证金,然后等待到交易日或结算日。

第三步,交易者在期货合约到期前通过建立一个与先前所持空盘头寸相反的头寸对冲在手的空盘头寸,两个头寸的合约份数以及合约月份必须一致。

二、国债期货套期保值的运用

利率期货除了短期利率期货外,针对长期贷款的套期保值可以用国债期货进行。由于国债违约风险低,可以用于为企业融资进行套期保值。国债期货也是标准化的合约,期限可长可短。前面分析的短期利率期货的特点也适用于国债期货。根据公式(7.9),国债期货价格也会随着市场利率的变化而变化,市场利率上升,国债期货价格下降,市场利率下降,国债期货价格上升。

$$P = \sum_{t=1}^{n} \frac{I}{(1+K_d)^t} + \frac{M}{(1+K_d)^n} \quad (7.9)$$

式中,P 表示债券价格,I 表示每期支付的利息,M 表示到期偿还值,K_d 表示市场利率,n 表示总的期数。

在套期保值中,如果要对英镑的应收/应付账款进行套期保值,可采用英镑外币期货,这种套期保值就是直接套期保值。公司想发行公司债券,如果要对其利率变化用期货进行直接套期保值,那么就需要公司债券期货,但是很遗憾,没有这种公司债券期货而只有国债期货,这是因为国债的违约风险最低。因此,为了规避公司的融资风险,企业须采用国债期货进行套期保值,这就是交叉套期保值。由于国债利率变化与公司债券利率变化是不同的,所以我们在建立套期保值头寸部位时需要做一些调整,这涉及以下基本概念。

(一) 套头比

套头比是指对一个单位的现货头寸进行套期保值所需要的保值工具的单位数量。比如,用2个单位的5年期国债期货可以抵补1个单位的公司债券所带来的风险,那么套头比是2∶1。

(二) 一个基点的美元值(DV01[①])

一个基点的美元值是与久期有着密切联系的、度量利率敏感性的工具,它表明当收益率变动 1 个基点时,每 100 美元面值将会变动的数额。在计算时,先根据其实际收益率求得该债券的价格,再将收益率提高一个基点计算价格,然后取两个价格的差值。

例如,5 年期的债券,一年付息一次,市场利率与息票率相等,均为 8.750%,因此可得该债券的价格 $P=100$ 美元。

假如收益率上升 1 个基点,利率由 8.75% 上升至 8.76%,将相关数据代入公式(7.9)中,则该债券的价格为:

$$P = 8.75 \times \frac{1-(1+8.76\%)^{-5}}{8.76\%} + \frac{100}{(1+8.76\%)^5} = 99.960\ 86(美元)$$

根据一个基点的美元值定义可得:

$$DV01 = 100 - 99.960\ 86 = 0.039\ 14$$

同理,可求得债券期限 20 年,利率为 9.375% 的 $DV01 = 0.089\ 53$。

由此,我们可以看出,20 年期债券的收益率变化对价格的敏感程度要高于 5 年期债券,约为 2.3 倍。

一个基点的美元值也可以用于零息债券计算其基差,方法与上述过程相似。

(三) 收益率 β

收益率 β 可度量作为基准等价物的金融产品的收益每变动一个基点时,现货金融产品的收益率可能发生变化的基本点的数额。公式(7.10)表示二者的关系。

$$\Delta y_c = \beta_c \times \Delta y_h \tag{7.10}$$

其中,Δy_c 表示现货产品收益率的变化,Δy_h 表示使用套期保值产品收益率的变化,β_c 是通过将公司持有头寸的现货金融产品历史上的收益率变化值与作为基准等价物的套期保值产品相对应的收益率的历史变动值进行回归得到的回归系数。

根据套期保值的原理,二者收益率的变动经过调整后应该一致,因此,结合 $DV01$ 和收益率 β,我们可求得套期保值的头寸金额。

$$FV_h \times \Delta y_h \times DV01_h = FV_c \times \Delta y_c \times DV01_c$$

$$FV_h = FV_c \times \frac{DV01_c}{DV01_h} \times \frac{\Delta y_c}{\Delta y_h}$$

又因为

$$\frac{\Delta y_c}{\Delta y_h} = \beta_c$$

所以,为抵补现货市场头寸,套期保值产品的头寸如公式(7.11)所示。

$$FV_h = FV_c \times \frac{DV01_c}{DV01_h} \times \beta_c \tag{7.11}$$

其中,FV_h 和 FV_c 分别表示套期保值产品的面值和现货产品的面值,$DV01_h$ 和 $DV01_c$ 分别表示套期保值产品和现货产品的一个基点的美元值,β_c 表示现货产品收益率的贝塔值。

实例分析 7-2:一家工业公司的董事会正在考虑是否建设一套新的生产设施,需资金 5 000 万美元。由于公司的资信评级高,公司财务主管想采用长期债务筹集所需资金,即出

[①] DV01——dollar value of a basis point,读作"dollar value of a zero one"。

售 30 年期的抵押债券,该债券的息票率为 9.75%,按面值出售。然而,在董事会批准该计划和债券实际出售的时间之间有几个月,在此期间,公司的投资银行要进行细致的调查研究,向证监会报送有关文件等待证监会批准,以及考虑投资银行来组织承销债券。财务主管估计这段时间利率会上升 80 个基点(1 个基点 = 0.01%),利率上升将增加公司的融资成本。财务主管说服了董事会,他能够对发行债券的利率风险进行套期保值,因此,董事会批准了这个项目和融资计划。

假设 30 年期收益率为 9.75%、按面值出售的公司债券的 $DV01_c = 0.096\,585$,请问该公司财务主管如何运用国债期货进行套期保值?

解析:由于没有公司债券期货,所以财务主管采用 20 年期收益率为 8%、按面值出售的长期国债期货为公司债券进行套期保值,我们可计算出 $DV01_h = 0.098\,891$,根据历史数据可以计算出收益率 β 为 0.45。要对冲发行公司债券的利率风险,运用公式(7.11),公司套期保值的国债期货的头寸应该如下:

$$FV_h = 50\,000\,000 \times \frac{0.096\,585}{0.098\,891} \times 0.45 = 21\,975\,331.4(美元)$$

如果国债期货合约单位为 10 万美元,则所需期货合约数为:

$$N = \frac{FV_h}{FV} = \frac{21\,975\,331.4}{100\,000} = 219.753\,314 \approx 220(份)$$

假定现在是 3 月份,3 个月后为 6 月份,如何建立头寸呢?

考虑利率变化与债券价格变化是反向的,如果未来利率上升,则债券价格会下降,因此,现在的头寸就应该是空头套期保值,如图 7-9 所示。

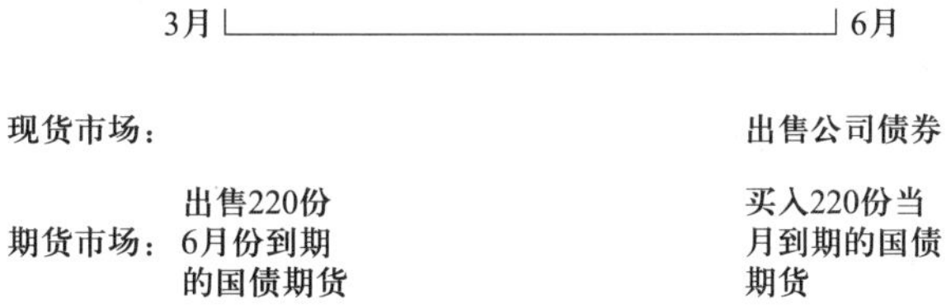

```
3月 |————————————————| 6月

现货市场:                                       出售公司债券

              出售220份                          买入220份当
期货市场:      6月份到期                         月到期的国债
              的国债期货                         期货
```

图 7-9 套期保值头寸的建立

通过这一套期保值,财务主管可规避未来的利率风险。

如果公司在 6 月份发行债券时,利率确实上升了 80 个基点,则公司债券的息票率为 9.75%+0.80% = 10.55%,半年付息一次,因此每 6 个月公司多付出利息 20 万美元(5 000× 0.80%×0.5)。这一现金流量的现值为:

$$20 \times \frac{1-(1+10.55\%/2)^{-60}}{10.55\%/2} = 361.8(万美元)$$

这意味着,当收益率增加时,公司以平价出售债券的息票利息支出也增加,对公司来说,成本增加了 361.8 万美元。

通过国债期货的套期保值后,当公司债券的收益率上升 80 个基点时,由公式(7.10)可知,国债收益率将上升的基点数为:

$$\Delta y_h = \frac{\Delta y_c}{\beta_c} = \frac{80}{0.45} = 178$$

因此,在 6 月份买入国债期货对冲时,国债价格为:

$$P = \frac{100 \times 8\%}{2} \times \frac{1-\left[1+\left(\frac{8\%+1.78\%}{2}\right)\right]^{-40}}{\frac{8\%+1.78\%}{2}} + \frac{100}{\left[1+\frac{8\%+1.78\%}{2}\right]^{40}}$$

$$= 4\frac{1-\left(1+\frac{9.78\%}{2}\right)^{-40}}{9.78\%/2} + \frac{100}{(1+9.78\%/2)^{40}} = 84.495(美元)$$

对于购入 220 份国债期货合约来讲,实际节约的金额为:

$$(100-84.495) \times 10 \times 220 = 341.1(万美元)$$

所以,公司可用 341.1 万美元抵补公司融资多付出的 361.8 万美元。

从实例分析 7-2 中可以看出,这一套期保值不能完全抵补风险,主要原因是使用了 $DV01$。对相当小的收益率变化(一次一个基点),$DV01$ 模型提供了精确和有效的对冲,而随着收益率的变化,长期国债和公司债券的 $DV01$ 都发生了变化,而变化的百分比未必完全相等,因此,当用 $DV01$ 计算的收益率水平上升或下降时,对冲的精确性就降低了。如果要想进行精确的套期保值,一般收益率每变化 5 个基点,就应该对 $DV01$ 重新计算一次,而这样工作量很大。因此,从纯实用角度看,可把没有抵补的那部分风险作为成本来考虑。

三、短期利率期货套期保值的运用

利用短期利率期货进行套期保值时,建立头寸最好从买卖债券的角度理解:存钱相当于买债券,所以套期保值为买期货;借钱相当于发行债券(出售债券),所以套期保值为卖期货。

实例分析 7-3:1 月 25 日,A 公司准备 2 个月后借 2 000 000 美元,为期 3 个月,当前利率为 5%,公司担心未来利率会上升,想使用 3 个月期的利率期货(每份合约金额:500 000 美元)进行套期保值。期货市场相关信息为:3 月份期货价格 = 94.90,6 月份期货价格 = 94.65。设 2 个月后利率上升到 7%,期货价格为 92.90,计算期货套期保值后的结果。

解析:根据前面套期保值步骤,首先,我们需要考虑:

(1) 买还是卖期货?

因为这是借款,相当于出售债券,所以是卖期货。

(2) 合约份数 = 2 000 000/500 000×3/3 = 4(份)

(3) 选择哪个到期日?

虽然我们获得了 3 月份和 6 月份的期货合约的报价,但因为离 3 月 25 日最近的是 3 月份到期的期货合约,因此,我们需要出售 4 份 3 月份到期的利率期货,价格为 94.90。

然后支付保证金。2 个月后,公司在即期市场上借款,利率为 7%,实际支付的利息为:

$$2\,000\,000 \times 3/12 \times 7\% = 35\,000(美元)$$

在期货市场上,当月的期货价格为 92.90,因此,

$$每份合约变化点数 = (94.90-92.90) \times 100 = 200$$

$$一个点数价值 = 500\,000 \times 3/12 \times 0.000\,1 = 12.5(美元)$$

$$期货利润 = 每份合约点数 \times 点数价值 \times 合约份数$$
$$= 200 \times 12.5 \times 4 = 10\,000(美元)$$

因此,该企业的净利息支出 = 35 000 - 10 000 = 25 000(美元)

通过期货套期保值后的实际融资成本为:

$$\frac{25\,000}{2\,000\,000} \times \frac{12}{3} = 5\%$$

在期货市场上,卖期货(94.90)对应利率 5.1%,买期货(92.90)对应利率 7.1%,在期货市场获利 2%,利润为:

$$2\% \times 2\,000\,000 \times 3/12 = 10\,000(美元)$$

净利息支出 = 35 000 - 10 000 = 25 000(美元)

由于期货合约是标准化合约,其到期日也是标准化的,但企业实际筹集资金时未必刚好和期货到期的时间相同,因此,我们就需要估算没到期时的期货价格,从而计算实际融资成本,这就是"锁定利率",计算公式为:

锁定利率 = 隐含利率 + 交易日当天未到期的基差

隐含利率 = 100 - 当前期货价格   (7.12)

实例分析 7-4:1 月 1 日,S 公司使用 6 月份的利率期货为 5 月 31 日、金额为 1 000 000 美元、为期 3 个月的贷款进行套期保值(假设 1 份合约 = 500 000 美元)。当前的 LIBOR = 5%,6 月份到期的期货价格为 95.48。公司可以按 LIBOR 水平借钱(假设基差变化呈线性),请计算:(1)若 5 月 31 日 LIBOR = 4%,利用期货套期保值后的财务结果是多少?(2)计算期货套期保值后可能锁定的利率。(3)根据(1)和(2)提出建议。

解析:(1) 套期保值的合约份数 = 1 000 000/500 000 × 3/3 = 2(份)

因为是借钱,离 5 月 31 日最近的期货合约是 6 月份到期的期货,所以应该是出售 2 份 6 月份到期的期货,价格为 95.48。套期保值后的财务结果如下:

借 100 万美元,为期 3 个月,5 月 31 日的利率为 4%,应支付利息 10 000 美元。在期货市场中,以 95.48 卖出,以 96.08 买入,损失 1 500 美元(0.60% × 2 × 500 000 × 3/12),总成本为 11 500 美元(10 000 + 1 500)。

买入价 96.08 的计算如下:

	1 月 1 日	5 月 31 日	6 月 30 日
LIBOR(已知)	5%	4%	
期货价格	95.48(已知)	96.08(W3)	
隐含利率	(4.52%)		
基差	0.48%	0.08%(W2)	0(W1)

W1:因为在到期日,期货价格 = 100 - (已知)LIBOR 利率。基差应该为 0。

W2:假设利率变化呈线性,因此,到 5 月 31 日基差变化为原来 0.48% 的 1/6,即 1 月 1 日至 6 月 30 日,共 6 个月,到 5 月 31 日,离最后还有 1 个月,所以是 0.48% × 1/6 = 0.08%。

W3:因为基差 = LIBOR - 隐含期货价格利率,所以,隐含期货价格利率 = LIBOR - 基差 = 4% - 0.08% = 3.92%,对应的期货价格为 96.08。

(2) 计算锁定利率。根据公式(7.12),

锁定利率 = 隐含利率 + 交易日当天的未到期基差
= (100 - 95.48) + 0.08% = 4.60%

因此,套期保值后的财务结果表明总的支付为:

$$1\,000\,000 \times 4.6\% \times 3/12 = 11\,500(美元)$$

(3) 由计算可知,(1)和(2)的计算结果相同,因此,这对于在交易日未知 LIBOR 水平时还是特别有用的。

总之,通过期货套期保值规避了利率上升带来的风险。如果随后几个月中,利率不仅可能大幅上升还可能大幅下降,由于发行规模大,公司财务主管可以采用期权来对冲发行公司债券的利率风险。

本章小结

1. 期货是指缔结在未来某个确定的日子买入或卖出一项有关资产的标准化合约,并且在有效期间每天结清市价差额的金融产品。金融期货包括外币、股票指数、利率等。

2. 短期利率期货定义为一种固定利率的存款或借款。利率期货的报价是100-未来利率,短期利率期货合约的价格并不是通常意义上的价格,只不过是相应的名义存款或借款的执行利率的另一种表达方式。

3. 基差是指即期价格与期货价格之间的差额,基差的计算方法是用即期价格减去期货价格。即期价格和期货价格受相同的因素影响和制约,且两者变动方向是一致的,随着某种期货合约的最后交易日的来临,即期价格与期货价格也逐渐靠拢,基差趋于零,这一过程称为收敛或趋同。套期保值正好利用两个市场的相关关系进行交易,从而达到规避价格风险和锁定成本的目的。

4. 对于长期贷款,我们可以运用国债期货进行套期保值。由于企业债券和国债受市场利率变化的影响不同,因此,需要计算套头比,而计算套头比时需要计算一个基点的美元值和收益率 β。

5. 一个基点的美元值表明当收益率变动 1 个基点时,每 100 美元面值的债券将会变动的数额,而收益率 β 则度量作为基准等价物的金融产品的收益每变动一个基点时,现货金融产品的收益率可能发生变化的基本点的数额。

6. 利用短期利率期货进行套期保值时,建立头寸最好从买卖债券的角度理解:存钱相当于买债券,所以套期保值为买期货;借钱相当于发行债券(出售债券),所以套期保值为卖期货。

重要概念

短期利率期货　　基差收敛　　套头比　　一个基点的美元值
收益率 β　　隐含利率　　锁定利率　　国债期货

思考题

1. 什么是短期利率期货?短期利率期货是如何报价的?
2. 举例说明如何运用短期利率期货进行利率风险管理。
3. 为什么在运用利率期货套期保值时要计算一个基点的美元值?
4. 什么时候用国债期货进行套期保值最好?

即测即评

请扫描右侧二维码,进行即测即评。

扩展阅读

第八章 期权及其定价

本章学习目标

- 掌握影响期权定价的因素
- 掌握二叉树定价法
- 理解布莱克-舒尔斯期权定价的基本思想
- 掌握期货期权、多期期权的特点和套期保值的运用

在第三章积木分析法中已经介绍了期权的基本产品,因此,本节主要介绍期权的定价模型和一些新的期权产品,这些期权产品可用于规避价格变动的不利影响,同时留下价格变动的有利影响,这些价格主要是指汇率、股票价格和利率等。本章重点介绍期权产品对利率波动风险的规避作用。

第一节 期权价格的构成和定价

一、期权价格的构成及其影响因素

企业在财务风险管理中需要考虑成本,从而权衡是否需要进行套期保值。运用期权需要付出期权费,期权费是在建立期权头寸时就应该支付的,这就形成了企业套期保值的成本。因此,了解期权定价对企业管理者是十分重要的。

(一) 期权价格的构成

在期权交易中,期权买方为了获得权利,支付给卖方一定的期权费,卖方则要承担到期市场价格与协定价格不一致时可能产生的风险。市场价格与协定价格之间的不同,会使期权买卖双方分别处于获利、亏损或不亏不盈的状况。期权费主要由两个方面组成,即它的内在价值(intrinsic value)和时间价值(time value)。

期权的内在价值是期权本身所具有的价值,即期权的协定价格和市场价格的差额。期权的协定价格一般由买方选择,这样,期权的协定价格与市场价格有三种情况:

1. 实值期权(in-the-money)

若看涨期权的协定价格低于市场价格或者看跌期权的协定价格高

于市场价格(即如果今天执行期权所带来的支付为正),则该期权具有内在价值,此时期权为实值期权。

2. 平价期权(at-the-money)

若看涨期权的协定价格与市场价格相等,该期权处于平价,则该期权的内在价值为零。

3. 虚值期权(out-of-the-money)

若看涨期权的协定价格高于市场价格,或者看跌期权的协定价格低于市场价格,则该期权处于无利可图的状况,此时定义期权的内在价值没有负数,因此其内在价值为零,称为虚值期权。

有关买方看涨期权的内在价值如图 8-1 所示。

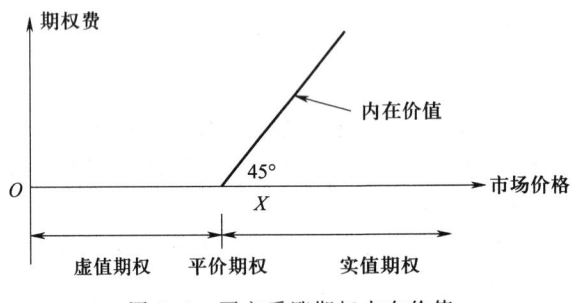

图 8-1 买方看涨期权内在价值

(二) 期权价格的决定因素

为了理解期权的定价,首先需要了解期权的报价。表 8-1 给出了 2017 年 2 月 17 日纳斯达克关于苹果公司股票期权的报价。

表 8-1 苹果公司股票期权报价

收盘价 AAPL	协定价	看涨期权最后报价				看跌期权最后报价			
		3-24	4-21	6-16	10-20	3-24	4-21	6-16	10-20
135.72	115	20.20	20.85	21.55	22.90	0.11	0.17	0.81	2.74
135.72	120	15.30	16.2	16.83	19.15	0.18	0.31	1.35	3.80
135.72	125	10.69	11.53	12.93	15.60	0.30	0.68	2.28	5.30
135.72	130	6.35	7.40	9.20	12.56	0.81	1.52	3.65	7.15

数据来源:雅虎金融。

表 8-1 给我们提供了一些有关期权估价的启示。以看涨期权为例,至少有以下因素影响看涨期权的价值:

(1) 给定的股票价格,协定价格越高,期权价格(期权费)越低;

(2) 对于给定的协定价格,期权期限越长,股票价格超过协定价格的可能性就越大,这样时间越长,期权费就越高。

除了上述股票价格、协定价格和行权时间三个因素外,看涨期权的价格也是利率水平的函数。看涨期权的买方仅在他们行使期权时才支付协定价格,因而他们在此期间可获得无风险收益(比如购买政府债券),而延迟的支付在利率高时其价值高,利率低时则价值低,因而,看涨期权的价值与无风险利率水平呈正相关。

最后,影响看涨期权价值的一个重要因素是基础资产(股票价格)的波动性。购买看涨期权的买方偏好股票价格具有较大的方差,方差越大,股票价格上升超过协定价格的概率也越大,而在价格下跌方面,期权的最小价值是零。所以,较大方差增加了看涨期权赌性的可能性,但不影响价格下跌的最大损失。我们以表 8-2 为例说明。

表 8-2 不同方差的看涨期权价值比较

股票价格波动状况	概率	低方差股票	期权价值 若 P_x = \$45	高方差股票	期权价值 若 P_x = \$45
最坏	0.2	\$40	\$0	\$20	\$0
一般	0.6	50	5	50	5
极佳	0.2	60	15	80	35

从表 8-2 中看出,在最坏的状况下,因为股票价格减去协定价格是负数,我们在前面已定义了无价期权的价值等于 0,因此,无论高方差或低方差的看涨期权的价值都等于 0。在一般状况下,二者的看涨期权价值是相等的,但是,在极佳状况下,因为高方差股票的价格远远高于协定价格,获利的机会就越多,而低方差股票价格超过协定价格的幅度要小,获利的机会就小。所以高方差的看涨期权价值要高于低方差看涨期权的价值,股票价格越不稳定,其期权的价值就越大。

到目前为止,我们已描述性地讨论了看涨期权的定价问题,即看涨期权的价值要受股票价格、协定价格、到期日、无风险利率水平和基础资产价格的波动幅度的影响。看涨期权价值随着股票价格的上升、到期时间的延长、股票方差的扩大以及无风险利率水平的提高而增加,随着协定价格的上升而下降。这些关系如公式(8.1)所示。

$$P_C = f(\overset{+}{P}_S, \overset{-}{P}_X, \overset{+}{t}, \overset{+}{\sigma^2}, \overset{+}{r_f}) \tag{8.1}$$

注:符号(+,-)指出变量对期权价值的影响,"+"表示二者呈正相关,"-"表示二者呈负相关。

二、二叉树模型

对期权或其他衍生产品的定价非常重要的工具技术是二叉树,它代表了当前衍生产品在其有效期内价格的变动路径。该模型仍然是建立在无套利均衡分析原理上的,这里仅以单步式二叉树模型为例解释无套利均衡分析原理的思路。

1. 单步式二叉树模型

假设某一股票现在的价格是 20 元,未来的价格可能是 22 元或 18 元,该股票不支付股利。若欧式看涨期权的协定价格是 21 元,则在到期日,该期权的价值(内在价值)要么是 1 元(22 元-21 元),要么是 0。① 股票和看涨期权价值变化路径如图 8-2 所示。

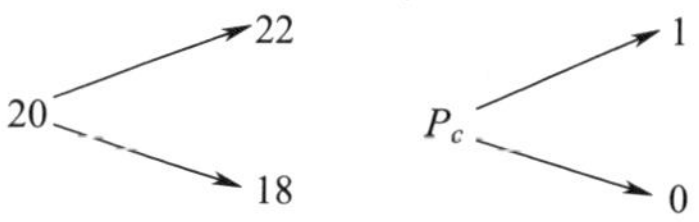

图中 P_c 表示期权价格,即期权费。

图 8-2 现货和期权价格变化路径

---

① 期权内在价值没有负数,所以只要内在价值(现货价格减协定价格)小于或等于 0,则定义为 0。

根据无套利均衡分析方法,用 Δ 份股票和价值为 L 的无风险证券来复制这一买权,由于复制和被复制的现金流是相等的,这一组合是无风险的,因此收益率等于无风险收益率。假设无风险收益率为 12%。

如果是一年期的期权,则

$$\left.\begin{array}{l} 22\Delta+(1+12\%)L=1 \\ 18\Delta+(1+12\%)L=0 \end{array}\right\} \Rightarrow 4\Delta=1 \quad \text{所以}, \Delta=1/4=0.25$$

将 Δ 代入上面任何一个式子,可得 $L=-\dfrac{18\times 0.25}{1.12}=-4.018$

所以,$P_c=20\times\Delta+L=20\times 0.25-4.018=0.982$

如果是 3 个月的期权,则

$$\left.\begin{array}{l} 22\Delta+(1+12\%\times 3/12)L=1 \\ 18\Delta+(1+12\%\times 3/12)L=0 \end{array}\right\} \Rightarrow 4\Delta=1 \quad \text{所以}, \Delta=1/4=0.25$$

将 Δ 代入上面任何一个式子,可得 $L=-\dfrac{18\times 0.25}{1.12\times 3/12}=-4.368\,9$

所以,$P_c=20\times\Delta+L=20\times 0.25-4.368\,9=0.631\,1$

如果考虑 3 个月连续复利,因为 $S=\lim\limits_{m\to\infty}P\left(1+\dfrac{r}{m}\right)^{m\times t}=Pe^{rt}$,则

$$\left.\begin{array}{l} 22\Delta+e^{rt}L=1 \\ 18\Delta+e^{rt}L=0 \end{array}\right\} \Rightarrow 4\Delta=1 \quad \text{所以}, \Delta=1/4=0.25$$

$$L=-18\times 0.25\times e^{-rt}=-18\times 0.25\times e^{-12\%\times 3/12}=-4.367$$

所以,$P_c=20\times\Delta+L=20\times 0.25-4.367=0.633$

这说明,在无套利机会的条件下,这一欧式看涨期权的价格为 0.633 元。

沿用第三章中无套利均衡分析方法中的表示法,由 Δ 份股票和一个衍生产品空头组合成一个投资组合,当股票价格上升时,在未来时刻 T,投资组合的价值为:

$$Su\Delta-f_u$$

当股票价格下跌时,在未来时刻 T,投资组合的价值为:

$$Sd\Delta-f_d$$

因为是无风险组合,最后结果是一样的,因此,

$$Su\Delta-f_u=Sd\Delta-f_d$$

所以,

$$\Delta=\frac{f_u-f_d}{Su-Sd} \tag{8.2}$$

用 r 表示无风险利率,则 T 时刻组合按连续复利贴现的现值应等于最初建立组合的成本 $S\Delta-P_c$,即

$$S\Delta-P_c=(\Delta Su-f_u)e^{-rT}$$

所以,

$$P_c=S\Delta-(Su\Delta-f_u)e^{-rT} \tag{8.3}$$

将公式(8.2)带入公式(8.3)中,整理可得:

$$P_c=e^{-rT}[pf_u+(1-p)f_d] \tag{8.4}$$

其中,

$$p=\frac{e^{rT}-d}{u-d} \tag{8.5}$$

公式(8.4)就是衍生产品单步式二叉树的定价模型。

实例分析 8-1：根据前面分析过程的数据，运用公式计算 3 个月期的欧式看涨期权的价格。

解析：根据前面的数据可得，$u=1.1, d=0.9, r=0.12, f_u=1, f_d=0$，代入公式(8.5)得：

$$p = \frac{e^{0.12 \times \frac{3}{12}} - 0.9}{1.1 - 0.9} = 0.6523$$

再将该值代入公式(8.4)得：

$$P_c = e^{-0.03}(0.6523 \times 1 + 0.3477 \times 0) = 0.633$$

这一结论与前面分析时计算出的结果一样。

2. 风险中性

在前面分析中，我们没有考虑股票价格的上升概率和股票价格下降的概率，那么是否股票价格的上升和下跌与概率无关呢？

假设，p 表示股票价格上升的概率，那么 $(1-p)$ 就是股票价格下降的概率，因此，衍生产品在 T 时刻的预期价值为：

$$pf_u + (1-p)f_d$$

预期股票价格为：

$$E(S_T) = pSu + (1-p)Sd \quad \text{或} \quad E(S_T) = pS(u-d) + Sd$$

将公式(8.5)代入上式，整理得：

$$E(S_T) = Se^{rT} \tag{8.6}$$

这说明股票价格以无风险收益率平均增长，与发生的概率无关。从而说明风险偏好对其解不产生影响。由此我们可以提出一个非常简单的假设：所有投资者都是风险中性的。

在一个所有投资者都是风险中性的世界里，所有证券的预期收益率皆为无风险利率，这是因为风险中性的投资者并不需要补偿他们所承担的风险，而且在风险中性的世界里，将其期望值用无风险利率贴现可获得任何现金流量的现值。世界是风险中性的假设在很大程度上简化了衍生证券的分析。

另外，我们应当认识到，风险中性的假设是求解布莱克-舒尔斯微分方程的人为假设，但是使用该模型获得的方程解对所有世界都有效，而不仅仅是风险中性世界。当我们从风险中性世界进入到风险厌恶世界时，会发生两件事：股票价格的期望增长率改变了，在衍生证券任何损益中所使用的贴现率改变了，而这两件事的效果总是正好相互抵消。

实例分析 8-2：仍以实例分析 8-1 为例说明在风险中性世界里期权的定价。

解析：在风险中性的世界里，股票的预期收益一定等于无风险收益率，假设无风险收益率为 12%，所以股票上涨的概率 p 一定满足

$$22p + 18(1-p) = 20e^{0.12 \times \frac{3}{12}}$$

$$4p = 20e^{0.12 \times 0.25} - 18 \qquad p = 0.6523$$

在 T 时刻，预期期权价格为

$$0.6523 \times 1 + (1 - 0.6523) \times 0 = 0.6523$$

按无风险利率贴现，得现在的期权价格 P_c 为：

$$P_c = 0.6523 \times e^{-0.12 \times 0.25} = 0.633$$

这一计算结果与前面一致，也印证了布莱克-舒尔斯期权定价模型求解时用到的股票价格过程遵从几何布朗运动的假设条件。

三、布莱克-舒尔斯期权定价模型

布莱克-舒尔斯期权定价模型是不支付股利的以股票为标的物的欧式期权。该模型的假设条件为：

(1) 股票价格运动是一种"几何布朗运动"，即股票价格像物理学中的粒子一样，处于随机运动状态；

(2) 市场对卖空行为没有任何限制；

(3) 交易成本和税率为零；

(4) 无风险利率为常数；

(5) 股票价格是连续的。

根据股票实际运动状态，股票收益和价格满足以下条件：

(1) 股票收益用价格相对数取自然对数来度量，即收益 $=\ln\left(\dfrac{S_t}{S_0}\right)$；

(2) 收益服从正态分布，即 $\ln(S_t/S_0) \sim N(\mu t, \sigma\sqrt{t})$；

(3) 价格服从对数正态分布，即 $S_t/S_0 \sim e^{N(\mu t, \sigma\sqrt{t})}$；

(4) 价格相对数的期望值大于 $e^{\mu t}$，并且满足

$$E(S_t/S_0) = e^{(\mu t + \sigma^2 t/2)} \quad \text{或} \quad E[\ln(S_t/S_0)] = \mu t$$

由于任何金融产品的公平价格是由它的期望值来确定的，期权价格没有负数，在到期日，期权的价格就是到期日产品实际价格(S_t)与协定价格(X)之差 S_t-X，或 0。因此，到期日时的看涨期权价格(P_c)表示为：

$$P_c = \text{Max}(S_t-X, 0) \tag{8.7}$$

因此，到期时，期权价格的期望值为：

$$E[P_c] = E[\text{Max}(S_t-X, 0)] \tag{8.8}$$

在到期日，若 $S_t>X$，则期权是实值期权，因此：

$$\text{Max}(S_t-X, 0) = S_t-X$$

若 $S_t<X$，则期权是虚值期权，因此：

$$\text{Max}(S_t-X, 0) = 0$$

若用 p 表示发生 $S_t>X$ 的概率，则等式(8.8)可表示为：

$$\begin{aligned} E[P_c] &= p \times [E(S_t \mid S_t>X) - X] + (1-p) \times 0 \\ &= p \times [E(S_t \mid S_t>X) - X] \end{aligned} \tag{8.9}$$

其中，$E(S_t \mid S_t>X)$ 表示在给定 $S_t>X$ 条件下，S_t 的期望值。

若要获得合约开始时的合理价格，用连续复利贴现，即

$$P_c = p \times [E(S_t \mid S_t>X) - X] e^{-rt} \tag{8.10}$$

其中，P_c 表示开始时欧式看涨期权的合理价格，r 表示连续复利的无风险利率，t 表示从购买期权到行时期权之间的时间间隔。

这样，期权定价问题转化为解决以下两个问题：

(1) 确定 p，即在期权到期时，$S_t>X$ 处于实值期权时的概率；

(2) 确定 $E(S_t \mid S_t>X)$，即处于实值期权时期权到期时资产的实际价格的期望值。

通过累积正态分布以及相应的求积分,可得:

$$p = prob[S_t > X] = N\{[\ln(S_0/X) + (r - \sigma^2/2)t]/\sigma\sqrt{t}\} \quad (8.11)$$

$$E[S_t | S_t > X] = S_0 e^{rt}[N(d_1)/N(d_2)] \quad (8.12)$$

将(8.11)和(8.12)代入(8.10),得布莱克-舒尔斯欧式看涨期权定价模型。

$$P_c = N(d_2)e^{-rt}\left[e^{rt}S_0\frac{N(d_1)}{N(d_2)} - X\right]$$

$$= S_0 N(d_1) - Xe^{-rt}N(d_2) \quad (8.13)$$

其中,$d_1 = \dfrac{\ln(S_0/X) + (r + \sigma^2/2)t}{\sigma\sqrt{t}}$,$d_2 = \dfrac{\ln(S_0/X) + (r - \sigma^2/2)t}{\sigma\sqrt{t}} = d_1 - \sigma\sqrt{t}$。

从公式(8.13)中可以看出,期权定价模型中包含了五个变量,即股票价格、协定价格、到期日、无风险利率以及关于股票价格的瞬时方差。前四个变量可以直接通过观察得到,只有瞬时方差必须估计,可通过抽样历史数据计算,但会有差异。

通过看涨期权和看跌期权的平价关系:

$$P_c + Xe^{-rt} = P_p + S_0 \quad (8.14)$$

可求得欧式看跌期权的定价公式:

$$P_p = Xe^{-rt}N(-d_2) - S_0 N(-d_1) \quad (8.15)$$

实例分析 8-3:考虑一种期权,还有 6 个月到期,股票现在价格为 42 元,期权的协定价格为 40 元,无风险利率为 10%,年波动率为 20%,计算该期权的看涨和看跌期权的价格。

解析:由题意知,$S_0 = 42, X = 40, r = 0.10, \sigma = 0.20, t = 6/12 = 0.5$
将以上数据代入公式(8.13)中,首先计算出:

$$d_1 = \frac{\ln(42/40) + (0.10 + (0.20)^2/2) \times 0.5}{0.20\sqrt{0.5}} = 0.7693$$

$$d_2 = \frac{\ln(1.05) + 0.08 \times 0.5}{0.2\sqrt{0.5}} = 0.6278$$

并且 $Xe^{-rt} = 40e^{-0.05} = 38.049$

所以,欧式看涨期权的价值[①]为:

$$P_c = 42N(0.7693) - 38.049N(0.6278)$$
$$= 42 \times 0.7792 - 38.049 \times 0.7350 = 4.76$$

欧式看跌期权的价值为:

$$P_p = 38.049N(-0.6278) - 42N(-0.7693)$$
$$= 38.049 \times 0.2650 - 42 \times 0.2208 = 0.81$$

在布莱克-舒尔斯期权定价模型基础上有了很多的变形,并讨论了股票发放股利、美式期权的定价模型。由于布莱克-舒尔斯期权定价模型的最大优点在于比较容易计算,以及可以得到合理和一致的定价,因此,在大多数情况下,人们喜欢使用布莱克-舒尔斯期权定价模型,而不用其他复杂的模型。

---

① 注意查表:$N(0.7693) = N(0.76) + 0.93[N(0.77) - N(0.76)] = 0.7764 + 0.93(0.7794 - 0.7764) = 0.7792$
$N(-0.6278) = N(-0.62) - 0.78[N(-0.62) - N(-0.63)] = 0.2676 - 0.78(0.2676 - 0.2643) = 0.2650$

第二节　期权产品及其运用

到目前为止,我们所讨论的期权都是由不同类型的期权或不同协定价格的期权组成,但到期日通常相同。期权在财务风险管理中运用较为广泛的主要原因在于该产品在规避不利风险的同时留下了有利风险。在企业融资中,期权产品也为规避利率风险提供了极大的方便。本部分主要以利率风险为例讨论除基础期权产品外的其他期权产品。

一、利率期权

利率期权实际上是标的物为利率期货的期权,其中利率期货可分为国债期货和短期利率期货。下面我们通过实例分别对不同产品进行介绍。

(一) 国债期货期权

在实例分析 7-2 中,为了规避利率风险采用国债期货进行套期保值,但这种套期保值在利率下降时不能享受融资成本下降的好处。所以,我们可以采用期权进行套期保值,这种期权的标的物是长期国债期货,即国债期货期权。

根据前面分析,每个期货合约是 10 万美元,而每个期权包含一个长期国债期货合约,这样公司财务主管需要购买 220 个期权,期权费为面值的 1.25%。因此,期权费总额为 275 000 美元,这是在建立期权部位时必须要交的。其套期保值部位建立如图 8-3 所示。

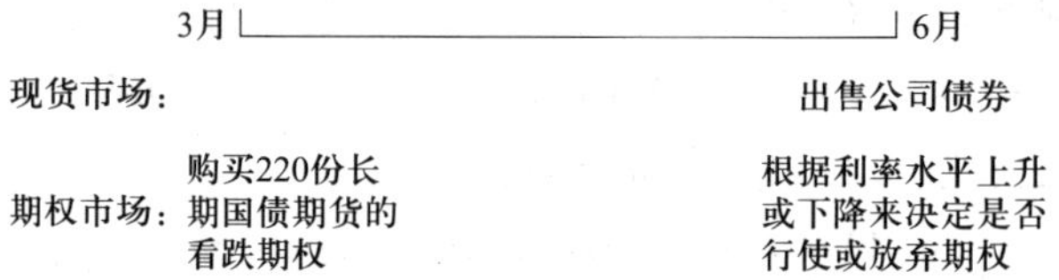

```
                3月 |————————————————| 6月
现货市场:                              出售公司债券

                购买220份长          根据利率水平上升
期权市场:       期国债货的          或下降来决定是否
                看跌期权             行使或放弃期权
```

图 8-3　期权套期保值头寸部位的建立

在到期日,如果利率上升,则国债价格下降,因此行使看跌期权,按原协定价格卖出国债期货,再在低价位买进期货对冲,获得收益抵补现货市场上由于利率上升带来的融资成本的上升。如果利率下降,则放弃期权,公司可按事先定好的 9.75% 的利率发行公司债券,或以更低的利率发行公司债券。

此外,由于利率与价格呈反向运动,所以购买的看跌期权(卖权)的损益①看起来像买入一个看涨期权,其套期保值后的情况如图 8-4 和图 8-5 所示。

注意,图 8-5 中右边有一个稍降的斜坡,这是因为 $DV01$ 变化未作调整造成的,如果定期对 $DV01$ 进行调整可以改善对冲效果。

因此,使用期权可以使公司免遭利率上升带来的损失,同时也允许公司从利率下降中获得好处。当然获得这一好处是要付出代价的,即期权费。

(二) 短期利率期货期权

作为期权,无论标的物是什么,我们总有买或卖的权利,即购买买权或购买卖权。企业规避利率波动,在期货市场和期权市场上的套期保值行为归纳如表 8-3 所示。

---

① 一般期权损益图的 X 轴用价格表示,这里是用利率表示。

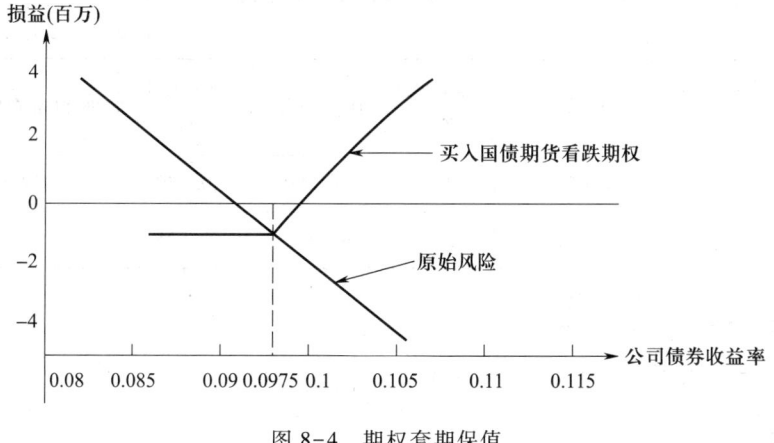

图 8-4 期权套期保值

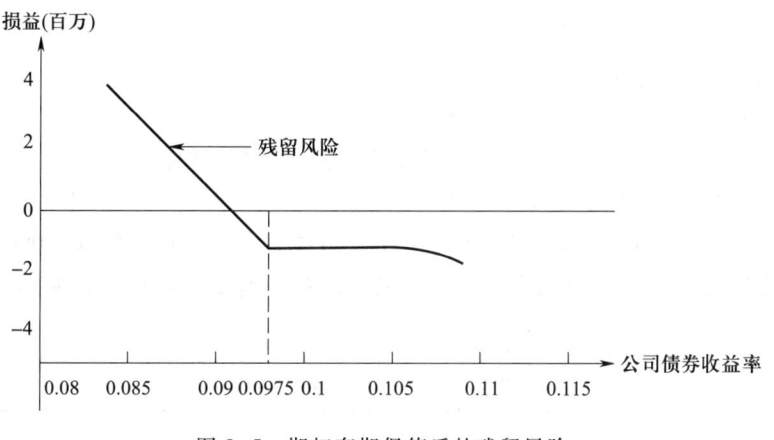

图 8-5 期权套期保值后的残留风险

表 8-3 期货和期权市场套期保值手法

现货市场	存款	借钱
期货市场	买期货合约	卖期货合约
期权市场	买看涨期权	买看跌期权

在采用短期利率期货期权时,关键在于对协定价格的选择。一般来讲,协定价格应接近当前的利率水平,如当前利率水平为 6%,最好选择协定价格 94。期权费用百分比表示,结合利率水平,存款应选择净收入最高的,而贷款应选择净支出最低的。表 8-4 为 2017 年 3 月 17 日 ICE[①]关于英镑三个月期的期权报价以及我们计算的净收入/净支出情况。

---

① ICE,全称 INTERCONTINENTAL EXCHANGE(洲际交易所),成立于 2000 年,经过十多次的合并重组现已发展成一家全球领军的金融公司。其子公司主要由全球各地的金融和商品期货的交易所和结算中心组成,如 ICE 美国期货交易所,ICE 欧洲期货交易所(全球最大的能源期货期权交易所之一),ICE 美国清算所和 ICE 新加坡清算所等。

表 8-4　9 月份到期的英镑三个月期的期权价格

（2017 年 3 月 17 日报价）

协定价格	存款利率（%）	期权费看涨	净收入（%）	协定价格	贷款利率（%）	期权费看跌	净支出（%）
99.500	0.50	0.050 0	0.450 0	99.250	0.750	0.077 5	0.827 5
99.750	0.25	0.007 5	0.242 5	99.375	0.625	0.122 5	0.747 5

报价来源于 https://www.theice.com。

注：计算时是总金额的百分比，如看涨期权费 0.050，实际上为 0.05%。

利率期权套期保值与前面期货套期保值一样，其步骤为：

第一步，建立头寸部位：

（1）需要看涨期权还是看跌期权？

（2）需要多少份合约？

（3）应该选择哪个到期日？

（4）使用哪个协定价格更合适？

第二步，支付期权费，等待至到期日或结算日；

第三步，到交易日比较市场利率与协定价格，决定是否行权；

第四步，计算最终的财务结果。

实例分析 8-4：假设现在是 7 月 31 日。H 公司需要在 1 个月后借款 1 000 万美元、为期 6 个月。当前的市场利率是 5%，合约金额每份 500 000 美元。九月份到期的 3 个月期利率期权报价如表 8-5 所示：

表 8-5　3 个月期利率期权报价

协定价格	Call	Put
94.5	1.39	—
94.75	1.02	0.18
95.00	0.65	0.65
95.25	0.21	1.12

要求：若利率上升到 7.5%，一个月后九月份的期权价格为 93，计算利用利率期权套期保值后的财务结果。

解析：第一步，建立套期保值头寸部位：

（1）是买入看涨期权还是买入看跌期权？

因为这是借钱，参照发行债券，根据表 8-3，所以应该是买入看跌期权。

（2）需要多少份合约？

$$N = (\$10\,000\,000 / \$500\,000) \times (6/3) = 40(\text{份})$$

（3）选择哪个到期日？

因为 1 个月后要贷款，时间为 8 月 31 日，离贷款日最近的就是九月份，所以选择九月份到期的期权。

（4）选择哪个协定价格？

因为是贷款,所以要选择净支出最低的那个协定价格。所有关于九月份到期的协定价格对应的净支出如表8-6所示：

表8-6 协定价格对应的净支出

协定价格	隐含利率	期权费	净支出
94.75	5.25%	0.18%	5.43%
95.00	5%	0.65%	5.65%
95.25	4.75%	1.12%	5.87%

所以选择94.75,净支出最低。

因此,买40份协定价格为94.75的九月份到期的看跌期权。

第二步,支付期权费 = 0.18%×40×\$500 000×3/12 = \$9 000

第三步,1个月后,实际贷款利率为7.5%,所以贷款需要支付的利息为：

$$7.5\% \times \$10\ 000\ 000 \times 6/12 = \$375\ 000$$

在期货/期权市场上,行使看跌期权,按94.75(5.25%)卖出短期利率期货,然后在期货市场上了结期货合约,按93.00(7%)买入。

收益：7%-5.25% = 1.75%,即 1.75%×40×\$500 000×3/12 = \$87 500

所以,净成本 = \$375 000 - \$87 500 = \$287 500

贷款总成本 = \$287 500 + \$9 000 = \$296 500

实际融资成本 = (\$296 500 / \$10 000 000)×12/6 = 5.93%

（三）利率保证

通过远期利率协议,企业将未来的融资成本锁定在协议利率水平上,但是,一旦市场利率与原来预期相反,企业要支付结算金额给出售方。而利率保证(IRG,Interest rate guarantee)则在远期利率协议上加入了期权的特征。企业为规避利率上升的风险,相当于企业购买一份远期利率协议的买权,如果市场利率最终高于协议利率（协定价）,借款者可以行使期权,并按远期利率协议中的协议利率计算结算金额,使借款成本有上限；如果市场利率低于协议利率,借款者就可以放弃期权,并直接用市场利率借款。类似地,投资者也能使用远期利率协议的卖权以保证最低的投资回报。期权费为投/融资金额的百分比。

实例分析8-5：R公司期望6个月后投资12 000 000美元,为期2个月,考虑以下套期保值方案：

（1）一份6×8的FRA报价为4%。

（2）一份利率为4%的IRG,期权费为投资额的0.1%。

要求:6个月后,利率分别为(1)5%,(2)3%时的收益是多少？有何建议？

解析：（1）运用远期利率协议套期保值,即收益率都锁定在远期利率协议上的协议利率4%。题意中给出的是投资,所以是卖出FRA,无论市场利率水平如何,获得的收益为80 000美元(\$12 000 000×4%×2/12)。结果汇总如表8-7所示：

表 8-7 结 果 汇 总

市场利率	5%	4%
利息收入	80 000	80 000
期权费	—	—
净收入	80 000	80 000

（2）运用远期利率保证，若市场利率为5%，大于4%，则投资者放弃FRA，按5%投资，收益为100 000美元（$12 000 000×5%×2/12）；若市场利率为3%，投资者行权，获得4%收益，即$80 000。

因为投资者获得行权与否是付出了代价的，这就是期权费（不考虑机会成本）12 000美元（$12 000 000×0.1%）。结果汇总如表 8-8 所示：

表 8-8 结 果 汇 总

市场利率	5%（放弃）	3%（行权）
利息收入	100 000	80 000
期权费	(12 000)	(12 000)
净收入	88 000	68 000

建议：选择哪种套期保值的工具，取决于公司管理层对风险的预期和态度。若未来的利率上升有很大的不确定性，则可以采用 IRG。

二、多期期权

多期期权在财务风险管理中是一项新的金融产品，并且在风险管理实践中被证明是非常成功的。下面主要讨论利率顶、利率底、利率双限以及杂型期权。

（一）利率顶（Caps）

通常，企业要在较长一段时期内筹集资金，那么只能以浮动利率借款，借款期可以分成几个时间段，在每个连续时间段开始时把利率固定下来。在这种情况下，借款人为了防范利率风险，可以采用买入一系列的远期利率协议，或卖出一系列利率期货的方法来固定利率，当然也可采用利率互换。这些措施保证了筹集资金成本的稳定性，但却不能使借款人在贷款有效期内利率下降时获利。

因此，我们可以购买一系列以远期利率协议为基础的看涨期权，将期权的到期日与贷款的固定利率日期在较长一段时间内相匹配。在每一个固定利率日，借款人将当时的利率与协定利率相比较，如果市场利率大于协议利率就会行使期权，否则就放弃，这就是"利率顶（上限）"。该产品是与一系列远期利率协议效果相同的特制的金融产品，只是在一系列远期利率协议中加入了期权的特征。因此，利率顶（上限）不仅可以规避利率升高带来的风险，当利率降低时还可以获利。

利率顶是一种多期期权，但全部期权费按规定要在买入期权时一次付清，而各期期权费则按年金现值公式将其分摊到每期中，即

$$每期成本 = 总期权费 \times \left[\frac{1-(1+r/m)^{-n}}{r/m}\right]^{-1} \tag{8.16}$$

其中，r 表示年贴现率，m 表示每年发生支付的次数，n 表示顶支付的总的期数，是顶的期限（年）乘以每年的次数。

如果将每期成本表示为年成本，则可用公式（8.17）进行换算。

$$\text{有效年百分比成本} = (1+PC)^m - 1 \tag{8.17}$$

顶（上限）的结构和交易过程如下：

当企业需要防范利率上升的风险，可采用利率顶。这时企业与顶的交易商在建立合约中，要确定顶（上限）的期限（比如 2 年或 5 年）、参考利率（如 3 个月的 LIBOR、6 个月的 LIBOR 或 3 个月的短期国库券利率等）、合约利率或称之为利率上限、顶的协定价（也称为顶利率）、顶的名义本金额及结算日。顶的期限称为顶的适用期。在每一结算日，顶的出售者给顶的持有者一笔差额，差额由公式（8.18）确定。

$$\text{顶的出售者付款} = \text{Max}(i_r - i_c, 0) \times NP \times LPP \tag{8.18}$$

其中，i_r 表示参考利率，i_c 表示顶利率，NP 表示名义本金，LPP 表示支付期的长短，这是由参考利率和支付频率的选择而确定的。如果支付日期用实际天数表示的话，则一年的实际天数英镑是 365 天，美元是 360 天。

公式（8.18）表明，顶为抵补利率上升提供了多期保值。从顶的购买者角度看，顶的损益状态图如图 8-6 所示。

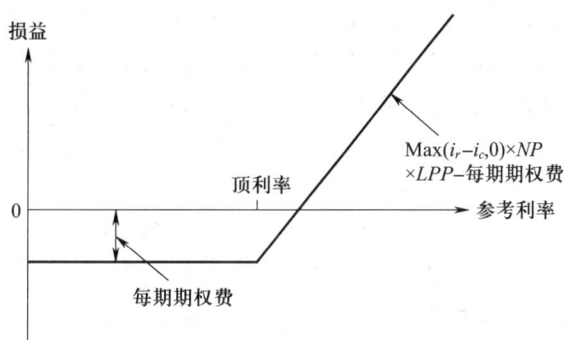

图 8-6 顶的买方损益状态图

图 8-6 形状与看涨期权的图形相同。但要注意，看涨期权的 X 轴是价格而不是利率，如果将顶的损益状态图中的利率用价格替换，该图实际上就是一个买入看跌期权，其原因为利率（收益率）和价格有反向关系。

实例分析 8-6：2011 年 2 月 15 日，一家企业向顶的交易商购买一份 5 年期、参考利率为 6 个月 LIBOR 的利率顶。经双方商定，将利率上限控制在 5.00%，名义本金为 5 000 万美元，结算日为 8 月 15 日和 2 月 15 日。试分析 5 年期间利率顶的支付情况。

解析：一旦企业购买了利率顶，企业当即付给出售方期权费。假设利率顶立即生效，计算差额日是每一结算日前某天（相当于远期利率协议的确定日），计算差额日是双方决定结算日支付额为多少的日期，数额由确定日的参考利率决定，确定日在顶中发挥的作用同互换中的利率重置日相同。

假定，第一次支付日，$LIBOR6 = 5.48\%$，大于利率上限，交易商是出售方，因此他必须向企业支付差额，即

交易商付款 = $(5.48\% - 5.00\%) \times 5\,000 \text{万} \times 181/360 = 120\,667$（美元）

具体支付情况如表 8-9 所示。

表 8-9 利率顶的一系列支付

支付日期	参考利率(%)	利率上限(%)	LPP(天)	支付额(美元)
2011 年 8 月 15 日	5.48	5.00	181/360	120 000
2012 年 2 月 15 日	4.87	5.00	184/360	0
2012 年 8 月 15 日	4.45	5.00	181/360	0
2013 年 2 月 15 日	3.95	5.00	184/360	0
2013 年 8 月 15 日	4.78	5.00	181/360	0
2014 年 2 月 15 日	5.18	5.00	184/360	46 000
2014 年 8 月 15 日	5.94	5.00	181/360	236 306
2015 年 2 月 15 日	4.67	5.00	184/360	0
2015 年 8 月 15 日	6.08	5.00	181/360	271 500
2016 年 2 月 15 日	7.34	5.00	184/360	598 000
				1 271 806

顶的期权费以名义本金的百分比的形式定价。由于顶是多期期权,定价的最简单的方法就是将其分解为一系列实际等价的单期期权,可用合适的单期期权定价模型来确定其合理的价格,然后将这些合理价格求和便得到顶的合理价格。交易商会在这一合理价之上加(或减)一定金额到这个顶的卖价(或买价)。因而,影响顶的价值的因素与影响任何期权价值的因素相同,它们包括当时的利率水平、定的利率上限(协定价)、参考利率的波动性、当时参考利率的水平以及每次现金结算的时间。另外对这种多期期权,顶的适用期越长,顶就越有价值。但常见的问题是使用者应该购买多高的上限利率,即在参考利率已定的情况下,其上限利率应定为多少。上限越低,顶的持有者越有可能从交易商处获得差额支付,而且支付的差额越大。显然,上限利率越低,交易商要求给顶支付的价格越高。

利率顶有许多的用途,但最普遍的是给浮动利率债务的融资成本设定一个上限。利率顶还可以与互换结合,产生封顶利率互换等新的衍生产品。此外,顶是多期期权,顶的可转让性就非常重要。当持有者在某个时间不再需要利率顶的时候,持有者可以将其剩余期间的顶转让,通常利率顶的交易商会买回顶,价格在当时的合理价格上再略打折扣。

(二) 利率底(Floors)

利率底也称利率下限,与利率顶一样是多期期权,所不同的是:顶是为了锁定融资成本的上限,而底是确保收益下限,所以在当参考利率降至合约利率以下时,底的出售者向购买者支付差额。合约利率称为下限利率,通常企业是底的购买者。在每一结算日,结算金额如公式(8.19)所示。

$$底的出售者付款 = \text{Max}(i_f - i_r, 0) \times NP \times LPP \tag{8.19}$$

公式中 i_f 表示利率下限,其余符号与顶相同,期权费也是在购买底时一次付清,然后再用公式(8.16)将其分摊到各期。购买者的损益状态如图 8-7 所示。

值得注意的是,利率底并不是利率顶的"对称镜像",在期权里"对称镜像"应该是买入看涨期权与卖出看涨期权,买入看跌期权与卖出看跌期权,他们是对同一金融产品价格走势

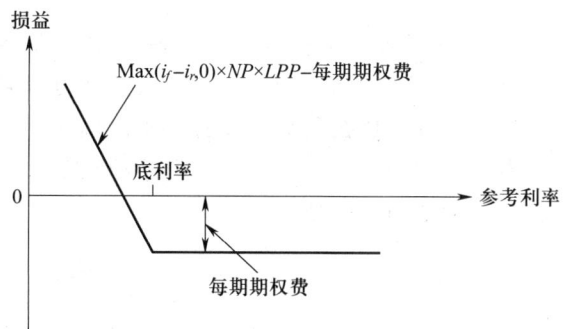

图 8-7 底的买方损益状态图

的预期不同,因而是一方的盈利等于另一方的亏损。而顶与底的交易商均是卖方,因此,这两个损益图并非是"对称镜像"。从图 8-6 和图 8-7 中我们可以得到一个显然的事实,即参考利率能升至多高并无理论限制,但参考利率降至多低却有绝对限度,即为 0。

实例分析 8-7:一家保险公司通过出售 10 年期固定利率为 7% 的年金获得资金,这些资金构成了保险公司的固定利率负债。由于保险公司的管理部门相信利率会上升,所以他们将出售年金的收入投资于浮动 6 个月期的短期国库券,当时收益率为 7.25%。管理部门的计划是当利率上升后,再出售这些浮动利率资产投资于固定利率资产。这家保险公司应该如何规避利率下降的风险?

解析:管理部门的计划是合理的,即在利率低时将资金投资于浮动利率资产,当利率上升时再将浮动利率资产转为投资固定资产。但是,如果利率预测错误,则会存在投资收益不能抵补支付利率的风险。

为了规避这一风险,这家保险公司可以购买利率底保证收益下限。因此,公司购买了以 6 个月短期国库券为参考利率,利率下限为 7% 的 10 年期的底,公司为这个底支付了面值的 2.24%,并将此价格以 7% 摊分到每期,则每期成本为 0.34%,这样企业在利率下跌时得到保护。通过利率底使其收益得到保护,其利息流如图 8-8 所示。

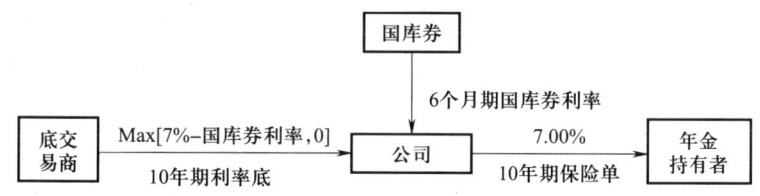

图 8-8 利率底、国库券以及保险单利息流

如果管理部门对利率预测是错误的,或者至少在一段时间内,利率下降了,并且在 4 年内持续低于底的利率下限,那么在这段时间里,保险公司可以从交易商那里收到利息差额作为补偿,使保险公司能保证对年金持有者的责任的履行。如果一段时间后,比如说底生效后 4 年半,利率开始上升,保险公司可以将剩余部分以 0.82% 的价格返售给交易商,这和顶一样,利率底是可以转让的,只不过卖给交易商时要打一定的折扣。顶和底的转让一定要得到持有者的许可。

从以上分析可以看出,保险公司在持有利率底期间,利率底恰好满足了企业的需要,使保险公司对投资浮动利率资产保证了最低的回报,从而避免了财务损失。

(三) 利率套(Collars)

利率套又称利率双限,是一个顶和一个底的结合,在融资中,预计利率水平上升,那么下降的可能性就小,即买方在购买一个顶的同时卖出一个底,这样可以降低期权费。另外,如果是存款或投资,预计利率水平下降,那么利率上升的可能性就小,可以通过买入一个底的同时卖出一个顶降低期权费。利率套具有为其买方锁定浮动利率的作用,使浮动利率在高低两端都设有界限。其直观表示如图8-9所示。

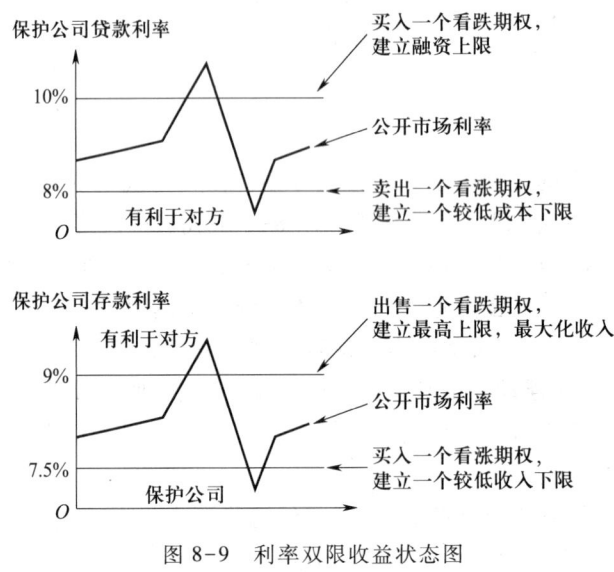

图 8-9 利率双限收益状态图

公司为规避利率风险、又想节约套期保值的成本,可用利率双限,其策略如下所示:

贷款　　　　　　　　　　　　　存款
买看跌期权——建立最高融资成本　　买看涨期权——确保最低收益
　　　＋　　　　　　　　　　　　　＋
卖看涨期权——限制最低融资成本　　卖看跌期权——限制最高收益

实例分析8-8: 假设一家企业持有收益率为10%的固定利率资产,而为这些资产提供资金来自于浮动利率负债,浮动利率与基础利率挂钩。当时这些负债的利率是8%,如果基础利率预计将上升,企业如何规避利率风险?

解析: 由于资产收益率为10%,负债利率为8%,这时企业有净收益2%。如果负债的利率水平上升,一旦超过10%,则企业就会出现财务亏损。因此管理层认为将债务的成本封顶在9.5%。遗憾的是顶的交易商要求顶的价格为年成本0.5%,而企业则认为这个价格高得难以承受。恰巧这时,企业发现它可出售一个利率下限为7%的优惠利率底,有效百分比收益等于0.45%。由于企业是底的卖方,所以可以得到这笔期权费。通过企业买顶和卖底,相当于企业买入一个利率套。

企业购买一个利率套,将其成本限制在7%和9.5%之间。由于其利息收入超过利息成本,企业能保证净收入的来源,虽然收入数量可能在套所定出的限额内变化。当优惠利率超过9.5%,交易商支付给企业差额;而当优惠利率低于7%时,企业支付给交易商差额。利率套的损益状态图如图8-10所示(通过0、+1、-1验证,如图8-10右边所示)。

企业购买利率套后的利息流程如图8-11所示。

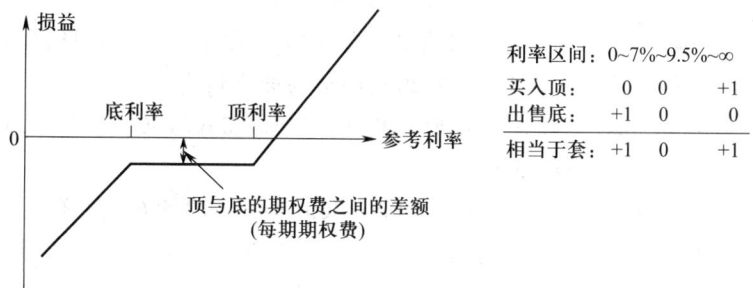

图 8-10 套的购买者单期损益状态图

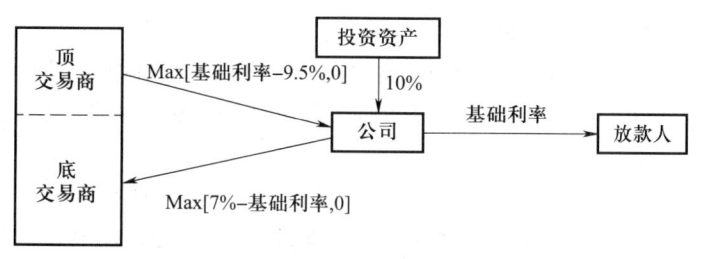

图 8-11 利率套的利息流程图

通过购买一个套，企业可以为其浮动利率负债设置一个利率顶，同时通过出售一个利率底获得售价来降低顶的成本。当然，企业的成本是在参考利率跌至套的利率下限以下时必须向底的交易商支付的差额。企业在低利率条件下潜在的支出与其在高利率环境中未封顶的支出相比是不必过多关注的，从而利率套被认为是给浮动利率负债封顶的一种颇具吸引力的方式。

利率套与前面分析的利率顶和利率底一样，可以将套与互换相结合，这样的结合称为套互换，或极大极小互换。

（四）杂型利率期权（Miscellaneous interest rate option）

为了使我们对多期期权有一个完整的认识，下面我们讨论几种杂型利率期权，主要是共享顶（the participating cap），顶权（the caption）和复式期权（the options on options）。

1. 共享顶

共享顶是指参考利率低于上限利率时，由顶的购买者支付利率差的一定比例给交易商，而当参考利率高于上限利率时，由顶的出售者支付给购买者全部利率差额。共享顶支付如公式（8.20）所示。

$$交易商支付 = \{Max(i_r-i_c,0)+[-RF \times Max(i_c-i_r,0)]\} \times NP \times LPP \quad (8.20)$$

其中，RF 表示百分比因子，其他符号与利率顶相同。

实例分析 8-9：一家企业有一笔 5 年期、价值为 4 000 万美元的浮动利率债务，企业如何规避利率上升的风险？

解析：如果企业认为未来利率将上升，为了规避利率风险它需要一个 5 年期的利率顶。但是，在与交易商接触后得知，如果要将这笔债务的利率封顶在 10%，企业为此需要付出期权费 2.75%，企业无法接受这样一大笔费用。此时，交易商向企业推荐了共享顶，其条件是：当参考利率低于利率上限 10% 时，企业支付交易商利率差的 30%；当参考利率高于利率上限10%时,交易商支付企业全部利率差额。企业同意了这一方案。这一方案在每个结算日都有现金的流入或流出,参考利率为1年期的 $LIBOR$。在第一个结算日,如果参考利率为9.42%低于10%,把相关数据代入公式(8.20),则交易商支付为:

$$交易商支付 = \{Max(9.42\%-10.00\%,0)+[-30\%\times Max(10\%-9.42\%,0)]\}\times 4\ 000\times 365/360$$

$$= (0-30\%\times 0.005\ 8)\times 4\ 000\times 365/360 = -70\ 566.67(美元)$$

其值为负,说明是企业向交易商支付。每个结算日都根据当时的 $LIBOR$ 重复计算,共计算5次。

2. 顶权

顶权是一种期权的期权,是为预期利率顶的期权费变化而设计的一种期权,又叫作顶的买权,这是20世纪80年代中期引入的。

这种期权的产生是因为有时候企业希望能保证得到利率风险的保护权利,但并不确定是否一定需要这种保护,或许等待一段时间后会有更好的办法。因此,这一金融产品就应运而生了。

实例分析8-10:一家企业的财务主管在考虑一项7年期浮动利率融资。为了获得企业董事会的批准,他递交了一份报告。财务主管知道,董事会关心浮动利率融资对公司来讲面临的利率风险有多大,因此,面对利率风险,公司需要一个利率顶。但是从财务主管提出报告到批准需要一段时间,如果利率顶的价格上涨,无疑会增加企业的套期保值成本。试分析财务主管应该如何规避利率顶期权费上升的风险,并希望如果利率顶期权费下降,还可以从下降中获得好处。

解析:假设财务主管推荐的利率顶的利率上限为10%,期权费为2.25%。但董事会要在两周内做出决策,一旦批准,也许顶的成本已经上升了。为了应付这一问题,财务主管建议使用3个星期内有效的顶权,协定价格是2.25%,为此支付期权费0.15%。

如果董事会批准了筹资计划,利率顶的价格仍是2.25%或以上,则行使期权,按2.25%购买利率顶;如果利率顶的价格为1.95%,则放弃期权,以1.95%购入。

如果董事会不批准这一融资计划,则放弃顶权。

与顶权类似的还可以有底权,但是,由于底权远不如顶权应用广泛,所以不再讨论。

3. 复式期权

复式期权是以期权为标的物的期权,比如前面讨论的顶权。但有时一些金融产品并没有明确设计出是权利而不是义务的选择权,但我们实际上可把它看作是期权,比如公司发行债券。

由于复式期权本身这个问题比较复杂,这里只以公司债券为例作说明。

公司债券对公司来讲是责任,有定期支付利息、到期还本的责任,对于所有者(股东)来讲,债券是股东的责任。如果发生公司债券违约,股东将把企业放弃给企业的债权人,因此,企业股东拥有一项期权,即他们可以履行必要的偿付来对待其债务,也可将企业放弃给债权人。

假设债券还有 N 年到期,按年支付息票,息票利息的支付为 $C_i(i=1,2,\cdots,N)$,另外还有一项代表本金归还的最后偿付,以 P_N 表示。在时点1时需支付 C_1,股东有偿付或违约的选择权,如果股东偿付,可进一步得到在时点2的选择权,如果股东放弃,则他们不再得到新的期权,以此类推。因此,我们说公司债券是一项复式期权,是以期权为标的物的期权。

本章小结

1. 期权的价格是由内在价值、时间价值、资产价格的波动率和无风险收益率共同决定的。内在价值是由资产价格和协定价格决定的,当内在价值处于增值状态时,行权会给持有者带来收益,此时称为实值期权;当资产价格与协定价格相等时,称为平价期权;而当资产价格低于协定价格,期权的持有者不会行权,此时称为虚值期权,虚值期权的价值定义为零。

2. 二叉树期权定价法是假定资产价格到期时只有两种可能,或者上涨,或者下降,且基于无套利均衡分析法,复制与被复制的现金流是相等的。当时间段无限细分时,就是布莱克-舒尔斯期权定价模型。在期权定价中,不考虑发生的概率,所以风险是中性的,因此,投资者的要求收益率都假设为无风险收益率。

3. 利率期权实际上是一种期货期权,标的物可以是国债期货,也可以是短期利率期货。在到期日,如果一旦行权,还必须要对冲在手的期货合约。

4. 在远期利率协议基础上加入期权特征,这就形成利率保证、利率顶和利率底。利率保证针对的是单期远期利率协议,而后二者针对的是多期远期利率协议。利率套是利率顶和利率底的结合。这些工具均可以用于价格风险管理,如汇率、商品价格波动的规避中。

重要概念

内在价值　　单步式二叉树模型　　风险中性　　期货期权　　布莱克-舒尔斯期权定价模型
利率顶　　　利率底　　　　　　　利率套　　　共享顶　　　顶权
复式期权

思考题

1. 在二叉树定价中如何体现无套利均衡的分析思想?
2. 在布莱克-舒尔斯期权定价模型中,哪个变量体现了风险中性?为什么?
3. 在规避利率风险中,如何使用多期期权或单期期权?
4. 用期货期权与利率期货规避风险时,在建立套期保值头寸中有何异同?

即测即评

请扫描右侧二维码,进行即测即评。

扩展阅读

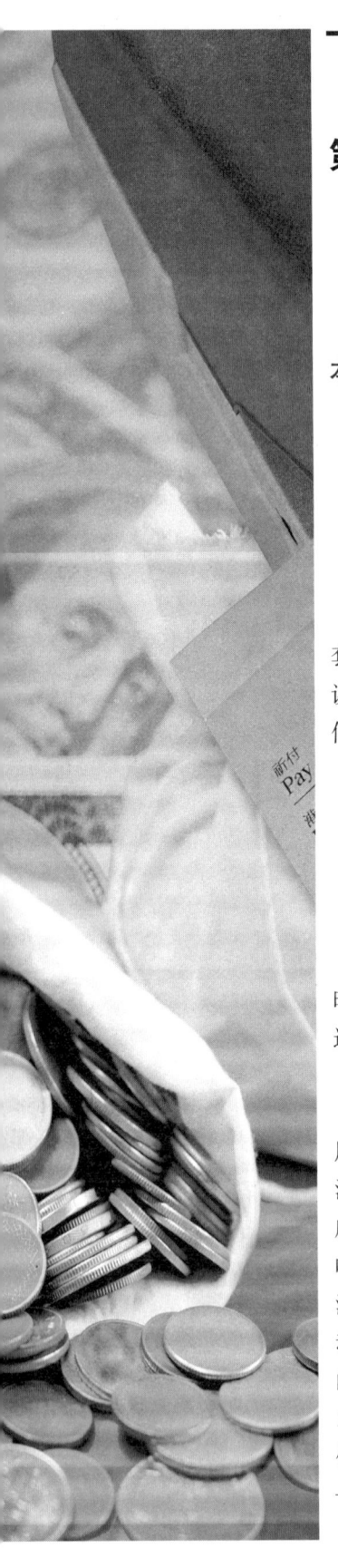

第九章 套期保值有效性评价

本章学习目标

- 了解财务风险的种类和各种风险的特点
- 掌握确定套期保值目标的主要因素
- 明确套期保值效果与保值方案的盈利不能等同的理由
- 掌握度量套期保值效果的指标

企业在规避风险时,一定要设定一个恰当的套期保值目标,才能对套期保值的有效性进行正确的评价。否则,会导致在事前或事后采取错误的决策或判断。因此,本章主要讨论企业套期保值目标的建立以及如何评价套期保值的效果。

第一节 风险与套期保值

一、财务风险的种类

要对财务风险进行明确的分类有一定的困难,主要在于这些风险有时是独立存在的,有时又是交织在一起的。但我们还是可以将这些风险进行大致分类,主要有以下七类。

1. 外汇风险

外汇风险主要是由汇率波动带来币值的不确定,主要分为:交易风险、折算风险(会计风险)和经济风险。其中交易风险主要体现为汇率的变化对企业短期现金流量的影响,具体更多地表现在企业的应收/应付账款中;折算风险主要反映的是汇率变化对会计报表的影响,特别是对合并报表的影响;经济风险是指汇率波动对企业长期现金流量的影响,这种影响会涉及企业的市场份额、售价、原材料成本和劳动力成本,因此经济风险在所有外汇风险中是企业最值得关注和规避的。由于财务风险管理重点讨论的是一些金融技术对风险的管理,所以本书主要讨论对交易风险[①]的管理,并在第十一章外汇风险管理中具体讨论。

---

① 关于经济风险管理,可参考《国际财务管理》等相关书籍。

2. 利率风险

利率风险是指投/融资中由于利率波动而带来的风险。大多数时候,这类风险对公司的影响是直接的。前面已经讨论了利率风险管理的相关方法,在第十章利率风险管理中,我们还会通过较为复杂的实例作进一步分析。

3. 股权风险

股权风险是指在持有多种股票组合或单一股票时,组合资产的价值随某一特定股票价格水平或股票市场整体水平的涨落而上升或下降。此外,那些股票公开上市的公司在其股票价值大幅度下跌的情况下,还可能会面临着融资或投标方面的困难。股权风险将在第十二章中进行讨论。

4. 商品风险

商品风险实际上可归为价格风险①,来自于任何商品价格的变动。这里,商品包括"软"商品(如食品)和"硬"商品(如金属)。例如,生产食用油的企业会受到食用油的原材料,比如花生、玉米、菜籽等价格的影响,因此,原材料价格的波动是导致商品风险的关键因素。因为商品风险是由原材料价格波动引起的,可以通过对商品期货进行套期保值来规避风险,其保值手段或方法与外币期货等很类似,这里就不详细讨论了。

5. 流动性风险

流动性风险是企业或一个实体在债务到期时无法履行支付义务而产生的一种潜在的风险。流动性风险包括以更高的利率借款,在无法偿还债务时面临着合同条款下的罚款而以低于市场合理价格水平出售公司资产。银行尤为关注流动性风险,因为其成功运作完全依赖于公众的信任和信心。

6. 对手风险

在所有交易中都有一方或双方会面临着对手风险,该风险是当一方无法履行合约时可能带来的损失。对手风险又称信用风险,该风险的大小取决于某一特定对手的全部敞口头寸的大小、在某一特定日期需进行结算的交易额大小以及事先是否有针对交易净额进行支付的约定。

在实践中,我们要区别清算风险和重置风险。清算风险是指在某一特定日期的交易清算中产生的损失,而重置风险指一笔交易在到期日前必须重新更换的潜在的损失。例如,一个顾客达成了一项远期交易,以£1=$1.60的汇率买入1 000万英镑。但是离到期日还有1个月的时候,英镑的1个月远期价格为£1=$1.50。如果此时该客户即将破产,该项交易的重置成本降为100万美元;如果该客户在收到1 000万英镑后,在支付1 600万美元以前的清算日宣布破产,清算风险将是全部的1 600万美元。

在衍生产品市场上对手风险通常要小于现货市场交易的对手风险,这是因为交易的主要金额一般不进行交换。在金融衍生产品中,期货合约的风险最小,因为有信誉良好的清算所和通过保证金对收益和损益进行每日结算的机制。

7. 模型风险

随着计算机的发展,数学模型在新的金融产品构建和产品定价中起到非常重要的作用。而企业在很大程度上也依赖于这些金融产品进行套期保值。若这些模型本身的基本假设不正确或不能准确地反映出市场的真实运作的话,那么企业在运用这些金融产品时就可能遭

---

① 利率风险和汇率风险均可归为价格风险。

受较大的损失。

二、套期保值

企业面对以上的各类风险时会考虑借助于财务风险管理技术为其规避风险,这些技术的运用可以概括为四个主要方面:套期保值、投机、套利和构造组合。

套期保值是指一个已存在风险状态的实体力图通过持有一种或多种与原有风险头寸相反的套期保值工具来消除该风险。一个简单的例子是一个借款人通过购买远期利率协议(FRA)来避免遭受到利率波动的影响。完全的(最佳的)套期保值是指一项套期保值的保值工具在各方面均与最初的风险暴露完全负相关,这样风险可以完全消除。如图9-1所示。

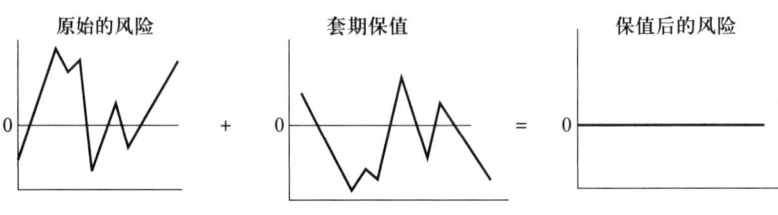

图 9-1 完全的套期保值

从图9-1中可以看出,原始风险与套期保值产品是完全负相关的,原始风险的不利或有利变动都得到了对冲,因此,通过套期保值后形成一条水平线,即不管时间或价格如何变化,收益都不会变化,其最终结果是确定的。

然而在实践中,上述原始风险与保值工具间达到这种完全负相关一般是很难甚至是不存在的,并且实践证明套期保值往往是不完全的。不过,从总体效果来看,几乎任何一个经合理设计的套期保值方案都要比根本不进行套期保值在规避风险上要好得多,只有极差的套期保值方案才会产生比原来风险还要高的风险。另外,企业在风险暴露中更多地倾向于消除不利结果,保留有利结果,这种套期保值的效果如图9-2所示。

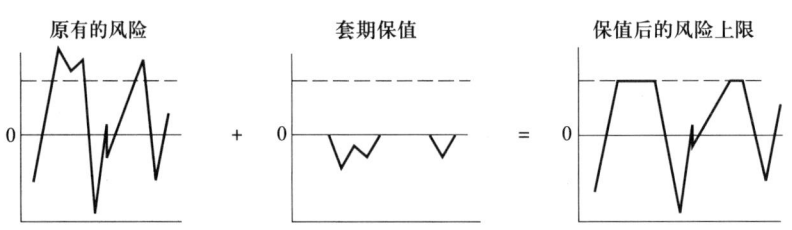

图 9-2 对风险暴露产生上限约束的套期保值

图9-2的套期保值只对原有风险暴露超过一定水平的不利波动进行抵补,但对其有利变动不加干涉。这种套期保值最终结果是确定了一个风险上限。

以上两个例子说明了套期保值可以采用许多不同的形式,并且一方"完全的"套期保值对另一方而言可能是一种束缚。在设计保值方案之前特别是在任何保值决策实施之前,明白该方案想要达到一个怎样的目的是非常重要的。

三、确定套期保值的目标

套期保值目标的确定有利于企业明确自己应该做什么,对风险的承受能力如何,只有这样套期保值生效后才有可能达到企业的预期目标。因此,确定套期保值目标主要从以下几个方面考虑。

(1) 企业是否对价格的任何波动进行完全保护？

风险被定义为"任意"结果的可能性，所以这就包含了有利结果和不利结果。作为企业的管理层在考虑规避风险时，必须要考虑是需要确定性结果，还是规避不利结果留下有利结果。如果需要确定性结果，那么财务风险管理可以推荐一些直线性或具有对称性的产品，如远期利率协议、远期合约、期货或互换等。这些金融产品都力图确保一个特定的财务结果，尽可能地完全避免市场价格波动所带来的风险。

(2) 如果在一定程度内的风险是可以忍受的，那么与避免不利变动的风险相比，从有利变动中获得开支节省的意愿究竟有多大？

这个问题简化为企业管理层在规避风险时可能既想规避不利变动又想留下有利变动。在这种情况下，期权或具有期权特征的风险管理方法似乎是最好的方法，这种方法可以采用积木分析法排列出无限的组合。为了缩小选择的范围，企业需要在规避损失与节省开支之间进行取舍。对大多数管理者来讲，这种取舍是不对称的，企业避免损失的意愿要比实现节省的意愿更为强烈。

例如，考虑两个互斥方案：一个是支付200元的保险费以避免1%的可能性损失10 000元；另一个是支付200元购买一张彩票，该彩票有1%的机会赢得10 000元。这两种情况十分相似，即收入与损失的机会相等。但大多数人会愿意支付200元保险费以避免10 000元的损失，而不会去买可能为其带来10 000元收入的彩票。因此，企业利用金融产品规避风险反映了这一事实，企业更愿意接受对不利变动提供的保护而不选择从不利变动中获利的机会。不过，企业管理层可以根据企业对风险偏好的不同选择构造相应的工具。

(3) 企业对规避风险所需的花费有多反感？

虽然个人或公司都十分乐意为像火灾或偷盗这样的风险支付保险费，但他们显然不愿意为防范金融风险支付保值费用。其部分原因在于：①传统的保险业经历了几百年历史，有着成熟的技术和经验；而金融风险管理技术是从20世纪80年代以后才发展起来的，并且到目前为止还仍未像保险业那样稳固地建立起来。②由于财务风险不像有形风险那样易于确定和把握，所以大多数企业会低估财务风险真正的严重程度。③保险费的支付是通过精算师算出的，并已被大多数人和实践所认可，而对财务风险进行套期保值付费即使它的定价相对于风险是十分合理的，但人们仍然会认为财务风险的保值费用太高。

为此，针对企业对防范财务风险付费的反感情绪，金融工程师已经设计出了一系列低成本和零成本的风险管理金融产品供企业使用。

(4) 企业管理层对市场变动的可能方向、大小以及具体时间的预期是什么？

许多企业或高管人员对未来市场价格（比如利率、汇率等）的变动都有自己的预期。例如，他们可能认为英镑相对于欧元将走强；日本的利率将上升；或者美元利率虽然会提高，但提高的速度比远期利率所预示的要慢得多。在这些情况下，由于企业管理层已经对市场变动有了自己的看法，因此在提出或设计保值策略时，应该将这些因素结合在一起。认为利率可能会上升的企业很容易被说服购买一个利率顶规避融资风险，认为欧元几乎毫无疑问地要升值的企业将不愿意花费金钱来规避欧元要下跌的风险。

了解企业的态度、预期和偏好，有利于财务工程师设计出一种或多种适当的套期保值方案来满足其需要。在方案实施之后，企业将关心这一方案的实施效果。因此，评价套期保值的效果需要有一系列的方法，这将在下一节讨论。

四、是否所有风险都需要套期保值?

有关套期保值的话题一直困扰着企业管理层,企业是否需要套期保值?在什么情况下使用?如何选择适合的金融工具?套期保值到底能为企业提供多大程度的风险保证?这些问题在学术界一直没有得到很好的解答。本书通过以下几方面的讨论,试图提供一种解决问题的框架。[①] 首先我们分析一个实例。

实例分析 9-1:纽蒙特矿业公司(Newmont Mining Corporation)成立于1916年,总部位于美国科罗拉多州。该公司在创立不久就在纽约股票交易所、澳大利亚证券交易所和加拿大多伦多证券交易所三大交易所挂牌上市。并在美国内华达州、印度尼西亚、澳大利亚、新西兰、加纳和秘鲁等不同地区拥有多座正在开采的金矿。纽蒙特矿业公司是当前世界上第二大黄金开采企业,仅次于巴里克黄金公司。尽管纽蒙特矿业公司还开采铜等其他产品,其2016年财报指出该企业90%以上的营业收入来自于黄金。此外,纽蒙特矿业公司为当前唯一进入标普500指数(Standard & Poor's 500 Index)的黄金生产企业。

巴里克黄金公司(Barrick Gold Corporation)总部设在加拿大多伦多市,创建于1983年,是一家以黄金勘查和开发为主的跨国矿业公司,在2006年收购Placer Dome之后超越纽蒙特矿业公司成为当前世界上最大的采金企业。公司已在多伦多、纽约、伦敦、巴黎和瑞士交易所上市交易,并在阿根廷、澳大利亚、加拿大、智利、多米尼加共和国、巴布亚新几内亚、秘鲁、沙特阿拉伯、美国和赞比亚等多地拥有矿产。该公司的黄金开采、选冶技术处于世界领先地位,其产品有黄金、铜和银等,公司2016年财报指出该企业80%和11%左右的营业收入分别来自于黄金和铜。

因为两家公司的主营业务都是黄金开采,这里我们将主要对比两家公司对黄金的套期保值策略。试通过对比两个企业的财务报表分析两家公司的套期保值方案。

解析:通过对两家公司的财务报表的了解,两家公司对投入成本、外汇风险以及利率风险采取了不同的套期保值方案。具体套期保值方案如表9-1和表9-2所示。

表9-1 纽蒙特矿业公司的套期保值方案

事项	套期保值方案
外汇风险	签订澳元的外汇远期(Forward)合约
投入成本风险	签订柴油的远期合约

表9-2 巴里克黄金公司的套期保值方案

事项	套期保值方案
美元利率风险	利率互换协议
外汇风险管理	外汇远期合约(澳元)
投入成本风险(柴油、丙烷、电力、天然气)	WTI原油期货合约
现金流风险(金属合约)	期权(买入看跌期权+出售看涨期权)

资料来源:两家公司2010—2016年的财务报表。

由表9-1可知,纽蒙特矿业公司主要对澳元的外汇风险进行了管理,而对投入成本仅采用了部分套期保值。该公司在金融衍生品工具选择方面也仅使用了远期合约。

[①] 这部分内容主要根据周洛华. 中级金融工程学. 上海:上海财经大学出版社,2005:292-303. 整理。实例分析9-1由作者根据纽蒙特矿业和巴里克黄金近十年的财务报表数据整理分析而成。

表9-2显示,巴里克黄金公司在套期保值方面要全面而且灵活得多。该公司将投入成本几乎全部置于套期保值之下,通过各类金融工具将风险用确定性替代。为对冲现金流风险,该公司采用了双限期权,规避不利风险并留下有利风险,同时达到了减少套期保值成本的目的。

两家公司2007—2016年的生产成本和黄金平均价格的趋势如图9-3所示。

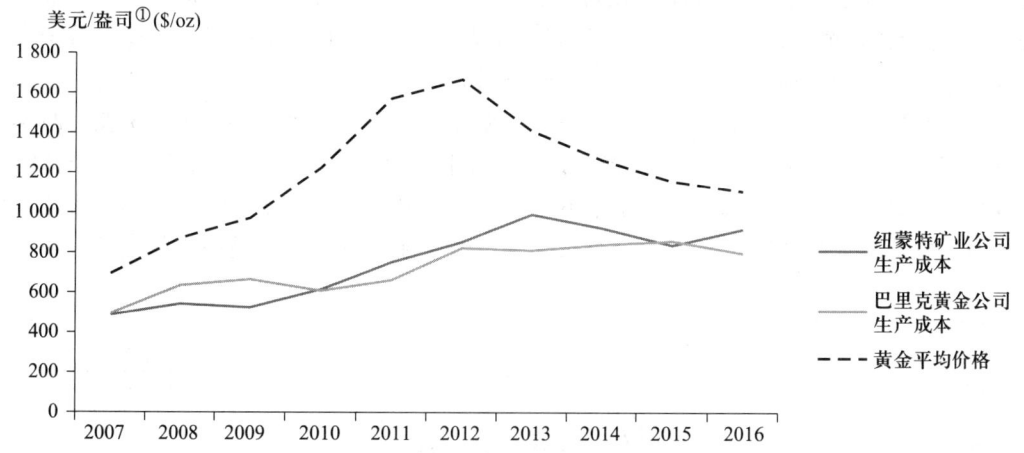

图9-3 纽蒙特矿业公司和巴里克黄金公司生产成本与黄金价格的关系

从图9-3中可以看出,尽管黄金价格在最近十年首先从700美元/盎司左右大幅上涨到1 600美元/盎司左右,然后又大幅下跌至1 100美元/盎司左右,但是两家公司的生产成本与金价相比变化要平稳得多。这与两家公司将其生产成本部分或全部进行套期保值密切相关,所以企业能够较好地应对黄金价格变化的风险。

企业可以依据其经营能力、企业内部资源和技术等应对黄金价格的不确定性。例如,随着近几年黄金价格的不断下跌,巴里克黄金公司逐渐停产了一些成本很高且产量不足的项目。具体数据如表9-3所示。

表9-3 巴里克黄金公司已经或预计停产项目的生产成本与产量

分(子)公司	生产成本(美元/盎司)			产量(千盎司)		
	2016年	2015年	2014年	2016年	2015年	2014年
Round Mountain (50%)	601	910	1 170	5	192	164
Bald Mountain	1 692	1 132	1 107	3	191	161
Pierina	1 301	1 411	2 277	92	54	17
Cowal		621	787		156	268
Ruby Hill		696	713		10	33
Kanowna			674			39
Marigold (33%)			1 197			11
Plutonic			1 206			7

资料来源:巴里克黄金公司的财务报表。

---

① 1盎司=28.35克。

尽管巴里克黄金公司在其生产经营活动中采取了更加灵活的套期保值策略,但它的股票价格在最近8年要明显低于纽蒙特矿业公司,且股票的价格差异在最近几年愈加明显。两家公司2007—2017年的股票价格如图9-4所示。这主要是因为投资人在购买金矿公司的股票时,他们除了看好黄金价格的未来走向外,还非常注重企业自身的生产经营能力。企业可以利用其较强的生产经营能力在黄金价格上涨时扩张生产并享受价格上涨带来的好处,同时也能够在黄金价格下跌时通过放弃开采成本较高、产量较低的开采点应对黄金价格下降对企业带来的不利影响。以纽蒙特矿业公司和巴里克黄金公司为例,尽管巴里克黄金公司在控制生产成本时对多种成本使用不同套期保值工具对冲风险,但图9-3表明两家公司的生产成本并无显著差异,这很可能是由于纽蒙特矿业公司能够更好地利用其经营能力来替代套期保值工具克服风险。鉴于本书重点不在企业的生产经营能力分析上,因此我们不再对纽蒙特矿业公司和巴里克黄金公司的生产经营能力等方面作进一步的比较分析。

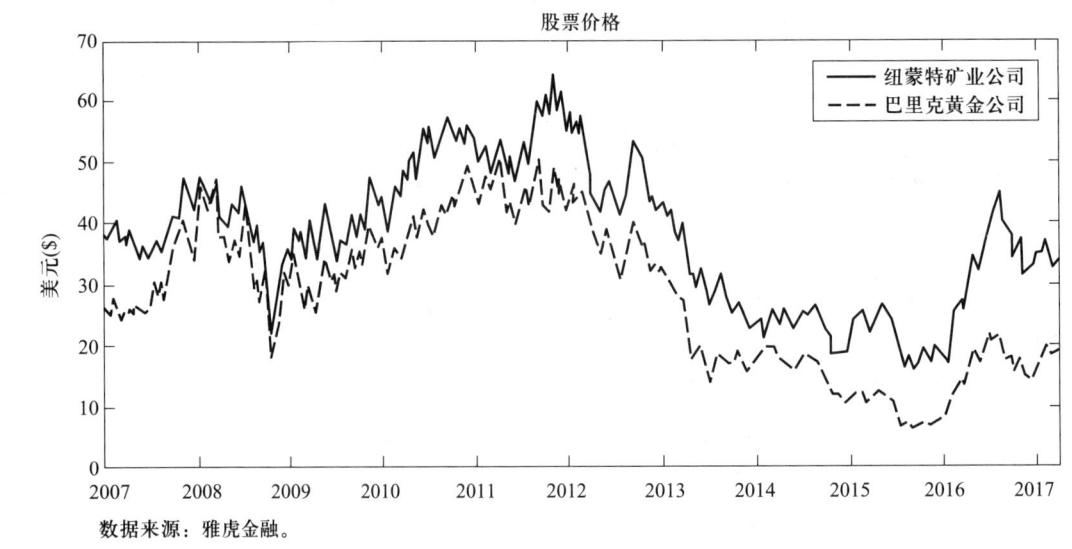

图 9-4　纽蒙特矿业公司和巴里克黄金公司的股票价格对比

综上所述,企业应该怎样进行套期保值才能给投资者创造价值呢?我们需要关注以下几方面的问题。

(一) 主营业务的不确定性

一般来讲,主营业务本身具有一定程度的弹性,这种弹性就是利用公司内部的资源、技术和经营能力来克服一定程度的外部不确定性。如图9-5所示,如果一家公司的主营业务面临的不确定性(比如黄金价格、石油价格等)处于其经营能力范围以内,那么该公司就不需要采用套期保值方案对冲风险。投资者购买一家公司的股票,是因为投资者希望从价格波动中获得收益,若经过了完全的套期保值,收益率变为无风险收益率了,那么投资者还不如购买国债,毕竟国债的违约风险为零。

(二) 主营业务与经营能力的关系

类似于纽蒙特矿业公司和巴里克黄金公司这两家金矿公司的例子在其他行业更加明显,它们提醒我们"经营能力"能够"廉价地"替代套期保值去克服风险。通常,企业经营能力主要由其公司的组织结构、产品的市场地位、生产力和技术水平、产品成本以及人力资源等构成。提高能力(而不是套期保值),才是企业克服主营业务不确定性的最好途径。从微

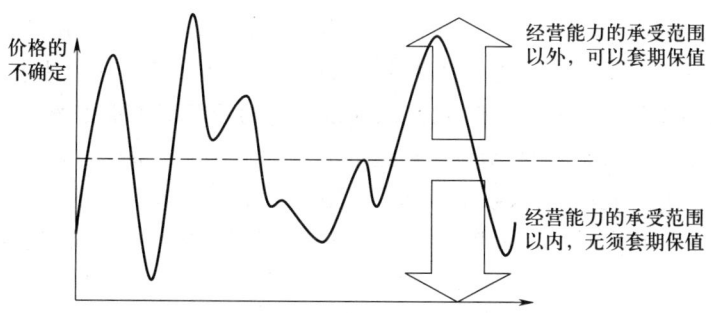

图 9-5 价格波动和经营能力

观角度来看,主营业务可用公司主要生产产品的价格反映,而经营能力包含了很多因素,可用生产成本反映。因此,生产成本稳定,企业就可以更好地应对黄金价格下跌的风险。

比如,几乎所有的美国小型石油公司的勘探开采成本都高于行业平均水平,因此,它们比行业内其他大公司更难应付石油价格波动,并选择将其产量置于期货合同的保护之下。"石油价格的波动幅度"和"先进的开采技术"这两者之间没有必然联系,但控制成本则是企业可以做到的。我们先来看表 9-4。

表 9-4 美国十大石油公司的开采成本和套期保值决策分析

公司名称	勘探和开采成本 (美元/桶,1996—2000 年)	是否采用套期保值方案
Phillips(菲利浦)	3.24	否
Texaco(德士古)	3.94	否
Exxon Mobil(埃克森-美孚)	4.41	否
BP(英国石油)	4.42	否
Chevron(雪弗龙)	4.48	否
行业平均值	4.56	
Conoco(科诺克)	4.85	是
Occidental(西方石油)	4.95	是
AM Hess(赫斯)	6.77	N/A
Unocal(优尼科)	7.06	是
Marathon(马拉松)	7.58	是

资料来源:菲利浦石油公司 2000 年年度报告。

从表中可以看到,凡是勘探和开采成本高于行业平均值的公司,基本选择了进行套期保值,而那些拥有低成本优势的企业则将其石油产量暴露在价格波动的风险之中。需要指出的是,成本优势反映了企业克服不确定性的能力。这种能力可以被视为企业获得石油的买方期权。因此,降低成本、提高效率和改善经营始终是企业应该追求的目标。

我们简单地将生产成本作为衡量企业所能够承受的不确定性的指标。有些时候,企业的经营能力并不能完全化解其所面临的外部风险和不确定性。比如:我们可以把石油公司视作一个廉价的石油买方期权,只要石油公司进一步降低成本,提高效率,就能够提高克服石油价格风险的能力,进而为投资者创造价值。但是,当公司面临系统性风险导致石油价格波动时,石油公司将束手无策。因此,当主营业务出现意外的波动时,我们不排除在短期内使用套期保值方案对冲风险。

严格地讲,如果我们需要考虑某一家公司是否应该实施套期保值业务,我们应该先在金融市场上找到并观察一个具有相同技术水平的上市公司,作为我们研究的目标。如果该公司的股票波动率低于价格的波动率[①]水平,我们认为该公司的经营能力能够承受当前价格的不确定性。因为当前的价格波动幅度,给该公司造成的不确定性没有完全反映到该公司的股票价格波动上去,该公司的经营能力吸收了一部分价格的不确定性。所以,该公司不必实施套期保值业务。如果该公司的股票波动率超过价格的波动率水平,说明市场判断该公司的经营能力不能承受当前价格水平的波动,市场甚至对其持续经营的能力产生质疑,这样的公司就应该实施套期保值,最终使该公司的股票波动率小于等于当前的价格波动率。如图9-6所示。

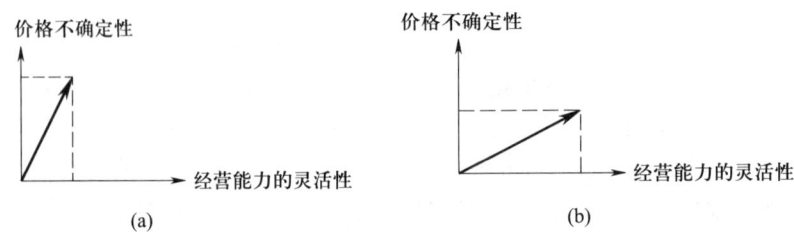

图9-6 经营能力和不确定性之比
(a)经营能力<不确定性应该进行套期保值;(b)经营能力>不确定性无须进行套期保值

以纽蒙特矿业公司和巴里克黄金公司为例,最近十年纽蒙特矿业公司的股票波动率在15%左右,大大低于巴里克黄金公司20%左右的股票波动率。这说明市场判断纽蒙特矿业公司在经营能力方面要优于巴里克黄金公司。

这样的操作原理类似于资本资产定价模型中的"β"值。

如果出现$\beta>1$的情况,说明1%幅度的商品价格波动会对公司的股票价格形成超过1%幅度的影响。这时,商品价格的波动给该公司造成的影响大于该公司的经营能力所能够承受的范围,该公司首先应该挖掘潜力去降低成本或者提高生产效率,如果仍然不能降低公司的波动率,那么就应该进行套期保值业务。

如果出现$\beta<1$的情况,说明1%幅度的商品价格波动会对公司的股票价格形成小于1%幅度的影响。这时,该公司的经营能力能够抵抗当前的商品价格波动,该公司在套期保值业务方面的诉求就会低一些。

需要指出的是,黄金、石油和大豆等一些原材料商品本身的价格波动率也是经常变动的,如果出现了商品价格稳定,波动率下降的情况,公司就应该将一部分套期保值合约进行平仓,将更多的产量暴露在商品价格的不确定性之下;如果出现了商品价格突然变化,波动率上升的情况,公司就应该将一部分产量进行套期保值,将这部分产量排除在商品价格的不确定性之外。

如果目标公司不是上市公司,就观察不到该企业在市场上的波动率了,那么该如何确定企业是否进行套期保值业务呢?只要该企业具有和某一上市公司相似的技术、经营和市场条件,无论规模如何,都可以将其视作该公司在金融市场的复制品并加以研究。从MM理论可知,我们不需要知道这些公司的规模,除非公司的规模影响了技术和经营。因为规模的大小,类似于其发行股票数量的多少,对公司的价值没有任何影响。

---

① 有关波动率的计算,见第十一章附录以及第十二章第一节。

(三) 非主营业务的不确定性

非主营业务的不确定性可以被视为一种"噪声":即便出现了有利的局面,对企业的主营业务帮助也不大;而一旦出现了不利局面,对企业的主营业务则会造成伤害。这就是为什么有些企业把一些无关紧要的部门分包给专业公司。比如,有的大企业索性将公司的人事部门、计算机系统维护部门、后勤保障部门等非主营业务部门整体委托给专业公司管理。公司每年支付一定的费用之后,就不再对这些部门负责了。这样的"套期保值",有利于企业排除"噪声",集中主业。

综上所述,判断企业是否应该实行套期保值活动,应该遵循以下几条基本原则:

(1) 不要让投资者承担与主营业务无关的风险,这些不确定性因素干扰了投资者所看好的主营业务。如果出现了干扰主营业务的类似"噪声"的风险因素,企业应该通过"廉价"的套期保值工具,如期货和远期合同,加以排除。

(2) 把投资者看好的主营业务暴露在与企业能力相匹配的不确定性程度下,这样才能帮助投资者充分地把握每一次由不确定性带来资产升值的机遇。任何将自己主营业务的不确定性进行全盘套期保值的企业,其实是在破坏投资者的投资价值,同时也违背了 MM 理论。企业应该通过技术进步、提高效率、降低成本等来增强自身克服主营业务不确定性的能力,而不是依赖金融市场。

(3) 当主营业务出现短期的或瞬间的、无法克服的波动时,企业可以对产成品价格进行套期保值,以实现持续经营的目标。使用期权而不是期货,确保现金资产的减少换取了相当价值的期权资产。

(4) 企业对于生产经营活动中无法克服的原材料价格波动,应该使用期货等金融衍生工具进行套期保值,以便降低经营成本,确保企业拥有"以确定的价格获得不确定性资产的权利"。

第二节 套期保值效果的度量

一、套期保值效果与保值方案盈利的区别

虽然我们有时把对套期保值效果的度量与评估套期保值方案的盈利等同起来,但实际上,二者并不相同,我们通过下面一例说明。

实例分析 9-2:一家德国汽车制造商出口汽车到美国,订单要求 3 个月后装货,并在装货后 1 个月用美元付款,因此该公司提前 4 个月就知道具体的美元收入,公司有一笔美元的应收账款。管理层如何规避这笔应收账款的汇率风险?

解析:美元与欧元汇率的变化会导致应收账款的变化,在外汇风险中属于交易风险。如果欧元升值,则收到的美元是疲软货币,所以公司欧元收入就会下降。公司的管理层认为欧元将会升值,为了慎重起见,公司决定授权财务人员通过卖出 4 个月的美元远期合约对其外汇风险进行套期保值。

假设远期汇率为 \$1.25/€,这样公司通过远期合约将 4 个月后的美元收入确定了,即出售 100 万美元得到 80 万欧元。

4 个月后,出于好奇,公司管理层决定看看当日欧元的即期汇率,果然欧元升值,其履行远期合约的当日即期汇率为 \$1.351 4/€,所以,公司管理层很满意事先采取了套期保值措施,使企业"盈利"了 4 万欧元。遵循这一成功的保值措施,该公司在接下来的业务中重复

使用了该策略。同样,远期汇率仍然是＄1.25/€。但是,这一次的结果是美元升值,即4个月后即期汇率是＄1.190 5/€,公司管理层对此非常苦恼,因为这次套期保值的结果使公司"损失"了4万欧元。

公司管理层的这种态度是否合适,关键在于管理层如何看待套期保值的效果,这取决于该公司最初制定的保值目标。

如果公司最初的目标是从该项交易中实现80万欧元的收入,通过远期合约达到了这一目标,套期保值效率是100%,即使最终即期汇率与远期汇率有差异,公司也没有必要高兴或苦恼,因为对于实现80万欧元收入的目标来讲,即期汇率与该公司并不相干。所以,在此例中也并不存在所谓的盈利或损失4万欧元的概念。

当然,管理层对即期汇率变化而产生的后悔心理是可以理解的,这才有了后来一些新的金融产品的推出,比如中止式远期。所以,判断一项保值决策的质量时,最重要的是要了解最初的目标和在当时可获得的信息。设定一个恰当的保值目标,然后对保值的有效性进行正确评估是十分重要的。做不到这一点可能会导致在事前或事后采取错误的评价和决策。下面我们再分析另一个实例。

实例分析9-3:在20世纪80年代中期,德国汉莎航空公司(以下简称汉莎公司)向美国波音公司订购喷气式客机,定于一年后交货并以美元付款,因而汉莎公司面临着一年后需要将德国马克转换成美元。如果美元坚挺则对公司十分不利,航空公司要付出更多的德国马克,而汉莎公司认为美元极有可能在此后走弱。然而,尽管当时美元并未呈现出坚挺的趋势,汉莎公司还是担心在支付美元时,市场上美元价值会不合理地被高估。汉莎公司如何评价其套期保值的效果?

解析:汉莎公司的这笔应付账款面临的汇率波动的风险仍然是交易风险。公司为这笔应付账款进行套期保值可供选择的方案有:

(1) 买入远期美元。
(2) 买入马克的看跌期权。
(3) 不采取套期保值,到飞机交货时以即期汇率买入美元支付。
(4) 以远期美元合约买入所需的一半美元,另一半美元不进行套期保值。

由于远期美元升水,汉莎公司在发订单时已确认美元将升值,但是公司不愿意在美元价格被认为过高的时候去买入美元,这样就排除了采用第一种方案的可能性。遗憾的是,当时的货币期权远不如现在期权市场这么发达,因而采用期权进行套期保值的成本过高,妨碍了这类交易规模的扩大,因此,公司决定不采用第二种方案。汉莎公司的财务主管对汇率预测一直有经验,如果采取第三种方案看来具有很大的吸引力,但是,这种方案与公司的管理风格是不吻合的,对一种已知的货币风险不进行套期保值就等于投机。于是汉莎公司最后采用的是第四种方案。

汉莎公司这么做的理由是:要是美元正如预料的那样变得疲软了,由于有一半的原始风险没有进行套期保值,汉莎公司将从美元汇率下跌中获得一半的好处,如果美元真的升值了,那么由于做了远期同样可以从中避免汇率风险,因此,第四种方案不失为一种较佳的方案。

事实上正如汉莎公司预料的那样,美元汇率后来大幅度下降了,汉莎公司为此节省了一大笔费用,那么公司的相关负责人员将会因为他们的精明能干而受到嘉奖吧?但事实并非如此,他们却因此丢掉了自己的工作。此事经新闻媒体报道后,在当时差不多成为传遍全国的一件丑闻。为什么会有如此令人不可思议的结果呢?

这是因为当年会计人员把购买飞机便宜了25%和购买远期美元由于汇率下降导致巨额外汇亏损这两笔交易分别记账并给予披露。尽管套期保值与原始风险相结合为汉莎公司节省了费用,但会计人员既没有把这两笔交易的结果结合起来,也没有反映出套期保值策略背后的基本原理。

如果说我们可以从这个案例中得到一点教训的话,那就是:对套期保值策略或套期保值效率的评价不当,会得出不合情理的结果。如果某个套期保值方案是用来抵消某个特定的风险,那么就应该把这两者的财务结果结合起来作为一个整体来报告。正如把风险和套期保值一起放在一个盒子里,然后将盖子紧紧盖上一样,不应该去窥视盒子里的两者各自在做什么,而应该看这二者结合起来的结果是什么。

二、度量套期保值效果的指标

指标1:达到的财务结果越大越好,越小越差

这一评价指标主要针对的是财务收入,特定的结果是一个目标投资率或从业务活动中获得的目标财务收入。保值的有效性可通过公式(9.1)进行评价。

$$套期保值有效性 = \frac{T_{ACT}}{T_{TGT}} \tag{9.1}$$

其中,T_{ACT}表示实际财务结果,T_{TGT}表示目标财务结果。

实例分析9-4:如果资金的实际投资收益率为7.82%,而目标收益率为8.00%,请评价套期保值后的效率。

解析:$T_{ACT}=7.82\%$,$T_{TGT}=8.00\%$,将这些数据代入公式(9.1)得:

$$套期保值有效性 = \frac{7.82\%}{8.00\%} = 97.75\%$$

公司设立的目标收益率为8.00%,通过套期保值后实际收益率达到7.82%,如果公司希望套期保值的有效性达到90%即可,那么这一套期保值效率达到97.75%,保值效果还是不错的。

指标2:达到的财务结果越小越好,越大越差

这一评价指标主要针对的是成本。这一套期保值的情况与前一指标相似,只是风险的方向相反。因此用这一指标评价套期保值时主要针对目标借款成本或目标项目成本。保值的有效性可通过公式(9.2)进行评价。

$$套期保值有效性 = \frac{T_{TGT}}{T_{ACT}} \tag{9.2}$$

实例分析9-5:如果目标项目成本是680万欧元,而经套期保值后实际成本达710万欧元,请评价套期保值后的效率。

解析:$T_{ACT}=710$万欧元,$T_{TGT}=680$万欧元,将这些数据代入公式(9.2)得:

$$套期保值有效性 = \frac{680}{710} = 95.77\%$$

这一结果与实例分析9-4一样,最终要与公司事先设定的保值效率比较来进行进一步的评价。

指标3:达到一个可接受的最低财务结果

这一指标与第一个指标类似,只不过还有一个最低可接受结果的限制。因此,该情况下的保值有效性可通过公式(9.3)进行评价。

$$套期保值的有效性 = \frac{T_{ACT} - T_{MIN}}{T_{TGT} - T_{MIN}} \quad (9.3)$$

其中，T_{MIN} 表示可接受的最低财务结果，其他符号与前相同。

实例分析 9-6：一笔交易的目标收入为 500 万英镑，盈亏平衡的收入为 400 万英镑，套期保值后的收入是 520 万英镑，请评价套期保值后的效率。

解析：题目中给出的盈亏平衡的收入即设定了一个可接受的最低结果。将相关数据代入公式(9.3)中得：

$$套期保值的有效性 = \frac{520 - 400}{500 - 400} = \frac{120}{100} = 120\%$$

这一结果与实例分析 9-4 一样，最终要与公司事先设定的保值效率比较来进行进一步的评价。

指标 4：达到一个可接受的最高财务结果

这一目标与指标 3 类似，只不过条件相反，有一个最高可接受结果的限制。因此，该情况下的保值有效性可通过公式(9.4)进行评价。

$$套期保值的有效性 = \frac{T_{MAX} - T_{ACT}}{T_{MAX} - T_{TGT}} \quad (9.4)$$

其中，T_{MAX} 表示可接受的最高财务结果，其他符号与前相同。

实例分析 9-7：一家公司的借款合约不久要重新签订。目标借款利率为 8%，可允许的最高借款利率为 9%，经套期保值后，公司的借款成本锁定在 8.1%，请评价套期保值后的效率。

解析：题目中设定了融资成本上限，即 9%，将相关数据代入公式(9.4)得：

$$套期保值的有效性 = \frac{T_{MAX} - T_{ACT}}{T_{MAX} - T_{TGT}} = \frac{9\% - 8.1\%}{9\% - 8\%} = 90\%$$

最终结果还要与公司事先设定的效率指标进行比较评价。

指标 5：维持现状

这一指标与前面所讨论的四个指标均有所不同，这一指标表明对目前状况的任何偏离都是不符合需要的。许多企业或金融机构都在进行着多元化投资，它们希望对市场汇率及利率发生偏离所造成的损失进行规避。最令人满意的结果是经套期保值后的证券组合的价值完全不受市场价格变动的影响，而未完全保值的组合投资在市场汇率和利率变动时仍可能会获得盈利或遭受损失。因此，在这种情况下的保值有效性可通过公式(9.5)进行评价。

$$套期保值的有效性 = \text{Min}\left(1 - \frac{\Delta T}{\Delta U}, 1 + \frac{\Delta T}{\Delta U}\right) \quad (9.5)$$

其中，ΔT 表示套期保值后组合投资总价值的变化，ΔU 表示未套期保值的组合投资总价值的变化。

注意：此公式排除了有效性大于 100% 的可能。

若 $\Delta T = 0$，保值后的证券组合的价值根本没发生变化，有效性为 100%；若 $\Delta T \neq 0$，无论是正还是负，证券组合的价值都发生了偏离，有效性降至 100% 以下；若 $\Delta T = \Delta U$，则保值的有效性为零。

若套期保值实际上加大了市场汇率或利率的波动，那么保值的有效性也可能是负值。

实例分析 9-8：一家企业利用利率期货对远期利率协议进行套期保值，由于利率曲线的变化,保值后组合价值增加了1 512元,如果单独使用远期利率协议,则会损失20 000元,请评价这一套期保值效率。

解析: 题中给出了 $\Delta T = 1\,512$,$\Delta U = -20\,000$,将这些数据代入公式(9.5)得:

$$套期保值的有效性 = \text{Min}\left(1 - \frac{\Delta T}{\Delta U}, 1 + \frac{\Delta T}{\Delta U}\right)$$

$$= \text{Min}\left(1 - \frac{1\,512}{-20\,000}, 1 + \frac{1\,512}{-20\,000}\right)$$

$$= \text{Min}(1.075\,6, 0.924\,4) = 92.44\%$$

从以上指标可以看出,设立一个恰当的指标对企业套期保值的效率进行评价是非常重要的,其评价的关键在于与公司套期保值的目标结合在一起,否则会得出不合理的结论。

三、财务部门在评价体系中的作用

在许多企业,价格风险的管理由财务部门来进行。财务部门在评价体系中是否应该作为一个利润中心呢?事实上,随着人们对公司财务活动的关注程度的提高,许多公司的财务部门已被视为一个利润中心,但是,不恰当地把财务部门作为利润中心可能会引发一些问题。

(一)转移价格的确定

在公司内部,当一个部门向另一部门提供原材料或服务时,转移价格问题就产生了。有时候,转移价格可以合理地加以确定,但在很多时候,转移价格是十分随意地制定的。比如,一家英国公司的财务部门为经营地设在德国的子公司把欧元兑换成英镑,或为一家在苏黎世附近新建的公司提供价值1 000万瑞士法郎、为期5年的贷款。如果财务部门是利润中心,是否需要在第一笔汇兑交易中为即期汇率加一个价差,或者收取一笔固定的交易费?在第二种情况下,财务部门是否应该将英镑与瑞士法郎的汇兑损益加在投资收益中?是否向子公司提供浮动利率贷款,这种浮动利率的幅差如何确定?如果以上这些问题得不到明确清晰的政策支持,财务部门很难做到是利润中心。

(二)度量财务部门套期保值的经济价值的方法

财务部门要对已知风险进行套期保值,最简单的策略就是采用远期交易固定风险成本。然而这种保值策略最明显的缺陷是排除了其他获利机会。

例如,当前6个月期贷款利率仅为4%,而将5年期的美元贷款利息成本固定在6%的水平上,就会立即造成2%的损失,或者说公司损失了节省2%的成本的机会,这种机会收益具有隐性的特点,在有些公司看来,这种隐性的收益是至关重要的。例如某家计算机公司贷款额度在不断扩大,以至于到了如果收入减少可能会使公司陷入破产的境地,一旦成为事实,公司的客户就会转向其他计算机供应商。在这种情况下,隐性收益对这类公司就显得极其重要。因此,对许多公司而言,套期保值的确带来了有形的财务节省,问题是如何对这些节省进行合理的度量,以确定财务部门的真实业绩。

对财务部门的业绩评价要确保财务部门不会对利润过度追逐而带来灾难性的后果。在什么条件下,保值不充分或过度保值会演变成十足的冒险呢?下面实例可能对我们有所启示。

1991年英国公司联合利昂(Allied Lyons)损失了1.5亿英镑。在这一案例中,正是由于该公司过分地追逐利润、内部体系与监控措施不完善,以及雇员对他们所承担的风险一无所知等因素结合在一起造成的。当时公司出售了美元的看涨期权,企业作为卖方,而风险正好来自于这些毫无保护的外汇期权头寸。当该公司力图降低其风险时却又不经意地增加了这一头寸,直到公司要求其银行对这些混乱状况进行清理时方才意识到这一点。事后,该公司总裁引咎辞职,并承认财务部门"进行了不适当的外汇产品交易,并且缺乏必要的交易技巧"。

联合利昂公司金融事件的消极影响不止于此,它还引发了其他英国公司纷纷向其股东保证不再使用期权进行交易。为了消除人们的担心,这类保证是可以理解的。但如果仅仅因为一家公司的失误便否认正确运用期权有着无可辩驳的好处是一个很大的错误。像许多其他有效的金融产品一样,期权在使用适当时可以带来巨大的好处,但使用不当时,它也会带来灾难性的后果。

本章小结

1. 财务风险是影响未来财务状况的不确定性,这些风险可以分为外汇风险、利率风险、股权风险、商品风险、流动性风险、对手风险和模型风险等。本书主要关注的是前四种风险,它们均是价格风险。

2. 套期保值目标的确定有利于企业明确自己应该做什么及其对风险的承受能力。只有这样,套期保值生效后才能达到企业的预期目标。因此,确定套期保值目标主要从是否需要完全的风险保护、付费意愿、市场预期等各方面考虑。

3. 并不是所有的风险都需要套期保值,这跟企业主营业务的波动和经营能力相关,当主营业务波动大于经营能力时,就需要套期保值,否则就不需要套期保值。通常对成本采用确定性替代风险,而收入则采用期权。

4. 套期保值效果并不等于保值方案的盈利,这要与套期保值的目标、规模和成本等联系起来,否则就容易将套期保值变为投机。因此,评价套期保值的效率可以通过5个指标进行评价。

重要概念

套期保值效果　　套期保值方案的盈利　　套期保值的有效性　　对手风险
模型风险　　　　流动性风险　　　　　　商品风险

思考题

1. 公司的财务风险有哪些?列举三种主要的财务风险。
2. 试分析完全的套期保值与有约束的套期保值各自的利与弊。
3. 在确定套期保值目标时应考虑哪些因素?
4. 当企业的投入成本出现不确定性时,建议采用什么套期保值方案?当收入发生不确定性,又采用什么方案?为什么?
5. 为什么套期保值效果的度量与评估套期保值方案的盈利不能等同起来?
6. 度量套期保值效果的指标有哪些?举一例说明其中一个度量指标。

即测即评

请扫描右侧二维码,进行即测即评。

扩展阅读

第四部分 运用篇

财务风险管理的最终目的是为企业提供规避风险的方法和技术,为股东创造价值。在前面几篇中,我们将规避风险的相关方法和技术分别作了介绍。本篇重点在于运用,主要将金融产品运用于利率风险、汇率风险和股权风险的管理中。

第十章 利率风险管理

本章学习目标

- 了解利率风险的分类
- 掌握管理不同利率风险的金融产品
- 掌握如何运用远期利率协议和利率期货对利率进行风险管理
- 掌握具有期权特征的金融工具在利率风险管理中的运用

利率风险主要指利率波动给企业融资、投资方面带来的风险,这种风险在企业面临的风险中是最常见和最重要的。本章主要运用前面介绍的方法,通过案例进行进一步分析。

第一节 利率风险的管理方法和工具

企业在融资和投资中面临的利率有多种,如互换利率、零息票利率、远期利率、浮动利率、固定利率和票面利率等。即使是一种类型的利率也有一系列不同的期限结构,短到1天,长到无到期日,所以广义的利率风险包括在期限范围内任意时点上任何类型的利率风险。

一、利率风险的分类

无论怎样定义利率风险,在实践中,利率风险都可归属于以下三种。

1. 有明确期限且只包括未来一期的短期利率风险

这类风险主要指要在将来进行短期筹资,期限是确定的,并且递延期是确定的风险。例如,一家企业的财务主管要在6个月后进行为期3个月的筹资,那么他就会面临着距今6个月的为期3个月的筹资利率的不确定性,因而这是一种短期利率风险。

2. 有明确期限的短期利率,但涉及未来一系列的期间

这类风险主要是指浮动利率风险。例如,一位投资者刚刚购买了每6个月调整一次、为期5年的浮动利率债券,那么该投资者就在未来10期内面临着6个月期利率上升或收益率下降带来的风险。这种风险受一系列短期远期利率的影响。

3. 有明确期限的长期利率风险

通常这类风险涉及的是固定利率风险。例如,一位投资者购买了20

年期固定收入债券,那么他就会面临20年期间市场收益率变动的风险。而一家企业通过银行进行了一笔5年期的固定利率与浮动利率的互换,如果在5年期间浮动利率呈上升趋势,则该企业就面临着利率风险。因此,此类风险与特定期间内收益率的变化有关。

未来利率的变化会引起利率风险,但未来利率的变化与即期利率密切相关,因此,在考察利率风险时,我们需要根据起主要作用的利率来对不同类型的风险加以区别。

例如,购买5年期浮动利率债券的投资者将考虑未来6个月期利率变动趋势,并且还可能考虑签订一项互换协议以便将浮动利率收入变为一系列的固定收入。该投资者通过互换将他最初的注意力从短期利率转到5年期的互换利率上,从而利率风险从第二类风险转为第三类风险。虽然这两种风险本质上是相同的,但观察者的角度却有了很大的不同,因此,这需要根据投资者对未来利率的预测和风险偏好来确定。

二、不同类型利率风险的管理方法

不同类型的利率风险,其管理方法和运用的金融产品是不同的。

如果借款人需要在未来较短的一段时间内借入一笔资金,并且希望防范利率的上升,那么,可供选择的措施有:现在把利率固定下来,即直接用固定利率借款;购买远期利率协议;以及卖出利率期货或国债期货等。这些方法都可以避免风险,但当未来利率下降时,借款人却失去了从中获利的机会。要想在利率变化中获利,那么可以选择具有期权特征的金融产品,即购买一份以远期利率协议为基础的看涨期权,即利率保证。这种期权提供一种权利而不是义务来购买远期利率协议。如果当借款利率高于协议利率时,期权就会行使,于是借款利率被限定在协议利率水平上。此外,还可以购买国债期货或短期利率期货的卖权。

如果借款人需要在较长时间内借款,那么通常只能以浮动利率借款。借款期可以分成几个时间段,在每个时间段开始时,把利率固定下来(例如,LIBOR6)。在这种情况下,借款人为了防范利率风险,可供选择的措施有:购买一系列的远期利率协议;出售一系列利率期货;以及利率互换等。这些方法提供了筹资成本的稳定性,但却不能使借款人在贷款有效期内利率下降时获利。借款人还可以购买利率顶,即购买一系列以远期利率协议为基础的看涨期权,使期权的到期日与贷款的固定利率相匹配,在每一个固定利率日,借款人将当日利率与协议利率相比较,如果即期利率大于协议利率则行使期权,否则放弃。

综合以上利率风险的管理方法,如表10-1所示。

表10-1 利率金融产品分类

作用	单期	多期	保护类型
防范利率风险	远期利率协议 期货	互换	固定的
防范利率不利风险,同时在利率变动有利时获利	利率保证 期货期权 顶权	利率顶(上限) 利率底(下限) 利率套(双限) 互换权 共享顶 顶权	有选择的

以上具有期权特征的金融产品中,单期期权行使权利的机会只有一次,而多期期权则根据签订协议的长短可行使多次权利。

三、利率风险管理工具比较

表 10-1 给出了常见的各种利率风险管理工具,在实践中哪种工具更好则取决于我们套期保值的目标。正如我们在第九章中讨论的,在建立套期保值目标时需要考虑以下四点:①是否希望对所有利率变动获得完全的保护;②对不利因素的反感程度;③对套期保值付费的意愿有多大;④企业管理层对市场行情的看法如何。

(一) 完全保护

如果企业需要的是完全的确定性,那么选择也很简单明了:使用远期利率协议和期货去保护短期的利率风险,或者使用互换保护长期利率风险。

(二) 对不利因素的反感程度

如果企业虽然对不利因素反感,但同时又希望从有利变动中获利,那么选择具有期权特征的金融产品是非常适宜的。如果风险是短期的,那么选择利率保证,并选择一个在保护、收益和期权费之间取得平衡的约定价格。另外,可将利率保证与其他金融产品组合出一些适合企业的新的产品或其他变形产品。对于长期风险,除了前面类似的产品外,还可以使用多期期权,比如,利率顶、利率底、利率套以及共享顶等。

(三) 为保护付费的意愿

如果企业认为满意的风险管理产品太昂贵,还可以选择低成本或无成本的产品,如利率套或共享顶这样一些组合,它们通过出售一部分的获利机会来融资从而减少付费成本,并提供所需要的保护水平(具体实例我们将在汇率风险管理中讨论)。互换权也是互换的一种低成本的替代产品。但要注意,如果顶权或互换权最终被行使,那么总成本将大于从一开始就直接买入利率顶的成本。

(四) 对市场行情的看法

对于利率风险,特别是长达几年的风险,使用者对市场行情的看法在设计最佳套期保值策略时非常重要。最重要的是将使用者对受险期间利率走势的看法和市场的看法相比较,即与隐含远期利率相比较。这是因为所有浮动利率融资和投资提供的参照标准是一系列的隐含远期利率而不是互换利率,也不是现行的短期利率。因此,通常使用者对利率走势的看法主要有以下三种:①认为利率将比隐含远期利率曲线上升得更快;②认为利率会上升,但比隐含远期利率曲线上升得慢;③认为利率将或多或少地按照隐含远期利率曲线变动。

图 10-1 使用一个向上倾斜的收益曲线来说明这种情景。

1. 利率将比隐含远期利率上升得更快

在这种情况下,借款者肯定需要对高利率进行保护,而互换将比利率顶更好,主要原因在于:①互换的价格是加权平均的隐含远期利率,因而与借款者设想的远期利率相比就显得更便宜;②利率顶的时间价值赋予借款者在每一个单期上行使权利或放弃权利,如果借款者认为利率将比市场预期上升得更快,那么他肯定会行使单期上限中的大部分,而不值得为不行使的那部分权利付费。

固定利率支付方进入互换的一个辅助方法是,借款者卖出一个利率底,并通过收取期权费来降低实际借款成本。在预期大部分单期下限不会被行使的情况下可以这样做。然而,当收益曲线上升时,下限的水平要设定得足够高,这样做才能带来足够的一次性期权费收

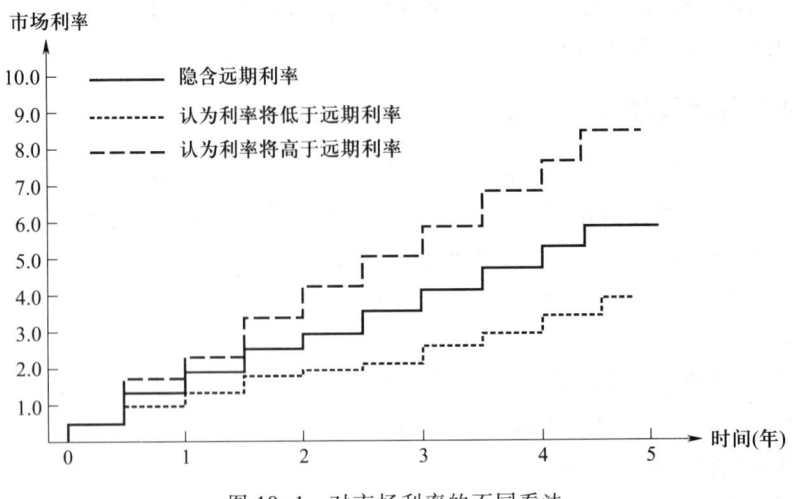

图 10-1 对市场利率的不同看法

入,才会有价值。注意这一策略实际上将借款者的风险进行了反向扭转,即如果利率下降实际借款成本会更高。如果把互换看成是以同一协定价格买入一个上限并卖出一个下限,可能更容易理解。互换中的下限部分将借款者初始受险中的利率下降的收益中和了,而卖出另一份下限将低利率时的收益变成了成本。所以,只有在借款者强烈地认为利率将迅速且剧烈地上升时,这种策略才是可行的。

另一种方法是以一个低的协定价格买入一份零成本的共享顶,如果认为利率将比隐含远期利率上升得更快,这种方法既可以对利率上升有所保护,也可以降低买顶的成本。

2. 利率上升得比隐含远期利率慢

在这种情况下,借款者将发现互换是昂贵的,因为他认为远期利率太高,互换将他锁定在基于对远期利率预测的一个固定利率上,因此,这类使用者买入利率顶、利率套等要更好,这些产品可以在借款者的看法出错时提供保护,却又没有将他锁定在一个没有吸引力的利率上。如果选择的是利率套,那么要小心不要将下限水平设得太高,否则借款者将不能从利率降低中获益。

买入利率顶的一个替代方法就是买入一份支付方互换权[①],价格更便宜。如果到了行使日,利率出乎意料地升高,借款者就能行使其互换权成为互换中的固定利率支付方。但要注意,这种互换权的灵活性比利率顶要小,如果行使了互换权,借款者就锁定在固定利率上,以后就不能从利率的下跌中获益。可能更糟糕的情况是利率直到到期日还很低,所以没有行使互换权,但当借款者没有利率保护时利率又突然剧烈地上升。相比之下,利率顶提供了在整个受险期间的一种灵活的保护方式。

与互换权有些相似的策略是买入一个顶权。由于比互换权便宜,如果利率确实处于低位而顶权未被行使的话,这种选择就是最佳的。然而,如果利率在行使日降低,但在借款者没有保护时又上升了,顶权策略同样容易遭受与互换权一样的不利。

3. 利率将按隐含远期利率波动

这种情况还包括那些对未来利率走势没有看法的借款者。可供选择的产品有互换和利

---

① 这是一种授予其持有人以固定利率支付任何浮动利率的期权。该互换将含有一个预先设定的利率(也就是固定利率),也被称为看跌互换期权。

率套或共享顶等,如果利率实际上是按照远期利率所隐含的那样变动,所有这些选择将产生相似的结果。这种情况并不建议使用互换权或顶权。如果不是按照平价买入其中一种产品,那么提供的保护就太少了,不值得这么做;如果是平价买入,那么当利率"静止",即它们只按远期利率的轨道运动时,又显得太贵了。

表10-2汇总了这些建议,不仅从借款者的角度,也可以从投资者或贷方的角度来提供参考。显然,在最优策略之间具有对称性:借款者可以买利率顶,投资者就能买利率底。

表10-2 规避利率风险的推荐策略

对利率走势的看法	借款者策略	投资者策略
利率将低于隐含远期利率	买入利率顶 买入利率套 买入支付方互换权 买入顶权	互换(固定利率接受方) 互换并卖出利率顶
利率与隐含远期利率同步	互换(固定利率支付方) 买入零成本利率套组合	互换(固定利率接受方) 卖出零成本利率套组合
利率将高于隐含远期利率	互换(固定利率支付方) 互换并卖出利率底	买入利率底 卖出利率套 买入接受者互换权 买入底权

第二节 案例分析

本节主要通过案例分析具体说明在财务风险管理中,远期利率协议、利率期权和利率期货的运用。

一、远期利率协议在风险管理中的运用

远期利率协议在未来一个单一的特定期间内有效,因此适用于对短期利率的风险头寸进行套期保值。在实践中,所有主要货币的远期利率协议都可以很容易地获得,标准合约期限约为一年,且可以在未来的一年之内开始生效,如1×4或3×9等标准合约。除了这些标准合约外,银行还提供一些非标准期限的合约,如递延4.5个月后开始生效,贷款期为3.5个月。当然,在非标准合约条件下,银行通常会报出一个更高的买卖价差以抵补额外的保值成本。

若使用者的利率风险与LIBOR联系在一起,且包含的期间与某一标准合约的日期恰好吻合,那么FRA可以提供完全的或接近完全的套期保值。值得注意的是,远期利率协议进行套期保值只是保证了一个特定的结果,而不管实际利率的变动是有利还是不利。下面我们通过一个案例说明远期利率协议是一种理想的套期保值策略。

实例分析10-1:K公司是一家美国公司,主要生产高质量的机器零部件。2016年6月底财务主管为该公司制定2017年上半年的财务预算,并估计公司在2017年度1—6月份平均借款为500万欧元。

2016年,一直在传言美联储要加息,控制通胀率、加快经济发展,以达到"最高就业率"。为了更准确地把握利率的期限结构,该财务主管与银行接触,得到以下有关现货市场利率与FRA利率的报价,如表10-3所示。

表10-3 现货利率与远期利率报价

美元利率		远期利率(FRA)			
1个月	1.687 5-2.062 5	1×4	1.23	1×7	1.40
2个月	2.000 0-2.250 0	2×5	1.40	2×8	1.57
3个月	2.437 5-2.687 5	3×6	1.61	3×9	1.83
6个月	2.687 5-2.937 5	4×7	1.82	4×10	2.10
9个月	2.750 0-3.000 0	5×8	1.93	5×11	2.37
12个月	2.687 5-2.937 5	6×9	2.12	6×12	2.75
		9×12	2.43		

由表10-3可知,现货市场与远期利率市场的利率都是向上倾斜的收益曲线,利率确实上升了。K公司的财务主管认为2017年的利率将上升至比远期利率所预示的还要高。假设该公司存、贷利率可以在基准利率上加、减15个基点,面对利率水平的上升,财务部门如何规避融资风险?

解析:根据题意,为了规避未来的筹资成本,财务主管决定现在通过买入6×12的FRA来锁定未来6个月的融资成本。该FRA的具体约定如表10-4所示。

表10-4 远期利率协议合约内容

名义本金	500万美元	基准日	2016年12月20日	星期二
		结算日	2016年12月22日	星期四
		到期日	2017年6月22日	星期四
合约利率	2.75%	合约期限	6个月	

2016年北京时间12月15日凌晨3点,美联储公布利率决议,将联邦基金利率提高25个基点,美联储加息成为事实。加息的结果并不意外,更重要的是,美联储决议声明:预计2017年加息三次,决议声明获得一致通过。

到2016年12月20日,美元的市场利率LIBOR固定在2.95%水平上,这一数据与2016年12月的利率报价2.937 5%相比显然有所上升,公司财务主管的判断是正确的,因为他推测该利率水平将会超过2.75%。由于购买了远期利率协议,K公司在结算日(2016年12月22日)收到的结算金额为:

$$\frac{(2.95\%-2.75\%)\times 5\,000\,000}{\left(2.95\%+\frac{12}{6}\right)}=4\,927.32(美元)[①]$$

公司将收到的结算金额按2.8%(2.95%-0.15%)的利率水平进行投资,为期6个月。

---

① 见公式(5.4)。

在 2017 年 6 月 22 日，公司从远期利率协议中获得的总收入为：

$$4\,927.32\left(1+2.8\%\times\frac{6}{12}\right)=4\,996.30(美元)$$

2016 年 12 月 22 日，公司需要的资金 500 万美元可按当时的市场利率 $LIBOR+15$ 个基点借入，为期 6 个月，因此，在到期日具体的现金流量如下所示：

从 FRA 中获得的总收入	+ $ 4 996.3
以 3.10% 借入资金，到期支付利息	- $ 77 500
净借款成本	- $ 72 503.7

K 公司的实际融资成本为 y，则

$$72\,503.7=5\,000\,000\times\frac{6}{12}\times y$$

$$y=2.90\%$$

实际融资成本 2.90% 相当于远期利率协议中的协议利率 2.75%+0.15%，这恰好是该公司所希望的，比名义筹资成本 3.10% 下降了 20 个基点。远期利率协议使 K 公司在制定保值计划时就可以将其所期望的借款利率锁定。

从实例分析 10-1 中可知，利率风险的暴露期限与标准 FRA 的期限是完全一致的，都是 6 个月，如果期限不完全一致，或在使用的利率基础上存在差异，使用者可以有三种主要的选择：

最简单的一种方法是利用 OTC 市场上的灵活性，从银行那里获得一个定制的合约。这种方法的好处在于可以定制一个与基本风险暴露的各种要素相符合的合约，从而能够得到一个近似的完全套期保值。但是不利之处在于签订一个非标准的 FRA 合约的成本要略高些，这通常会反映在一个略微高于理论上公平市场利率水平的利率中。

第二种方法是使用一个可获得的初始风险暴露最接近标准的 FRA 合约来进行套期保值，并且承担剩余的基差风险。这种套期保值的运作与基本风险暴露稍有不同，可以把未保值部分或基差风险看作是套期保值的成本。

最后一种方法是使用标准的期货合约进行套期保值，并对基差风险进行管理。因为期货合约的使用者也恰恰面临着同样的问题，期货市场上已推出了使基差风险最小化的方法。

二、利率期权在风险管理中的运用

（一）利率保证

通过远期利率协议，企业将未来的融资成本锁定在协议利率水平上，但是，市场利率与原来预期相反时，企业要支付结算金给出售方。而利率保证则在远期利率协议上加入了期权的特征。企业为规避利率上升的风险，相当于企业购买一份远期利率协议的买权，如果市场利率最终高于协议利率（协定价），借款者可以行使期权，并按远期利率协议中的协议利率计算结算金额，使借款成本有上限；如果市场利率低于协议利率，借款者就可以放弃期权，并直接用市场利率借款。类似的，投资者也能使用远期利率协议的卖权以保证最低的投资回报。

实例分析 10-2：一家公司在 6 个月后要借入一笔为期 6 个月的资金，如果公司买入一份 6×12 的远期利率协议，协议利率为 8%，那么公司将利率锁定在远期利率水平上，一旦利率水平下降，则公司就不能享受利率下降的好处。公司如何运用利率保证进行套期保值？

解析： 利率保证使得公司买入协议利率为8%的远期利率协议的看涨期权，支付的期权费约为名义本金的16个基点。公司等待6个月后利率如何变化。如果市场利率到时高于8%，公司行使期权并买入远期利率协议，公司将立即以现金结算以保证借款利率为8%；如果利率低于8%，公司就让期权失效，以市场利率借款。利率保证的结果使公司可以以到时的市场利率或者以8%借款，哪一个更好就选择哪一个。

表10-5列出了市场利率和6×12远期利率协议的协议利率为8%、协定价格从7%到9%的期权费①，每种报价都保证了6个月后的6月期利率，买权保证一个最高的借款利率，而卖权保证一个最低的投资利率。

表10-5　6个月期利率保证的期权费（以基点表示）

协议利率（%）	买权（借款者的保证）实际支付期权费	每年	卖权（投资者的保证）实际支付期权费	每年
7.0	51	102	4.5	9
7.5	32	64	8.5	17
8.0	16	32	16	32
8.5	9.5	19	33	66
9.0	6.5	13	53	106

利率保证的盈亏图和其他以期权为基础的产品没有差别。图10-2显示了在最终市场利率下的实际借款成本和五种不同的协定价格下的利率保证盈亏图。在每一种情况中，实际借款成本已经根据预先支付的期权费做了调整。比如，协定价格是7%，期权费为102个基点，借款成本最低为8.02%。图中给出了以8%协议利率的远期利率协议进行套期保值的盈亏图，这是一条水平线，说明通过该产品的套期保值将实际融资成本锁定在8%，而没有进行套期保值的融资处于风险状态下，是对角形的盈亏图。如图10-2所示。

图10-2显示一个极端，借款者通过购买远期利率协议来避免利率变动带来的任何影响，不论将来利率如何变化，它都固定了一个最终借款利率，其损益状态图就是在8.00%的一条水平线上。实值期权的利率保证在协定价格7.00%以上也有相似的特点，但如果利率最终低于这一水平，借款者将获益。

另一个极端就是借款者不进行套期保值，这样借款者会遭受利率的任何变动带来的全部影响。如果利率低，借款成本也低，如果利率高，实际筹资成本也将呈直线增长，所以，图中显示的是一条对角线损益图，而虚值期权的、协定价格为9.00%的利率保证具有相似特性，所以这一价格便宜，但它直到利率上升到协定价格9.00%时才提供保护，将借款成本的上限锁定在9.00%。

在前面两种极端之间，不同协定价格的利率保证对于期权费、高利率下的保护程度和从低利率中获利的能力这三者提供了不同的折中方法。

---

① 期权费用年率表示，比如，7.5%的买权的期权费一次性支付名义本金的32个基点，这一利率保证持续期为6个月，因此，这32个基点的期权费就等于以年为基础的64个基点。

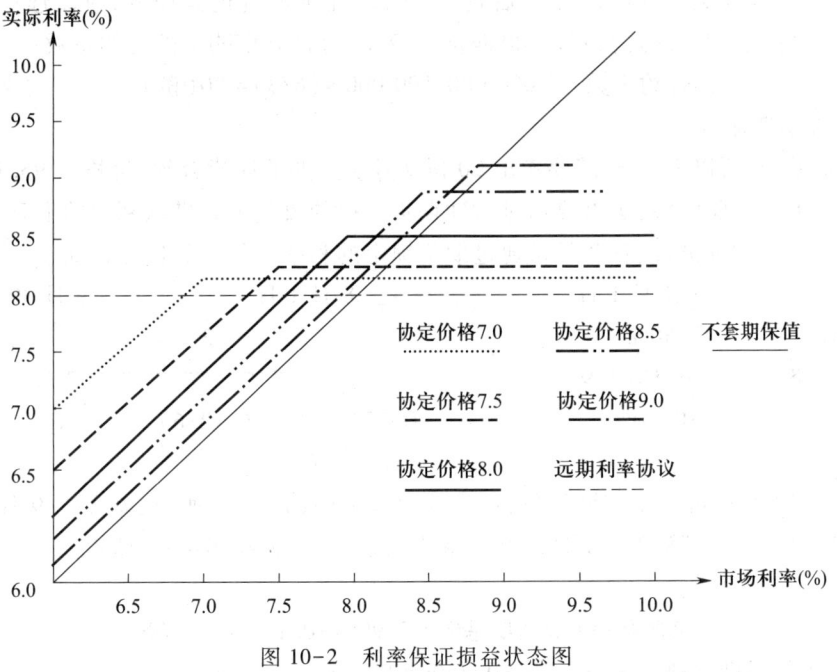

图 10-2 利率保证损益状态图

(二) 利率期货期权

正如第八章讨论的那样,利率期货期权在行权时需要考虑对短期利率期货的平仓。

实例分析 10-3:假设现在是 4 月 1 日,H 公司需要在 4 个月后借 500 万美元,为期 6 个月。当前的 $LIBOR = 3.5\%$,估计未来利率将上升 0.5%,所以公司财务经理考虑用期货还是期权对利率进行套期保值。H 公司可以按 $LIBOR$ 加 25 个基点进行贷款。当前有关期货/期权信息如下:

1. 期货合约(500 000 美元,3 个月)

期货合约报价如表 10-6 所示。

表 10-6 期货合约报价

6 月份	9 月份	12 月份
96.4	96.10	95.86

2. 期货期权

期权报价如表 10-7 所示(期权费按年百分比报价)。

表 10-7 期权报价

协定价格	看涨期权			看跌期权		
	6 月	9 月	12 月	6 月	9 月	12 月
96.40	0.155	0.260	0.320	0.305	0.360	0.445

如果公司为利率风险进行套期保值,有两种方案可供选择:期货合约和期货期权合约,请估算其财务结果,并推荐哪种方案好。

解析:因为现在是4月份,4个月后贷款,所以,无论期货还是期权,应该选择与8月份最近的报价,那就是9月份的报价。根据公式(7.8)可计算出购买的合约份数:

合约份数 = 5 000 000/500 000 × (6/3) = 20(份)

1. 期货套期保值

因为是借钱,所以H公司需要卖出20份9月份到期的期货合约,价格为96.10。但是,公司在8月1日需要借钱,所以要通过对冲期货获得的收益抵补借款利率的上升,这就需要估算8月份的期货价格,或者8月份通过期货锁定的利率水平。具体分析如下:

	4月1日	8月1日	9月30日
LIBOR	3.50%	2个月 →	
期货价格	96.10(3.90%)		
基差	−0.40%	−0.13%(−0.40%×2/6)	0%
		(W1)	

W1:期货之所以可用来套期保值,这是因为其基差趋于0。所以,基差在9月份应该为0。假设基差呈线性下降,8月1日的基差就应该是−0.40%×2/6 = −0.13%。

因此,锁定利率为:

隐含利率+未到期基差 = 3.90% − 0.13% = 3.77%

所以,H公司借款利率为:3.77% + 0.25% = 4.02%

期货套期保值后的财务结果(支付的利息)为:

4.02% × 5 000 000 × 6/12 = 100 500(美元)

考虑预期利率变化0.5%(4月1日是3.5%),因此,8月1日利率水平可能为3%或者4%,那么基差重新调整:

	4月1日	8月1日	9月30日
LIBOR	3.50%	3%或4%	
期货价格	96.10	96.87 或 95.87	
	(3.90%)	(3.13%)(4.13%)	
基差	−0.40%	−0.13%(−0.40%×2/6)	0%
		(W2)	

W2:与W1分析相同,基差为LIBOR和隐含期货价格利率之差。如果LIBOR = 3%,那么隐含利率为3% − (−0.13%) = 3% + 0.13%,对应的利率期货价格为96.87。

所以,锁定的利率水平如下:

	4.00%(LIBOR)	3.00%(LIBOR)
利息支付[5 000 000 × 6/12 × (LIBOR+0.25%)]	(106 250)	(81 250)
期货市场:按96.10卖出		
4%的LIBOR,按95.87买入,收益0.23%	5 750	
3%的LIBOR,按96.87买入,损失0.77%		(19 250)
(收益/损失(%)×20份×5 000 000×3/12)		
净财务结果	(100 500)	(100 500)
实际筹资成本 = (100 500/5 000 000 × 12/6)×100	4.02%	4.02%

与前面计算锁定利率的方法是一致的。所以期货是一种用确定性替代风险的方法。

2. 期权套期保值

H公司最初需要买入20份9月份到期的看跌期权,协定价格是96.40,支付期权费0.360%,总额为

$$0.360\% \times 20 \times 500\,000 \times 3/12 = 9\,000(美元)$$

运用前面的期货价格,计算期权套期保值后的财务结果如表10-8所示。

表10-8 套期保值后的财务结果 金额单位:美元

LIBOR	4%	3%
行权否	行权	放弃
按协定价格96.40卖出期货	96.40	N/A
了结期货合约,买入期货	95.87	—
获利	0.53%	—
期权获利(0.53%×20份×500 000×3/12)	13 250	0
支付利息[5 000 000×6/12×(LIBOR+0.25%)]	(106 250)	(81 250)
期权费	(9 000)	(9 000)
净财务支出	(102 000)	(90 250)
实际筹资成本(净财务支出/5 000 000×12/6)×100	4.08%	3.61%

从以上分析看出,使用期货将利率固定在4.02%,而期权有变化。至于采用什么方案,若未来有很大的不确定性,预计利率将下降,则采用期权比较合适。

(三)利率双限

利率双限期权是多期远期协议的组合,或者说是利率顶和利率低的组合,其目的主要是降低套期保值的成本。

实例分析10-4:一家公司希望在3月1日借入为期3个月、1 000万美元的贷款,公司能按LIBOR+固定幅差2%借钱。当前LIBOR为8%,公司经理想用期权套期保值,但期权费较高,于是,财务经理准备用利率双限进行套期保值。市场有关利率期权的数据如表10-9所示。

表10-9 期权报价

协定价格	看涨期权		看跌期权	
	3月	6月	3月	6月
92.00	0.80	0.77	0.20	0.22
93.00	0.15	0.12	0.60	0.70

若LIBOR上升到9.5%时,期货价格为90.20;LIBOR下降到4.5%时,期货价格为96.10。计算使用利率双限实际支付的利率。

解析:借钱时使用标准期权策略是去买看跌期权,防止利率成本高于当前水平;使用看跌期权,选择与当前利率水平最接近的价格,所以,协定价格为92.00。

双限期权将涉及买看跌期权和卖看涨期权来降低期权费。因为3月1日借钱,所以使用3月份的期权。

具体交易如下:

公司买入 3 月份的看跌期权,协定价格 92.00,期权费 0.20%;卖出 3 月份的看涨期权,协定价格 93.00,期权费 0.15%。

(1) 利率上升到 9.5%,超过了利率顶,公司行权,按 92.00 卖出利率期货,再按 90.20 买入利率期货平仓。购买看涨期权的买方会放弃行权。公司的实际成本为:

$$(9.5\% + 2\%) + (0.20\% - 0.15\%) + (8\% - 9.80\%) = 9.75\%$$
借钱的成本　　　期权费　　　期货盈利(92.00-90.20)

(2) 若利率下降至 4.5%,低于下限,放弃买入看跌期权,而出售看涨期权的买方会行权,所以实际融资成本为:

$$(4.5\% + 2\%) + (0.20\% - 0.15\%) + (7\% - 3.90\%) = 9.65\%$$
借钱的成本　　　期权费　　　期货亏损(93.00-96.10)

所以,通过套期保值后的利率水平(9.75% 或 9.65%)都低于名义筹资成本 10%(8%+2%)。

三、利率期货在风险管理中的运用

利用利率期货进行风险管理与利用远期利率协议进行风险管理的主要区别是,利率期货是标准化合约而 FRA 更具有灵活性。或者说,至少在理论上讲,企业可要求银行或金融机构设计一种 FRA 与其利率风险暴露特征相吻合,而期货合约则没有这种可供选择的方法,使用者必须接受合约中的标准化规定,这意味着风险暴露和用于保值的特定期货合约之间会在很多方面存在差异。由期货标准合约引起的潜在问题如表 10-10 所示。

表 10-10　期货标准合约所引起的潜在问题汇总

受险本金	由不同币种的合约规模固定的,如 100 万美元、50 万英镑
受险期	合约的期限长度是固定的,如 3 个月
风险暴露日	合约在一固定的时间到期,如 3、6、9、12 月份的第三个星期的星期三
基差风险	合约的结算与某一市场利率,如 LIBOR 联系在一起
结算金额	期货合约价格的单位变动价值是固定的,如 25 美元、12.5 英镑
保证金	维持保证金账户在合约期内引起无法预计的现金流动

对于表 10-10 中的问题,除了受险期与期货到期日不符引起的时间匹配问题以外,其他问题可以通过计算期货的套头比来解决,以使套期保值方法更接近完善。一个简单的期货套期保值通常至少可以抵消掉风险暴露的 80%。

那么,我们是否需要应用某些复杂的技术来获得 100% 的保值率呢?对许多公司来说,进行这些努力可能并不值得,可以将未保值部分看成是套期保值的成本。

由于期货单位变动价值总是固定不变的,因而一个替代方法就是调整所使用的标准合约数。因此,计算正确的套期保值率实际上就是决定应买入或卖出多少份期货合约才能使保值后总的价格单位变动价值与基本风险相匹配。

对套头比的计算需要考虑以下有关因素:受险本金、结算金额、受险期限、保证金流量以及风险基差。前两项因素是最重要的,是设计期货合约套期保值策略时必须要考虑的,其余的因素使问题更为复杂,只有在构造精确保值时才有必要考虑。为了体现这一点,我们定义套头比时,仅考虑以下两个主要构成:

$$HR = HR_{\text{basic}} \times HR_{\text{advanced}} \qquad (10.1)$$

式中,HR 表示最终的套头比,HR_{basic} 表示基本套头比,是根据受险本金和受险期进行调整而组成的套头比,HR_{advanced} 表示高级套头比,是根据风险基差、结算金额和保证金流量进行调整而组成的套头比。

因此,每一套头比可分解为:

$$HR_{\text{basic}} = HR_{\text{principal}} \times HR_{\text{period}} \qquad (10.2)$$

$$HR_{\text{advanced}} = HR_{\text{exposurebasis}} \times HR_{\text{settlement}} \times HR_{\text{margin}} \qquad (10.3)$$

在公式(10.1)、公式(10.2)和公式(10.3)中,对于非关键性的应用而言,如果套头比的精度要求不高,可以将高级套头比设定为1,并且仅使用基本套头比即可。反之,如果高级套头比中的一个或两个成分很重要,可令其他成分等于1。下面我们分别说明如何计算这些套头比。

1. 受险本金套头比

受险本金套头比是最容易计算的一种,其计算公式如(10.4)所示。

$$HR_{\text{principal}} = \frac{\text{受险本金}}{\text{期货合约的名义本金}} \qquad (10.4)$$

例如,对受险本金为5 000万美元的借款使用三个月期欧洲美元期货合约进行套期保值,该合约的名义本金是100万美元,则受险本金的套头比运用公式(10.4)得:

$$HR_{\text{principal}} = \frac{\text{受险本金}}{\text{期货合约的名义本金}} = \frac{5\,000}{100} = 50$$

2. 受险期限套头比

受险期限套头比的计算也是很直接的,计算公式如(10.5)所示:

$$HR_{\text{period}} = \frac{\text{基础资产面临的风险期限}}{\text{期货合约的保证金存放期间}} \qquad (10.5)$$

注意,公式中分母与现在离期货合约到期日的时间无关,只与期货合约定义的固定时间有关。

例如,如果借款一年期,用三个月的欧元期货合约来保值,则运用公式(10.5)得:

$$HR_{\text{period}} = \frac{\text{基础资产面临的风险期限}}{\text{期货合约的保证金存放期间}} = \frac{12 \text{个月}}{3 \text{个月}} = 4$$

由以上分析可以看出,公式(10.1)与公式(7.8)相同,用于计算套期保值的合约份数。

3. 风险基差套头比

几乎所有的期货合约都是以三个月的LIBOR为基础的,其中最常用的是欧洲美元、欧洲日元、欧元和三个月的英镑合约。也有少数的几种例外,比较重要的有在芝加哥交易所(CBOT)交易的三十日联邦基金合约和在芝加哥商业交易所(CME)交易的一个月的LIBOR合约,但这些合约的交易额都是有限的。

至于非美元之外的其他货币,可选择的品种就局限于各自的三个月期合约,而期限很短的合约因流动性相对较低而实际上被排除。如果基础资产风险与上述某种货币的三月期LIBOR直接相关,那么这种局限并不构成问题。在许多情况下,借款利率同银行利率或优惠利率相关,或与商业票据利率相关,或借款计价币种中没有利率期货合约等,那么解决此类问题的方法是使用相关的期货合约,并根据合约中的欧洲货币利率与面临风险的基础资产利率之间的关系调整套头比。

例如，一家美国公司的借款资金的利率与基准利率联系在一起，而欧洲美元与基准利率趋向于同步变动。若公司想成功地使用欧洲美元期货合约来进行套期保值，就必须更精确地界定两种利率之间的相互关系。对这一关系的确定，可通过回归分析得出：

$$基准利率 = \alpha + \beta \times 欧洲美元利率 \quad (10.6)$$

式中，β 表示了当欧洲美元利率变动时基准利率的变动程度。在回归分析中，我们还可以得到一个重要的"副产品"，即相关系数 ρ，可以用它来衡量公式中所给出的相关关系的可信度。

比如，根据相关数据运用 Excel 计算得到相关系数 0.92 和回归方程：

$$基准利率 = 2.38 + 0.87 \times EURO$$

这一式子表明，当欧洲美元利率变动 100 个基点时，基准利率在同方向仅变动 87 个基点。相关系数 0.92 表明两组观察结果之间有很强的相关性。

风险基差要求的是 $HR_{expbasis}$ 的一个恰当的值，并根据这一数值来修正套头比。实际上，$HR_{expbasis}$ 就是从回归分析中所得到的 β 系数，即：

$$HR_{expbasis} = \beta \quad (10.7)$$

以上数据结果表明，如果那家美国公司想对以基准利率为基础的借款融资进行保值的话，那么所需期货合约的份数就要按 0.87 的系数减少。前面所述结果表明基准利率的变动要比欧洲美元利率的变动小些，如果该公司不做这项调整，结果就会出现保值过度。

4. 结算金额套头比

一份 FRA 合约的结算金额明确地将合约期天数考虑在内，并且考虑到金额一般在合约期开始时支付，而不是在到期时才支付，所以进行了相应的折现。如果利率期货合约的清算额按同样方式计算，那么英镑三个月期合约的最小交易单位值可降至 11.25。但是，不管天数计算法或贴现规则有何不同，某种短期利率期货合约的变动单位总是固定的。例如，伦敦国际金融期货交易所的欧洲英镑合约总是以 12.50 为变动单位，这意味着若不考虑异常情况，结算金额要么多出 10%，要么缺少 5%。为了对这一特征调整套头比，可通过对 $HR_{settlement}$ 给出的定义加以修正：

$$HR_{settlement} = \frac{1}{t\left[\dfrac{BASIS}{DAYS} + 1 - \dfrac{FP}{100}\right]} \quad (10.8)$$

式中，t 表示以年为单位的期货合约的名义期间长度，$BASIS$ 表示计算天数的惯例（美元 360 天，英镑 365 天），$DAYS$ 表示期货合约的实际天数（通常 91 天），FP 表示当前期货合约的价格。

例如，欧洲英镑期货的交易价格是 93.72，且合约期的长度为 91 天，则结算金额的套头比运用公式(10.8)计算得：

$$HR_{settlement} = \frac{1}{t\left[\dfrac{BASIS}{DAYS} + 1 - \dfrac{FP}{100}\right]} = \frac{1}{\dfrac{1}{4} \times \left[\dfrac{365}{91} + 1 - \dfrac{93.72}{100}\right]} = 0.981\,9$$

公式(10.8)给出了假定期货合约一直持有到期满时正确的套头比的调整。如果保值计划在合约到期日之前进行对冲，则必须使用以下修正后的公式：

$$HR_{settlement} = \frac{1}{t\left[\dfrac{BASIS}{DAYS} + \left(1 - \dfrac{FP}{100}\right)\left(1 + \dfrac{T}{DAYS}\right)\right]} \quad (10.9)$$

式中,T 表示期货头寸平仓日至到期日之间的天数。

5. 保证金流量套头比

期货必须对每日的"盯市"过程进行管理,这就伴随着保证金流量的变化。除了有关的管理之外,在期货头寸平仓或到期之前保证金支出或流入会扭曲期货保值效果,造成扭曲的并不是保证金流量本身,而是这些流量所带来的利息收支额。不管保证金流量是正还是负,利息的效果会增加这些流量的金额,所以,期货保值的规模必须相应成比例地缩小。

假定一个使用者已将前面几种调整都考虑在内,并且计算出所需的合约数量为 N。如果不计变动保证金的利息,那么合约到期或结清时最终收到的金额应为:

$$VM_{\text{total}} = N \times (F_T - F_0) \times TV \tag{10.10}$$

式中,VM_{total} 表示收到或付出的、不计利息的变动保证金总额,N 表示期货合约数,F_T 表示到期日或清算日的期货价格,TV 表示期货合约价格的单位变动价值。

假定期货的价格从 F_0 至 F_T 呈线性变动,那么任意一天 t 的变动保证金流量如公式(10.11)所示。

$$VM_t = \frac{N \times (F_T - F_0) \times TV}{D_H} \tag{10.11}$$

式中,VM_t 表示第 t 天的变动保证金,D_H 表示保值期的天数。

现在假设客户可以按利率 i 借款或投资,t 天的变动保证金流量在到期前的其余日子里产生的利息为 $VM_t \times i \times (D_H - t)/BASIS$,把这一表达式在保值期内加总并简化,可以得到:

$$VM_{\text{toatl}}^* = \sum_{t=1}^{D_H} \left[VM_t \left(1 + i \frac{D_H - t}{BASIS} \right) \right]$$

$$= N \times (F_T - F_0) \times TV \left[1 + \frac{i}{2} \frac{(D_H - 1)}{BASIS} \right] \tag{10.12}$$

将公式(10.10)代入,上式可得:

$$VM_{\text{total}}^* = VM_{\text{total}} \times \left[1 + \frac{i}{2} \frac{(D_H - 1)}{BASIS} \right] \tag{10.13}$$

式中,i 表示短期借款利率。等式左侧的 VM_{total}^* 包括了利息,与等式右侧的 VM_{total} 应有区别。右侧的一项增加了实际收付的变动保证金。为了体现这一特点,套头比应按照这一项数值相应缩小,即

$$HR_{\text{margin}} = \frac{1}{1 + \frac{i \times (D_H - 1)}{2BASIS}} \tag{10.14}$$

用这种方法对套头比做调整被称为是"为保值装尾巴",或"跟踪保值"。请注意,在公式(10.12)中不含有 F_0 和 F_T,因为这些变量被相互抵消掉了,所以没有必要去猜测最终的期货价格水平,甚至连是否将收到或支付变动保证金都无须考虑。唯一需要的信息是当前的利率 i 和保值期的长度 D_H。虽然实际上借款利率是不同的,但对于计算 HR 保证金来说差别不大。

为了说明经过调整的期货保值的构造情况,我们通过实例分析 10-5 进行说明。

实例分析 10-5:某基金管理公司经营着若干投资基金,每一基金都以一种主要货币来命名,如美元基金、英镑基金、欧元基金等。该基金在 1992 年 10 月 5 日检查其英镑基金战略。英镑基金将于 1993 年 3 月 15 日(星期一)收到期满的投资收入 2 500 万英镑,公司想

将其用于6个月的短期存款。该公司与一家银行定有协议:存款利率为固定利率,是存款日前两个工作日当天的同期银行基准利率减25个基点。

然而,近期一些事态的发展对英国利率变动所造成的影响引起了公司的关注。仅在两个星期前,英国被逐出了欧洲汇率机制,且基准利率刚刚从10%降至9%,降低了1%。期货市场的报价显示当年12月到期的期货价格利率降低了半个百分点,次年3月到期的期货利率进一步下降半个百分点。不过,公司认为,由于英镑不再受欧洲汇率机制的限制,英国的利率实际上要比期货市场的预期下降得更快。英镑利率的下降会影响英镑基金的存款利率水平,该公司如何规避存款利率下降的风险?

解析:公司决定1992年10月5日在伦敦国际金融期货交易所使用欧洲英镑期货合约来进行套期保值,即通过期货的盈利弥补存款利率的下降。相关时间如图10-3所示。

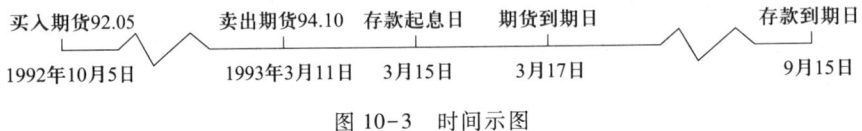

图10-3 时间示图

此外,欧洲英镑与基准利率之间的回归方程为:

$$基准利率 = -0.05 + 0.9889 \times EURO$$

一份英镑期货合约金额为500 000英镑,利用前面讨论的公式,计算出以下套头比:

$HR_{principal}$	50.000 0	HR_{basic}	101.100 0
HR_{period}	2.022 0	$HR_{advanced}$	0.950 9
$HR_{expbasis}$	0.988 9		
$HR_{settlement}$	0.977 9	HR	96.136 0
HR_{margin}	0.983 2		

因此,公司在1992年10月5日星期一以92.05的价格购买了96份1993年3月到期的欧洲英镑利率期货合约,当时基准利率为9%,并存入保证金120 000英镑。因为期货价格92.05意味着英镑利率为7.95%,根据英镑利率与基准利率的回归方程可知:

$$基准利率 = -0.05 + 0.9889 \times 7.95\% = 7.81\%$$

7.81%表明,若期货价格在此期间不变,预期存款利率就应该为7.56%(7.81%-0.25%)。

几周以后,期货价格稳定在94左右,这意味着英镑利率将降至6%左右。若期货价格为94,则公司保证金账户流入现金的金额为:

$$(94-92.05) \times 100 \times 12.5 \times 96 = 234\ 000(英镑)$$

公司在最终结清期货头寸之前将这些英镑进行投资,并获得英镑利息收入4 463.02英镑。

1993年3月11日,公司以94.10的价格卖出期货合约,实现的利润为:

$$(94.10-92.05) \times 100 \times 12.5 \times 96 = 246\ 000(英镑)$$

将以前所获得的利息收入一起加总,通过期货套期保值,共获利润250 463.02英镑,并将这一收入与3月15日收到的2 500万英镑一起进行投资(存款),存款利率为3月13日的基准利率减0.25%。

基准利率在公司建立期货部位头寸后不久,就由原来的9%下降至8%,随后继续下降。1993年3月13日的基准利率为6%,因此,根据公司与银行签订的协议,存款利率为

5.75%(6%-0.25%)。

于是公司在 1993 年 3 月 15 日按 5.75% 进行投资,为期 6 个月(184 天),投资金额为 25 250 463.02 英镑,6 个月后收到本利和 25 982 380.55 英镑,利息收入为 731 917.35 英镑,相当于收益率为 7.79%。

最终评价该公司的套期保值策略是否成功。其目标收益率应该为最初建立期货部位时的预期市场利率 7.56%,而实际达到的收益率为 7.79%,实现了 23 个基点的额外收益。保值效率为:

$$保值效率 = \frac{实际收益率}{目标收益率} = \frac{7.79\%}{7.56\%} = 103\%$$

■ 本章小结

1. 在利率风险管理中,用确定性替代风险的工具有远期利率协议、利率期货,在确定选择套期保值的利率期货月份时,要与实际融资或投资的起始日期相近。

2. 规避利率波动的不利风险,留下有利风险,可以选择的工具是具有期权特征的工具,如利率保证、利率期货期权和利率顶或利率底,要想减少期权费,可以采用利率双限。

■ 重要概念

单期利率风险　　　多期利率风险　　　隐含远期利率　　　保证金流量套头比
受险本金套头比　　风险基差套头比　　受险期限套头比　　利率保证

■ 思考题

1. 举例说明有明确期限且只包括未来一期的短期利率风险。
2. 举例说明有明确期限、但涉及未来一系列的期间的短期利率。
3. 为防范利率不利风险同时在利率变动有利时获利,针对不同期限应采用哪些金融产品?
4. 为什么在运用利率期货进行套期保值时要计算套头比?

■ 即测即评

请扫描右侧二维码,进行即测即评。

■ 扩展阅读

第十一章 外汇风险管理

本章学习目标

- 了解外汇风险的种类及其特点
- 了解外汇风险管理的基本方法
- 掌握新型期权产品
- 掌握各种金融产品在规避外汇风险中的利弊

外汇风险是指汇率的变动给外汇持有者或需要使用外汇进行国际经济交往的人或企业可能带来的经济损失。这种损失只是一种可能性,并非必然,从可能到必然是有条件的。如果在可能性转换为现实前采取一些措施,消除这种可能性,风险就可能消失或减少到最小程度。本章重点讨论在财务风险管理中构造新型金融产品对外汇风险进行管理。

第一节 外 汇 风 险

一、外汇风险的定义

在外汇风险管理中,当且仅当货币的实际贬值/升值不同于预期贬值/升值时,外汇风险才会存在。在企业经营活动中,公司有资产、负债、利润或预期现金流,若这些资产、负债、利润或预期现金流的现值的国内货币价值会随不可预知的货币价值变化而变化,这样的风险就是通常英文词中表示的 Exposure,我们在财务风险管理中常说的风险都是这类风险。例如,假如一家美国企业在瑞士银行有一笔价值 150 000 瑞士法郎的存款,那么公司面临的风险就是即期汇率 SFr/ $ 不可预期的变化对 150 000 瑞士法郎的影响。如果 150 000 瑞士法郎已兑换成75 000 美元,这些美元数量就不会受到汇率 SFr/ $ 不可预期变化的影响。又如,一家英国公司在国内销售,它的竞争对手荷兰公司也在英国销售,在这种环境下,英镑与欧元汇率的变化肯定会影响荷兰公司未来现金流量的大小,同时影响其竞争地位的强弱。因此,用 Exposure 表示的风险定义包含了定性和定量两个方面。

二、货币性资产和货币性债务

对外汇风险的管理依赖于外汇风险的类型,为了定义外汇风险的类型,我们首先定义货币性资产和货币性债务。

对企业资产和负债进行有效分类的方法就是根据它们实质上是货币(契约性)还是非货币(非契约性)。考虑市场价值的资产负债表如图11-1所示。

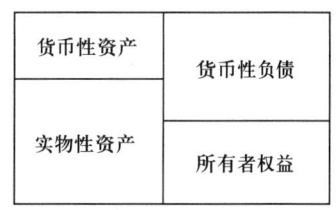

图11-1 市场价值的资产负债表

(一) 货币性资产和负债

货币性资产和负债是具有契约支付方式的资产和负债,支付现金流金额大小和时间都是事先约定的。货币性资产可以用本币或外币标价。企业货币性资产包括现金、货币市场证券,应收账款,国内和欧洲货币存款,以及远期、期货、期权或互换合约中的现金流入。货币性负债包括工资,应付账款,国内和欧洲货币债务,以及远期、期货、期权或互换合约中的现金流出。

(二) 实物性(非货币性)资产和负债

企业中的实物性资产和负债定义为不具有货币性或契约性属性的所有资产和负债。实物性资产包括企业生产技术和能力,如制造企业的厂房、设备,服务性企业的人力资源等。存货也是实物性资产,除非这些存货以某种方式已销售或已签约支付货款。实物性资产的收益是非契约性和不确定的。在后面的学习中我们可以看到,实物性资产不管在国内还是在国外都会受到外汇风险的影响。例如,国内和国外制造厂的价值都会依赖于汇率的变化。

企业的所有者权益部分是企业的非货币性负债,而所有其他负债是货币性负债,这些其他负债包括应付账款、应付税款,以及短期和长期债务。所有者权益的市场价值等于企业价值减去货币性负债的价值。

虽然以上每种资产和负债的分类都会受到货币风险的影响,但由于其属性不同,即货币性还是非货币性的不同,受到货币风险的影响可能是不同的。

三、外汇风险的种类

外汇风险主要有经营风险、交易风险和会计风险三种。

(一) 经营风险

经营风险又称经济风险。① 经营风险是指货币值的变化对企业未来非契约性的现金流量(例如非货币性资产或实物性资产和非货币性债务)的影响,即币值变化对未来销售、价格和成本的影响。经营风险反映了汇率变化对预期的税后净现值的影响。如果从公司长期利益的立场出发,经营风险的影响比交易风险和会计风险的影响更为重要。由于实物性资产产生的现金流有很大的不确定性,因此,财务经理只能使用部分金融工具在金融市场上进行套期保值。而更有效的经营风险管理方法是通过对企业的实物性资产,如企业的选址、生产、原材料来源、分销和市场决策等进行有效管理来分散风险和减少风险。当然,金融市场的套期保值容易建立和调整,而实物性资产的套期保值更困难,与之相伴的还有较高的进入和退出成本。

(二) 交易风险

交易风险是指外汇波动对现行商务活动的短期现金流量(货币性资产和债务)的影响。

---

① 有的学者将经营风险和交易风险定义为经济风险,这种定义主要从对现金流量的影响上来定义的。这里将经营风险和经济风险定义为一类,主要从对企业价值影响上考虑的,这种影响对企业的影响较其他影响更为重要。

这种风险涉及汇率发生变化时对用外币标价的商品和劳务的买卖,同时也包括外汇资金的借入和贷出。国内货币性合约尽管受到国内购买力的影响,但并不直接受险于外汇的变化。净货币性资产的风险(货币性资产减货币性负债)取决于货币性资产和负债相互抵补后的受险状况。由于货币性资产和负债设计契约现金流,未来现金流金额的大小较易确定,因此,交易风险可以有效地使用金融市场工具如远期、期货、期权或互换来进行套期保值。实际经营中,交易风险的后果有可能与会计簿记中的利得或损失相反。

(三) 会计风险

会计风险又称折算风险,会计风险是指币值变化对公司的合并财务报表的影响。这种风险是由于世界范围的经营活动引起的,是母公司为了编制合并财务报表,根据所在国的会计准则,将国外子公司所在国货币转换成母公司所在国货币时所产生的。会计风险可以反映或不反映公司的资产价值,因此投资者可以关心或不关心会计风险。尽管如此,会计风险对企业经理来说是非常重要的。这是因为对经理的业绩评价和管理补偿都与会计业绩挂钩,所以,经理们很注重使他们的会计风险最小。在一定程度上,经理们根据会计风险进行决策,由于经理们的行为对公司的价值有间接的影响,因此,投资者仍然关心会计风险。

总之,经营风险是指币值变化对企业现金流量的长期影响;交易风险是指币值变化对企业现金流量的短期影响;而会计风险则是指币值变化在未来会计上的反映,这种反映是不能被事先认识的。

四、外汇风险管理的主要方法

(一) 经营风险管理

外汇风险管理针对的是经营风险,如果经营风险是由本国货币升值造成的,跨国公司的主要对策应当是尽可能地使成本变为贬值货币,方法包括:①把向贬值国家的出口活动转变为在贬值国家生产产品或购买零部件;②在借入成本中,增加贬值货币借入的比例。如果经营风险是由本国货币贬值造成的,跨国公司应采取的对策正好相反,即主要把在升值国家的生产活动转变为本国的对外出口活动。

因此,经营风险的管理要点是:由于货币风险影响公司经营的各个方面,所以经营风险的管理不应当只是财务经理的事情,尤其是那些经营管理者,应该有扩展市场营销和生产的主动性,从而保证公司长时期内持续获得利润。同时,为了在全球范围内取得竞争优势,他们应当主动出击、提早计划,而不只是变通战略、被动迎战。

(二) 交易风险管理

外汇风险管理针对的是交易风险,在企业决定采取套期保值之前,必须对每种货币的受险情况进行分析,决定每种货币的净交易风险。这里用"净"表示总体考虑在特定期间内,预期特定货币的所有的流入量和流出量。企业内部各分支机构或子公司在报告预期流入量和流出量的过程中起到关键作用。对于企业整体而言,能够预期在未来几期每种货币的净头寸,通过监督子公司的头寸来定义公司的风险。例如,英国一家子公司3个月后有英镑的应收账款,而另一家子公司则有英镑的应付账款。如果英镑升值,这将有利于第一家子公司,而不利于第二家子公司,对跨国公司的影响则可以部分得到抵补。每家子公司可能愿意为其规避外汇风险而进行套期保值,但是,从跨国公司整体业绩出发,并不是每一家子公司都有必要对其头寸进行套期保值。

当跨国公司的交易风险在公司内不能完全相互抵补时,公司财务经理就要对净受险额进行套期保值。由于交易风险是由契约来确定的,因此,未来现金流易于确定,在金融市场上运用金融产品进行套期保值较为便捷。常用的金融产品有:①外币远期;②外币期货;③货币市场上套期保值;④货币期权。

除了以上运用金融产品的方法外,我们还可以采用一些经营策略的方法,如提前和滞后、再开票中心、净额支付、合同货币的选择等。

(三) 折算风险(会计风险)管理

会计风险的存在和发生的先决条件是会计处理中需将外币计价的资产和负债换算成本国货币,这就涉及将外币折算成本币时采用什么折算方法。外币财务报表在换算过程中使用汇率的不同,所产生的报表结果是不同的。按照采用的汇率不同有四种不同的折算方法:①流动/非流动法;②货币/非货币法;③时态法;④现行汇率法。

不同折算方法使用汇率的比较如表 11-1 所示。

表 11-1　不同折算方法使用汇率比较

项目	流动/非流动法	货币/非货币法	时态法	现行汇率法
现金	C	C	C	C
应收账款	C	C	C	C
存货(按成本)	C	H	H	C
存货(按市价)	C	H	C	C
投资(按成本)	H	H	H	C
投资(按市价)	H	H	C	C
固定资产	H	H	H	C
其他资产	H	H	H	C
应付账款	C	C	C	C
长期借款	H	C	C	C
股本	H	H	H	H
留存收益	*	*	*	*
收益表中:				
销货成本	A	A	A	A
折旧费	H	H	H	H
其他项目	A	A	A	A

注:C:现行汇率;H:历史汇率;A:平均汇率;*:差额数字。

这里要说明的是股东权益部分,这部分通常包括股本和留存收益,股本按它实际发行时的汇率换算,而留存收益则复杂些。期初留存收益数字只是上期期末余额,所以可以直接利用上期报告货币的数字。而期末留存收益就是用期初余额加上净收益,再减去股利,因此,这是一个用报告货币表示的插入数字。

第二节　案 例 分 析

本节通过实例分析,介绍一些新的金融产品,除运用外汇远期、期货和期权产品对外汇风险进行管理外,还可以通过构造新的组合对外汇风险进行管理。

实例分析 11-1：一家瑞士公司在 270 天后有一笔价值 100 万美元的应付账款，如果未来美元贬值，由于承担的债务责任是疲软货币，那么对公司是有利的；但是，如果美元升值，公司将用更多的瑞士法郎兑换所需支付的美元货款。公司为了规避外汇风险，所以在确定套期保值目标时希望：① 防止美元升值时造成过高的损失；② 如果美元贬值的话，尽可能地从中获利；③ 对美元的不利变动提供保护所需的成本最低，但保护程度应充分。

公司对未来市场变动的方向没有特定的预期，但认为美元价格在此期间内不大可能超出 SFr1.40~SFr2.10 的范围，从而这一范围构成了该公司对汇率可能变动水平的预期。20 天的历史价格波动折算成年率为 20%。[①] 表 11-2 给出了不同协定价格水平的欧式期权的期权费报价。

表 11-2 期权费报价

协定价格	美元的看涨期权（瑞士法郎的看跌期权）	美元的看跌期权（瑞士法郎的看涨期权）	隐含波动率
1.40	2 925	57	15%
1.50	2 056	145	14%
1.60	1 285	332	13%
1.70	672	676	12%
1.80	367	1 328	13%
1.90	202	2 120	14%
2.00	115	2 991	15%
2.10	69	3 902	16%

值得注意的是，表 11-2 的报价都是以 1 美元的瑞士法郎点数来表示的，例如，协定价格为 SFr 1.70，期权费是 SFr 0.067 2。另外，卖方在期权费报价时，对实值期权和虚值期权报价时所使用的隐含波动率与对平价期权进行报价时所使用的隐含波动率相比要高些。这是因为，实际市场价格并不服从对数正态分布，而是趋向于服从一种"厚尾"的正态分布。这意味着在实践中，市场价格发生大幅度变动的可能性要略高于对数正态分布所预示的水平。而标准的定价模型（假设价格服从对数正态分布）将低估实/虚值期权的价值，为了避免这一不良后果，出售期权的卖方在为实/虚值期权定价时提高了标准模型中所需的波动率的数值。

在财务风险管理中，如何为满足公司套期保值目标而提供或设计套期保值的金融产品？

解析：首先，由于公司管理层已经设定了套期保值目标，所以，财务经理在考虑使用金融产品时，首先要考虑公司的目标是规避不利风险的同时从有利风险中获利，因此最好的产品是期权产品；其次，通常采用静态套期保值策略，即公司想要设立一种保护，并一直将其保持至到期日。基于这一原因，下面分析时均以到期日的结果来说明保值效果，而没有给出到期日前的结果。

---

① 计算年波动率见本章附录。

一、比较套期保值策略

对各种不同套期保值策略进行比较的最直观方法就是画出损益图。由于所站角度的不同,绘图的方法也有所不同。

(一) 原始风险(不保值)

假如瑞士公司在270天后必须要支付美元,而远期汇率SFr 1.70能确定公司应付账款的瑞士法郎成本,那么公司现在不采取任何保值措施,则这一无保护头寸的损益图是一条向下倾斜的直线,如图11-2所示。

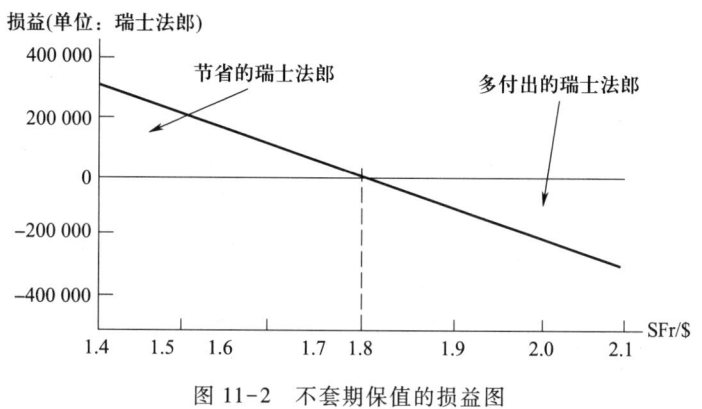

图11-2 不套期保值的损益图

从图11-2中看出,在到期日,公司需要买入美元时,美元兑瑞士法郎的即期汇率为1美元=1.4瑞士法郎,那么300 000瑞士法郎的盈利代表了与最初的远期价格相比所节省的开支,如果即期汇率是1美元=2.1瑞士法郎,那么该公司将为支付100万美元多支付400 000瑞士法郎。在1.7瑞士法郎汇率水平上,则表明270天后的即期汇率与开始时的远期汇率相同,该公司若不进行套期保值的话,则不亏不盈。

(二) 买入平价期权套期保值

为了进行套期保值,公司可以购买一份协定价格为SFr 1.70的平价看涨期权,总成本为67 200瑞士法郎,套期保值后的效果如图11-3所示。

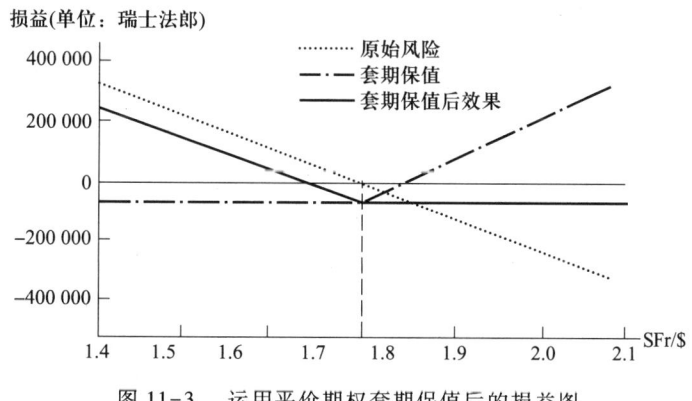

图11-3 运用平价期权套期保值后的损益图

图11-3显示的最后结果相当于买入一个瑞士法郎的看跌期权。当期权处于实值期权($S-X>0$)时,其盈利与原始风险带来的损失以相同的速度增长,此时,期权上升的损益与原

始风险下降的损益相互抵消,其结果为一条水平线,但期权费 67 200 瑞士法郎仍然存在,再次反映了所支付的期权费。而当即期汇率为 SFr1.7 时,由于支付了期权费,所以净损失为 67 200 瑞士法郎。

图 11-3 显示的保值结果是相对于远期汇率的"盈利"或"亏损"来衡量的,这也正是一个交易者计算该策略的结果常采用的方法。

(三) 考察公司的支出

有时,公司更愿意知道所花费的成本是多少,期权费是多少。图 11-4 则从成本的角度考察了公司的支出。

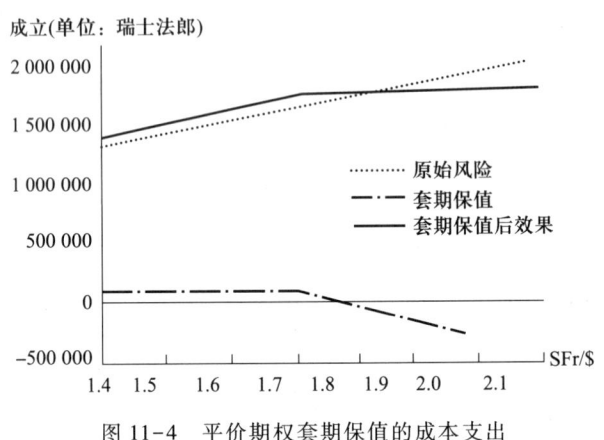

图 11-4 平价期权套期保值的成本支出

图 11-4 中,代表原始风险的斜线以另一种方式绘制,从左至右向上倾斜,这是因为若不进行保值,公司购买美元时的汇率越高,支出的瑞士法郎成本就越高。图中期权的损益线也是颠倒的,在 SFr 1.767 2 的左端成本为正,而超过损益平衡点以上的成本为负(净收入)。最终的保值结果表明该期权保值使得无论美元价值高出 SFr 1.7 多少,该公司的总成本都有一个上限,即为 1 767 200 瑞士法郎。

以上两种方法均可以用积木分析法得出同样的结果,它们是同一情况的等价方法。第一种站在交易者的角度,关心的是相对于最初汇率所计算的损益,其图形与期权损益状态图一样,而所有的财务量的大小顺序相同,所以它们可以在同一幅图中清晰地绘制出来;第二种则站在公司的角度,关注的是以绝对形式表示的总成本。

将以上两种方法合并使用,可同时获得两种方法的好处,即通过把成本视为负的现金流量,我们仍可将公司的注意力保持在成本上,但又能适用于图 11-3 相同的习惯做法以"正确"的方式来绘制所有的图形,这时看涨期权再次越来越像看涨期权的形状。且公司的保值结果也依据常规画图,越低结果越差,越高结果越好,如图 11-5 所示。

在此实例分析中,瑞士公司在 270 天后必须支付美元,因此,在买入 100 万美元时,可能会面临着美元升值这一不利变动所带来的风险。对该公司而言,最简单的也是显而易见的是基于期权的套期保值方法,即买入 9 个月的美元看涨期权。根据表 11-2,我们可以将不同协定价格的期权特征图画出来,针对套期保值目标确定一种选择方案。如图 11-6 所示。

二、套期保值的成本

企业在选择套期保值方案时会考虑为规避风险所支出的成本,通常企业不愿意付出较

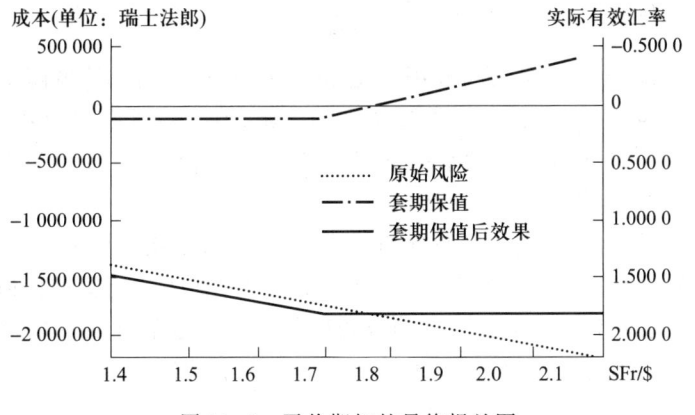

图 11-5 平价期权的最终损益图

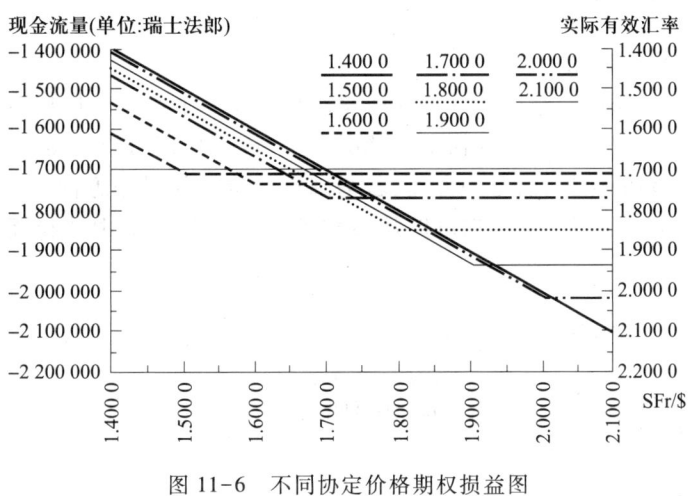

图 11-6 不同协定价格期权损益图

高的期权费,而期权费是在最初建立套期保值部位时就需要支付的。在瑞士公司这一实例中,为平价期权预先支付的期权费为 67 200 瑞士法郎。因为是平价期权,所以到期时即期汇率等于协定价格,为换取 100 万美元,按 \$1=SFr 1.7,付出了 1 700 000 瑞士法郎(\$1 000 000 ×SFr 1.7/\$),期权费占受险资产的比例为:

$$\frac{\text{SFr67 200}}{\text{SFr1 700 000}} \approx 4\%$$

一些公司,特别是那些利润率较低的公司,可能会感到这种花费太高了。假设瑞士公司从美国购买成本为 100 万美元的商品,在国内以固定价格 190 万瑞士法郎出售。如果公司使用汇率为 SFr 1.7/\$ 的远期合约,那么可以确保利润为:

$$\text{SFr1 900 000} - \$1 000 000 \times \text{SFr1.7/\$} = \text{SFr200 000}$$

利润率为:$\frac{\text{SFr200 000}}{\text{SFr1 700 000}} \approx 11.8\%$

如果采用平价期权,期权费和融资成本为:

$$\text{SFr67 200} \times \left(1 + \frac{9}{12} \times 6\%\right) = \text{SFr70 224}$$

这一费用占总利润的百分比为：$\frac{SFr70\ 224}{SFr200\ 000} \approx 35\%$

显然，这一费用较高。如果公司改用协定价格为SFr1.8，期权费就降低为SFr0.036 7，这样保值成本为38 400瑞士法郎，几乎是原来的一半，但公司所面临的外汇风险却有所提高。因为美元升至SFr1.8或更高的水平，该公司的利润将降低至61 600瑞士法郎，与最初200 000瑞士法郎利润相比减少了69.2%。

从公司的角度看，这似乎是一种两难的选择。一方面，企业不想负担购买期权类保护产品的费用，因为期权费看起来太贵；而另一方面，企业又不想不进行套期保值，因为若美元升值则会带来损失。虽然公司可以选择远期合约确保一个固定的利润，但却放弃了从美元贬值中获利的机会。又想套期保值，又不想付出太多的成本，那么在财务风险管理中可以推荐使用以下一些新的产品。

三、新型期权产品

（一）在一项保值方案内出售期权

基本期权的套期保值问题在于其特征线每次只变化一个点。一旦基础资产的价格超过了协定价格，从而使期权处于实值时，不论情况多糟，该期权都可以对基础资产价格的进一步不利变动提供无限的保护；而另一方面，若基础资产价格朝另一方向变动，使期权处于虚值，不管这种变化程度多大，企业都可以从基础资产的有利变动中获得无限的收益，如图11-7所示。

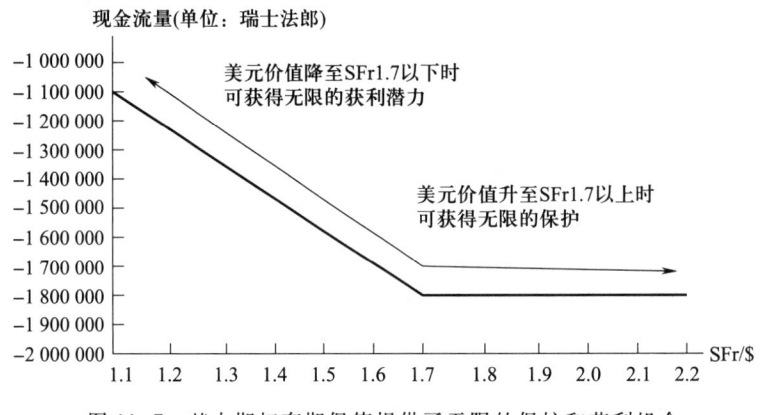

图11-7 基本期权套期保值提供了无限的保护和获利机会

从图11-7可知，若美元价值超过SFr1.7时，不管多高，该期权都提供了无限的保护；而当美元价值低于SFr1.7时，不管它降到何种程度，该公司都有无限的获利潜力。

公司对这种美元升值的无限保护以及从美元贬值中获得无限获利潜力并不需要，因为公司在制定保值目标时，认为美元汇率不会超出SFr1.400 0~SFr2.100 0范围，那么为什么要为超出这一范围进行保护或获利机会付费呢？

针对这种情况，银行可以制定出一个仅在此范围内的套期保值方法，只对该公司购买美元从SFr1.700 0升至SFr2.100 0进行保护，这将比购买一项对所有高于SFr1.700 0美元价格变动提供保护要便宜一些，同样，若该公司将美元跌至SFr1.400 0以下时的获利机会出售，便可以用这一收入冲抵购买保护的成本。定做的套期保值方案如图11-8所示。

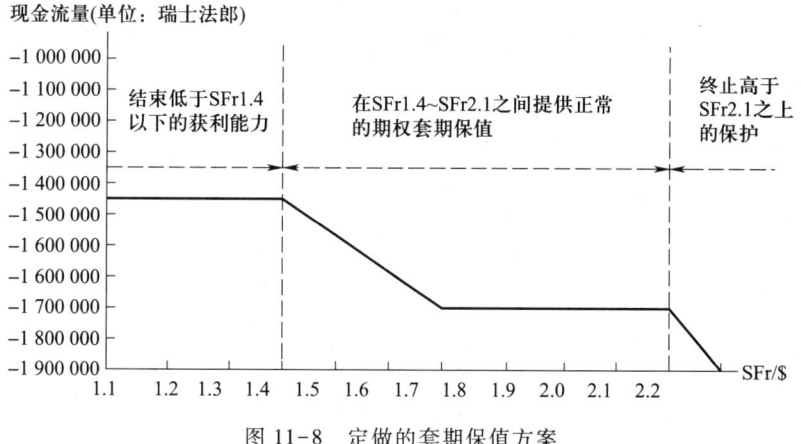

图 11-8　定做的套期保值方案

图 11-8 可以通过积木分析法验证。

	1.1～1.4	1.4～1.7	1.7～2.1	2.1～2.4
原始风险	-1	-1	-1	-1
买入一个协定价格居中的看涨期权	0	0	+1	+1
基本期权套期保值	-1	-1	0	0
卖出一个低协定价格的看跌期权	+1	0	0	0
卖出一个高协定价格的看涨期权	0	0	0	-1
定做的套期保值	0	-1	0	-1

基本的套期保值的原始风险表明，当美元的价值越来越低时有无限的获利机会。因此，该公司可以通过出售一个协定价格为 SFr1.4 的看跌期权将这一获利机会出售，并用期权费收入来抵消看涨期权的买入成本；同时，由于基本套期保值也提供了对更高美元价格的无限保护，也可以通过卖出一个较高协定价格，比如 SFr2.1 的看涨期权使基本套期保值的保护终止在一个特定水平上，卖出这一看涨期权的期权费收入也可以用来抵消购买看涨期权的开支。

这一技巧的实质是制作一项保护以满足顾客的特定需要，期权被买来在需要的地方提供保护，在不需要保护时卖出类型相同的期权，并在不需要获利机会时则出售类型相反的期权。

通常企业害怕出售期权，不过在公司里，作为一项精心设计的期权类套期保值策略的一部分，出售期权与为了赚取期权费而冒高风险的出售期权之间有很大的差别。作为精心设计的套期保值方法的一部分，卖出的期权已被其他买入的期权或原始风险所抵消。

图 11-8 中，出售的看涨期权由买入的较低的协定价格看涨期权所平衡，而出售的看跌期权，则可从美元贬值中获利的原始风险所平衡。在该公司的现金流量图中，出售期权后的风险均不超过初始头寸的风险。

为了避免构建期权类保值产品时的复杂性，并克服公司在卖出期权时的反感情绪，银行经常构造一种打包产品并给它取一个专有名称，如分享式期权，中止式远期合约。在许多情况下,这些打包产品都是经过精心设计的,其出售期权所得到的期权费收入与购买期权的期权费支出恰好相等,从而构造出一个零成本的风险管理方法,其中最著名的一种是零成本的双限期权(即利率风险管理中的利率套)。

(二) 双限期权、范围远期合约、远期区间合约和柱形期权

双限期权、范围远期合约、远期区间合约和柱形期权[①]都是同一产品的不同名称,该产品允许风险暴露在一个预先限定的范围内变动。

双限期权通常是这样构造的:买入一种类型的期权(限制汇率向下变动的风险),同时卖出一种相反类型的期权(限制汇率向上变动的风险)。

以上的两种期权一般都是虚值期权,使在当前价格的上下都留有一定的范围,在此范围内保值是不活跃的。

图 11-9 画出了适用于瑞士公司案例的三种不同的双限期权,其上限均设定在 SFr1.80 的水平,但下限从 SFr1.40~SFr1.60 不等。在每种情况下,双限期权均通过买入一个标的为 100 万美元、上限为协定价格 SFr1.80 的美元看涨期权,卖出一个标的仍为 100 万美元、下限为协定价格不同的美元看涨期权。买入看涨期权是将美元升值的最高线限制在 SFr1.80,卖出看涨期权使卖方的成本锁定在下限 SFr1.40、SFr1.50 和 SFr1.60,同时卖方收取期权费。

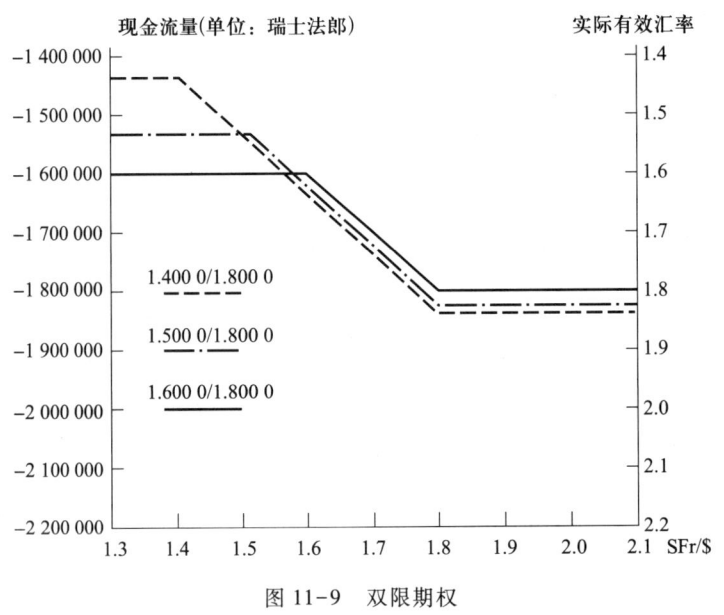

图 11-9 双限期权

所有双限期权大体形状均相同:中间是一条斜线,两边为水平线,斜线部分与原始风险是一致的,当美元贬值时成本较低,升值时成本较高。它们之间的区别主要在于需要支付的期权费的净额是不同的,其中 1.60/1.80 的双限期权在这一点反映了支付的期权费和收到的期权费几乎完全相等,如表 11-3 所示。

---

① 这些期权的英文名称是:Collars, Range-Forwards, Forward-Bands, Cylinders。

表 11-3　双限期权的期权费实例　　　　　　　　　单位：瑞士法郎

双限范围	支付期权费(+)/收到期权费(-)			
	看涨期权	看跌期权	净额	含利息在内的净额
1.40/1.80	+36 700	- 5 700	+31 000	+32 400
1.50/1.80	+36 700	-14 500	+22 200	+23 200
1.60/1.80	+36 700	-33 200	+ 3 500	+ 3 700

从表 11-3 看出，1.60/1.80 的双限期权，因为从看跌期权的出售中所获得的期权费与买入看涨期权所需支付的期权费几乎完全相等，因此考虑筹资成本在内的净费用为：

$$3\,500\left(1+6\%\times\frac{9}{12}\right)\approx 3\,700(瑞士法郎)$$

这一较少的净费用意味着该种双限期权的斜线部分在此双限范围内与基本风险间的差距仅为 3 700 瑞士法郎。而其他两种双限期权的净费用要略高些，作为对其额外成本的补偿，这两种双限期权允许该公司在美元贬值时获得更高的节省，这是因为其下限被设定在依次降低的协定价格水平上。

通常企业在要求一项双限期权的报价时可以指定以下三个要素：①上限协定价格；②下限协定价格；③需支付的净费用。

以上三方面有内在联系，若给定基本价格、利率以及波动率水平，知道以上三项中的两项便可以自动决定第三项水平。企业通常会给出上限协定价格和净费用水平，而让银行指定下限协定价格水平。上限协定价格水平一般与公司可接受的财务风险水平相一致，且净费用常指定为另以构造一个零成本的套期保值。表 11-4 列出了零成本双限期权的几种不同上下限水平的组合。

表 11-4　零成本双限期权上下限水平

上限水平	下限水平	上限水平	下限水平
1.80	1.613 3	2.00	1.473 8
1.90	1.528 2	2.10	1.419 3

图 11-10 显示了包括一项上限为 SFr1.70 的名义双限期权在内的、表 11-4 中显示的几种双限期权的现金流量图。

图 11-10 再次清晰地显示了双限期权损益线的连续统一体。

图中显示，在一种极端情况下，上限为 SFr1.70 的双限期权的现金流量图是一条水平直线，与通过买入 100 万美元的 270 天的远期合约进行套期保值的效果相同。这是因为 SFr1.70 的上限水平是一种平价远期汇率，所以为了构造一个零成本的双限期权，其下限水平也必须以相同的价格，即以相同的协定价格买入一个看涨期权和卖出一个看跌期权构造一个合成式的期权。因此，零成本双限期权在这种特殊情况下，相当于一项简单的远期合约。

在另一种极端情况下，上限为 SFr2.10 的双限期权的图是一条与未保值的原始风险完全相同的斜线。将上限水平定的如此之高意味着为了构造一个零成本的双限期权，必须将下限水平下移到 SFr1.419 3，除非美元汇率突破这个范围，否则上、下限这两个期权到期时都是虚值，因此，这个期权的套期保值实际上将不存在。也就是说，该公司的 100 万美元债务未经有效的套期保值。

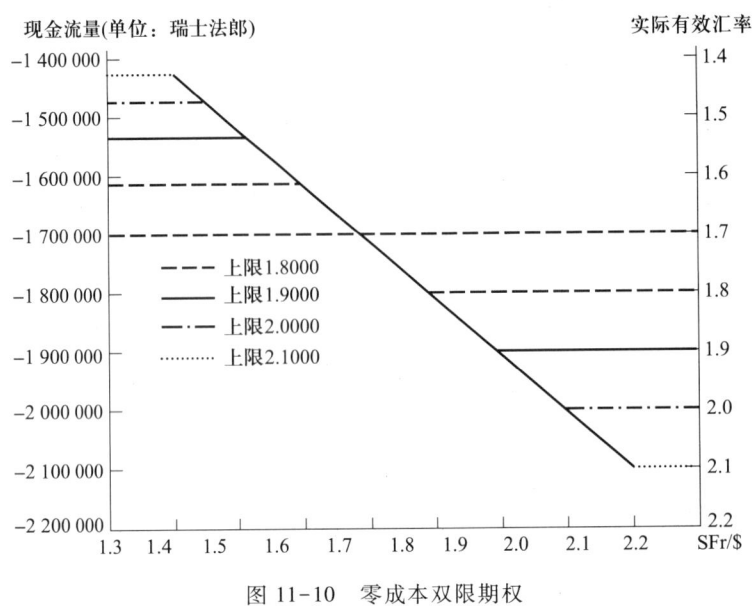

图 11-10 零成本双限期权

在两种极端情况之间,则是其他几种在美元升值时的最高成本与美元贬值时的最低成本之间求得合理平衡的零成本双限期权。例如,若使用 SFr1.528 2/SFr1.900 0 的期权,这家瑞士公司购买 100 万美元的最高成本为 190 万瑞士法郎,而最低成本是 152.82 万瑞士法郎。

零成本双限期权这种产品对公司来说是很有吸引力的,主要好处在于:①在外汇汇率波动超过某一点不利变动时,它能为公司的基础资产提供保护;②在外汇汇率出现有利变动并超过某一水平时,它能为公司创造获利的机会;③这种产品对公司来说是免费的。

(三) 中止式远期、有权退出的远期和远期反转期权

中止式远期与有权退出的远期以及远期反转期权都是同一概念不同的称呼,[①]这一想法是与一份远期交易在一起的,当市场汇率走向有利于原始风险而不利于远期合约的情况时,可以中断远期合约所做出的承诺义务。

创造这个概念的灵感可能是从后悔、懊恼中产生的。许多公司在进行套期保值之后,又遇到了市场最终向有利于它的方向变动,这时它们就会后悔说:"要是我们没有套期保值就好了","要是我们能够扔掉这个令人沮丧的远期交易就好了"等。恰当地设立套期保值的目标以及对套期保值效率的正确度量可以避免这些遗憾。然而,批评早先做出的决定是人类一种天生的反应,这种中止式远期则为解决这个问题提供了答案。

建立一个中止式远期实际相当简单。金融机构向企业卖出一种期权以反转远期交易,但并不收取一笔直接期权费,这笔期权成本加上融资成本必须加到一种偏离市场的远期汇率上去。为了说明其原理,我们仍回到实例分析 11-1 中,瑞士公司需要 270 天后支付 100 万美元。

该公司为了规避汇率风险,以远期汇率 SFr1.70 购进美元远期,但是公司希望当美元下降到一定水平之下时可以选择放弃这一美元远期合约。

假设公司选择 SFr1.60 作为终止价格,协定价格为 SFr1.60 美元的看跌期权通常的期权费是 SFr0.033 2/ $,加上融资成本则为 0.034 7 瑞士法郎,将这些因素组合在一起,并把

---

① 这些期权的英文名称是:Break-forwards,FOXs(——Forward contract with Optional Exit),Forward-reversing options.

SFr0.034 7 的期权费加入到远期汇率上去即得偏离市场价格的远期汇率 SFr1.734 7/$,于是我们知道通过签订这一协议:

(1) 公司能以 SFr1.734 7/$ 汇率购买 100 万美元;

(2) 若在 270 天内,美元下跌到 SFr1.600 0 以下,公司有权终止远期合约,在即期市场买进美元。

值得注意的是,汇率在 SFr1.734 7~SFr1.600 0 之间变化时,公司必须用 SFr1.734 7 购买 100 万美元,只有在中止价格上打破约定,即只有汇率在 SFr1.600 0 以下才能中止远期合约。因此,实际上该公司失去了美元价格从 SFr1.734 7 降至 SFr1.600 0 这一过程中的获利机会。后者仅仅是一种机会成本,因为该公司可能乐于支付 SFr1.734 7 这一确定的价格,且一旦美元降至中止价 SFr1.600 0 以下的水平时,该中止式远期合约允许其从中获利。不过,仍会有一些公司在最终汇率降至偏离市场水平的远期汇率以下时抱怨道:"如果我们不进行套期保值的话……"。

为了说明中止式远期合约的例子,表 11-5 给出了中止价与相应的偏离市场水平的远期汇率。

表 11-5 中止价与远期汇率

中止价	远期汇率(偏离市场水平的远期汇率)
1.700 0	1.770 7
1.650 0	1.750 2
1.600 0	1.734 7
1.550 0	1.723 3
1.500 0	1.715 2
2.000 0	2.012 5
1.000 0	1.700 0

图 11-11 显示了中止式远期合约的现金流量。

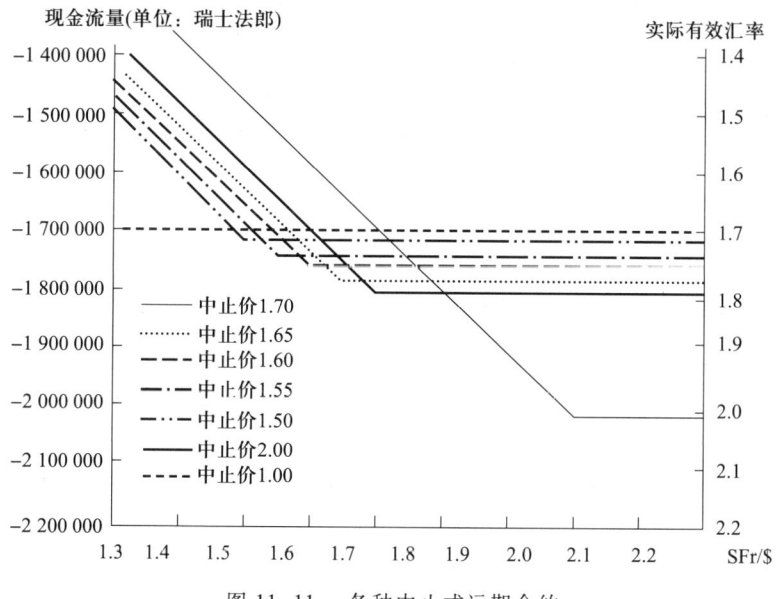

图 11-11 各种中止式远期合约

从图 11-11 中看出,中止价越高,公司就能越快地脱离远期合约,并从一个较低美元价格中获利。但这一好处被公司以一个更高于当前市场价格水平的远期汇率进行交易的可能性抵消。例如,中止价位 SFr1.700 0,提供给公司的偏离市场的价格将升至 SFr1.770 7,提高约 4%还多。

中止价越低,该远期合约被撤销的可能性也就越小,该公司就能以一个更接近于真实市场水平的远期汇率进行交易。例如,中止价位 SFr1.500,提供给公司的远期汇率为 1.715 2,该价格比真实的远期汇率高不足 1%。

图中还显示了两个极端,SFr1.00 和 SFr2.00。当中止价定在 SFr1.00 时,合约被中止的可能性无穷小,所以该公司以真实的远期汇率 SFr1.7 进行交易,该中止式远期合约退化为一个常规式远期合约,其损益图与远期合约完全相同,是一条水平线。若中止价定在 SFr2.00 水平上,该合约几乎肯定要被中止,所以该公司不可避免地要以即期汇率进行交易。偏离市场的汇率于是也被定得非常高,但与中止价十分接近。既然该远期合约几乎不可避免地要被中止,该种保值实际上相当于并不存在,因而该条损益线与原始风险线相一致。

尽管这类似于远期合约,但从图形中看出,这些图形与期权图类似。

在运用中止式远期合约时,期权费实际延迟支付了,这是因为期权费加在了到期时的资产价格上了。因此,SFr1.700 0/SFr1.770 7 的中止式远期合约可以通过让该公司买入一个协定价格为 SFr1.700 0 的美元的看涨期权,并将 SFr0.067 2 的期权费用于投资 270 天并加以复制。

(四) 动态套期保值

公司在使用期权套期保值技术时常采用静态方法,在设计好一个保值方案并开始实施该方案后便不再予以理会了。期权的到期日被设计为与特定交易或风险暴露的期限结构相一致。当这一特定的时间来临时,实值期权被行使或进行现金结算,从该其期权中的盈利弥补了已发生的市场不利变动所造成的损失。

在许多情况下,采用一种动态保值方案将更为有利,这主要表现在以下几点:①若无法获得期限足够长的期权或该类期权过于昂贵,以至于必须采用一种滚动式套期保值;②若原始风险是在不断变动的;③若该公司想要定期对套期保值策略进行优化调整。

下面仍以瑞士公司在 270 天后要支付 100 万美元为例说明。

假设该公司从一个基本期权套期保值开始,买入了一个协定价格为 SFr1.700 0 的美元看涨期权,并预先支付了每美元 SFr0.067 2 的期权费。

三个月后,美元贬值,即期汇率水平为 SFr1.576 7,而此时的远期汇率为 SFr1.600 0。虽然该看涨期权的价值降为 SFr0.018 8,损失了 SFr0.048 4,但基本头寸却使得该公司买入 1 美元要比原来支付少 10 个百分点。此时,该公司可以通过对冲现存的协定价格为 SFr1.700 0 的看涨期权,并迈入一个协定价格为 SFr1.600 0 的看涨期权,将该套期保值滚动转为一个协定价格为 SFr1.600 0 的期权,支付新的期权费为 SFr0.052 3,使得该公司期权费每美元的净支出为 SFr0.033 5。

假设美元再度下跌,且又过了三个月,美元以 SFr1.488 9 的即期汇率进行交易而远期美元价格为 SFr1.500 0。该公司可以重复这一过程,将套期保值价格由 SFr1.600 0 滚转至 SFr1.500 0,这次所持有期权的价值降到仅为 SFr0.006 5,且买入新期权将花费 SFr0.032 5,净支出为每美元 SFr0.028 7。表 11-6 对已发生的交易加以概括。

表 11-6 动态套期保值实例

时间	交易行为	期权费(SFr)
$T=0$	购买9个月期看涨期权,协定价格为SFr1.700 0@SFr0.067 2	-67 200
$T=3$月	卖出6个月期看涨期权,协定价格为SFr1.700 0@SFr0.018 8	+18 800
	买入6个月期看涨期权,协定价格为SFr1.600 0@SFr0.052 3	-52 300
	净期权费	-33 500
$T=6$月	卖出3个月期看涨期权,协定价格为SFr1.600 0@SFr0.006 5	+6 500
	买入3个月期看涨期权,协定价格为SFr1.500 0@SFr0.035 2	-35 200
	净期权费	-28 700

如果该公司采用静态套期保值,公司从一个协定价格为 SFr1.700 0 的平价期权开始,期权费支出为 SFr0.067 2。在不考虑期权费的融资成本下,最初的保值策略把买入美元的最高汇率固定在 SFr1.767 2 的水平。

而采用动态套期保值,通过保值滚转后的期权费为:

$$\frac{\text{SFr}(67\ 200+33\ 500+28\ 700)}{\$1\ 000\ 000}=\text{SFr}0.129\ 4/\$$$

将这一期权费加入到最后确定的协定价格 SFr1.500 0 上去,则该公司此时买入美元的最高成本为 SFr1.629 4。因此,这一策略实际上把从基本资产价格的有利变动中所获得的收益固定下来,从而为公司的支出规定了一个新上限。图 11-12 给出了二次滚转后的结果。

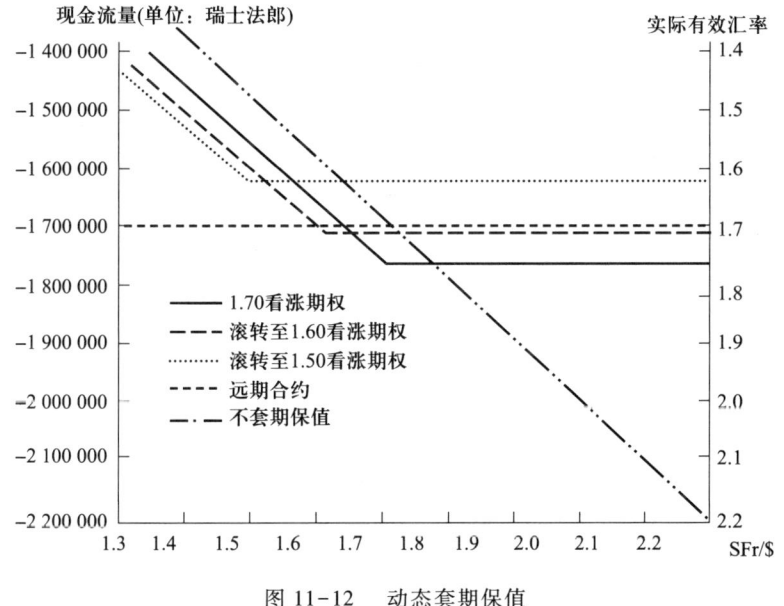

图 11-12 动态套期保值

从图 11-12 中看出,在第一次滚转之后,该期权策略规定了一个与远期保值相似的最高成本。在第二次滚转后,将期权费的融资成本考虑在内,该公司的最高支出额为 1 633 900 瑞士法郎,这要比最初的远期汇率便宜近 4%。此外,该公司还可以从美元跌至

SFr1.500 0以下的汇率变动中获利。

虽然上面用一个基本期权套期保值的例子对保值的滚转策略进行了说明,其基本原理同样适用于双限期权等其他保值组合产品。虽然动态保值策略可能会在到期日之前涉及额外的现金支出,但到期时的现金收入在对这些支出进行抵补后往往还有剩余。

四、保值策略的比较

外汇风险管理中用到许多金融产品,这些产品各自的特点如表11-7所示。

表11-7 各种金融产品的比较

策略	优点	缺点
远期合约	不需要支付期权费但提供了一个确定的结果	无法从有利的波动中获利
基本期权	对不利提供了无限的保护,从有利变动中获得无限的获利	期权费可能会过高
定做期权	在一定范围之间提供正常的期权保护,期权费相对便宜	若市场发生不利变动时会有一定的损失
双限期权	提供无限的保护,从有利变动中获得有限的获利	同上
中止式期权	在市场大幅度波动时能够获利	远期交易汇率是一个偏离市场水平的汇率

从表11-7可知,各种金融产品都有其自身的优点和缺点,没有一种金融产品对所有的人来说是最好的,这主要取决于风险暴露的性质,使用者的风险偏好以及对市场的预期。如果企业能仔细确定在第九章中提到的套期保值目标,就能缩小金融产品的选择范围。

■ 本章小结

1. 外汇风险通常是因为汇率波动导致应收/应付账款短期现金流和长期现金流波动,以及对合并报表产生影响,这就是企业常遇到的交易风险、经营风险和会计风险。

2. 通过金融工具进行套期保值主要针对的是交易风险。当公司确定了套期保值的目标以及对未来汇率的预期,管理层可以选择一些有效的工具进行风险管理,如定做结构性期权、双限期权、中止式远期以及动态调整期权头寸。

3. 每种套期保值方案都有其自身的优点和缺点,没有一种金融产品对所有的人来说是最好的,这主要取决于风险暴露的性质、使用者的风险偏好以及对市场的预期。

■ 重要概念

经营风险 交易风险 折算(会计)风险 范围远期合约
零成本双限期权 中止式远期 动态套期保值

■ 思考题

1. 举例说明外汇风险中,经济风险和交易风险的不同。
2. 为什么说经济风险管理比交易风险管理更为重要?
3. 中止式远期与远期有何异同?
4. 如何构造零成本双限期权?

5. 为什么要进行动态套期保值?

即测即评

请扫描右侧二维码,进行即测即评。

扩展阅读

附录 波动率的计算

波动率在期权定价公式中定义为收益率的年标准差,计算方法为:
首先计算样本均值和标准差,计算公式如下:

$$样本均值:\mu = \sum_{i=1}^{N}(x_i/N) \tag{1}$$

式中,N 为总观察数,通常选 20~50 个观察值,$x_i = \dfrac{S_{t+1}}{S_t}$ 为第 i 个相对价格或收益率。

$$样本标准差:\sigma = \sqrt{\sum_{i=1}^{N}[(x_i - \mu)^2/(N-1)]} \tag{2}$$

年波动率 $= \sigma \times \sqrt{250}$(一般工作日计算为 250 天)

通过以上方法计算出来的波动率为历史波动率。

例:计算历史波动率。

有关英镑对美元的汇率以及相关数据如表 1 所示:

表 1 计算历史波动率

$/£ 英镑/美元	$\dfrac{S_{t+1}}{S_t}$（相对价格）	$\ln\left(\dfrac{S_{t+1}}{S_t}\right)$（对数相对价格）	$\ln\left(\dfrac{S_{t+1}}{S_t}\right) - \mu$（离差）	$\left[\ln\left(\dfrac{S_{t+1}}{S_t}\right) - \mu\right]^2$（平方差）
1.618 0				
1.605 5	0.992 274	-0.007 756	-0.006 564	0.000 043 08
1.604 5	0.999 377	-0.000 623	0.000 569	0.000 000 32
1.610 0	1.003 428	0.003 422	0.004 614	0.000 021 29
1.602 5	0.995 342	-0.004 669	-0.003 477	0.000 012 09
1.579 0	0.985 335	-0.014 773	-0.013 581	0.000 184 45
1.558 0	0.986 700	-0.013 389	-0.012 197	0.000 148 76
1.544 5	0.991 335	-0.008 703	-0.007 511	0.000 056 41

续表

$/£ 英镑/美元	$\frac{S_{t+1}}{S_t}$ （相对价格）	$\ln\left(\frac{S_{t+1}}{S_t}\right)$ （对数相对价格）	$\ln\left(\frac{S_{t+1}}{S_t}\right)-\mu$ （离差）	$\left[\ln\left(\frac{S_{t+1}}{S_t}\right)-\mu\right]^2$ （平方差）
1.551 0	1.004 208	0.004 200	0.005 392	0.000 029 07
1.564 0	1.008 382	0.008 347	0.009 539	0.000 090 99
1.575 0	1.007 033	0.007 009	0.008 201	0.000 067 25
1.582 5	1.004 762	0.004 751	0.005 943	0.000 035 31
1.588 5	1.003 791	0.003 784	0.004 976	0.000 024 76
1.594 0	1.003 462	0.003 456	0.004 648	0.000 021 61
1.588 5	0.996 550	−0.003 456	−0.002 264	0.000 005 13
1.595 0	1.004 092	0.004 084	0.005 276	0.000 027 83
1.606 5	1.007 210	0.007 184	0.008 376	0.000 070 16
1.609 5	1.001 867	0.001 866	0.003 058	0.000 009 35
1.612 5	1.001 864	0.001 862	0.003 054	0.000 009 33
1.576 5	0.977 674	−0.022 579	−0.021 87	0.000 457 38
1.578 5	1.001 269	0.001 268	0.002 460	0.000 006 05
1.578 0	0.999 683	−0.000 317	0.000 875	0.000 000 77
均值		−0.001 192		0.000 062 92

标准差 $\sigma = \sqrt{0.000\ 062\ 92} = 0.007\ 932\ 45$

年波动率 $= 0.007\ 932\ 45 \times \sqrt{250} = 12.5\%$

如果已知期权费等其他变量，反过来计算得到的年波动率就叫作隐含波动率。

第十二章 股权风险管理

本章学习目标

- 掌握股权风险的分类及其度量指标
- 掌握股票风险管理的各种策略
- 了解组合投资风险的管理方法

股权风险是指单只股票或组合股票价格变动的可能性,从本质上讲这是一种价格风险,因此与货币风险一样,对股权风险的管理基本上可以采用前面外汇风险管理的方法。本章着重讨论股票投资风险的管理,并介绍一些新的财务风险管理工具。

第一节 股权风险的分类及度量

一、股权风险的分类

股权风险通常以其影响的范围以及能否分散为依据划分为两大类:系统性风险和非系统性风险。

系统性风险是指由于某种因素使股票市场上所有股票都出现价格变动,并给所有投资者带来损失的可能性。该风险是投资者无法控制的总体市场行为,会对所有股票产生影响,且无法通过投资者的证券多元化组合来规避。系统性风险可能源于战争、通货膨胀、经济衰退以及高利率等外部因素,它的影响波及所有的公司。不过这种风险传导到各企业是不同的,有的企业易受整个经济环境的干扰,而有的企业则抗干扰能力强一些,从而相同风险对不同股票或股权组合的影响程度就不同。

非系统性风险是指某些特定因素对某一股票收益造成损失的可能性。这类风险源于与公司有关的特定事件,如法律纠纷、罢工、市场营销计划的失利、重大投资项目的失败等。这类事件本质上是随机的,并且只波及特定的公司或行业,一家公司的不利事件的影响,可被其他公司的有利事件抵消。由于非系统性风险只对局部股票收益产生影响,因此,它可以通过投资者的多元化投资组合来规避,故又称公司特定风险。如持有多种股票,当有些股票价格下降、股息减少时,另一些股票价格可能上升,这样此升彼落就可能使风险彼此冲销。

公司的总体风险由系统性风险和非系统性风险组成,通常系统性风险在总风险中所占比重为 25%~50%。

二、股权风险的度量

股权风险的度量包括对系统性风险的度量和对总体风险的度量。

(一) 总体风险的度量

对总体风险的度量通常用标准差 σ 来度量,这是股票风险中常用的统计指标。标准差大的股票表示其风险大;反之,其风险小。度量股票收益率标准差的具体方法请参考公式(2.2)和(2.3)。实践中,简便起见,人们经常假设公式(2.3)中股票的算术平均收益率为零,n 代表观测值的个数。因此公式(2.3)可以简化为:

$$\sigma_n^2 = \frac{1}{m} \sum_{i=1}^{m} x_{n-i}^2 \qquad (12.1)$$

其中,x_i 为股票收益率的观测值,即 $x_i = [W(t+1) - W(t)]/W(t)$,$W(t)$ 为股票在 t 时刻的价格。与公式(2.3)相比,公式(12.1)的表达式更简单,而且当观测值数量较多时公式(12.1)与(2.3)的计算结果相差不大。

在计算股票收益率的标准差时,公式(12.1)中 $x_i^2(i=1,2,\cdots,n)$ 的权重都等于 $1/n$。然而,由于计算的是当前股票收益率的波动,因此,更合理的做法是收益率距离当前时刻越近,其权重越高。即

$$\sigma_n^2 = \sum_{i=1}^{m} \alpha_i x_{n-i}^2 \qquad (12.2)$$

其中 $\alpha_i(i=1,2,\cdots,m)$ 为第 i 个收益率观测值的权重。一般来讲,$\alpha_i(i=1,2,\cdots,m)$ 需要满足 当 $i<j$ 时 $\alpha_i<\alpha_j$,而且 $\sum_{i=1}^{m} \alpha_i = 1$。当 $\alpha_{i+1} = \theta \alpha_i$ 且 $\theta \in (0,1)$ 为常数时,收益率的权重随着时间的递减呈指数速度递减,该模型被称为指数加权移动平均模型(Exponentially Weighted Moving Average Model)或简称 EWMA 模型。

如果取 $\alpha_i = (1-\theta)\theta^{i-1}$,公式(12.2)可以改写为 $\sigma_n^2 = (1-\theta)\sum_{i=1}^{m}\theta^{i-1} x_{n-i}^2 + \theta^m \sigma_{n-1}^2$。假定 θ^m 足够小而可以忽略,通过简单推导,可将上式简化为

$$\sigma_n^2 = \theta \sigma_{n-1}^2 + (1-\theta) x_{n-1}^2 \qquad (12.3)$$

公式(12.3)表示,当期股票收益率波动率的估计值可以通过使用最近一期的股票收益率以及股票收益率的波动率估计值获得。公式(12.3)表明 EWMA 模型仅需要使用很少的数据便可以完成股票收益率波动率的估计。基于此优势,该模型在实务操作中被广泛运用。例如,业界广泛采用的摩根大通集团(J. P. Morgan)开发的 RiskMetrics 数据库便使用上述模型且取 $\theta = 0.94$。

假设,波动率的估计公式中存在一个长期均方差(long-run average variance),且具有一定的权重,这样公式(12.2)可扩展为:

$$\sigma_n^2 = \gamma V_L + \sum_{i=1}^{m} \alpha_i x_{n-i}^2 \qquad (12.4)$$

其中V_L是长期均方差，γ为V_L对应的权重。与公式(12.2)的限制条件类似，有$\gamma + \sum_{i=1}^{m} \alpha_i = 1$。公式(12.4)便是罗伯特·恩格尔(Robert Engle)提出的自回归条件异方差(Autoregressive Conditional Heteroscedasticity, ARCH)模型。简便起见，通常表示为ARCH(m)。

Tim Bollerslev于1986年提出的GARCH(p,q)模型，为公式(12.4)的扩展式：

$$\sigma_n^2 = \gamma V_L + \sum_{i=1}^{p} \alpha_i x_{n-i}^2 + \sum_{i=1}^{q} \beta_i \sigma_{n-i}^2 \qquad (12.5)$$

在所有GARCH模型中，GARCH(1,1)模型应用最为广泛，其公式为：

$$\sigma_n^2 = \gamma V_L + \alpha x_{n-1}^2 + \beta \sigma_{n-1}^2 \qquad (12.6)$$

该模型中，参数需满足$\alpha + \beta < 1$。

比较公式(12.3)和(12.6)可以发现，当$\gamma = 0$，$\alpha = 1 - \theta$且$\beta = \theta$时，GARCH(1,1)模型即为EWMA模型。

Peter R. Hansen和Asger Lunde(2005)通过比较330种ARCH模型发现，在研究汇率问题时，没有明显的证据表明更复杂的模型会比GARCH(1,1)模型表现得更好。

为了预测股票收益率的波动率，我们可以首先使用公式(12.1)至公式(12.6)估计历史股票收益率的波动率，然后再根据当前估计值使用相应表达式来预测未来的波动率。除此之外，还可以通过使用Black-Sholes-Merton模型计算隐含波动率(implied volatility)来获得市场对于相应资产未来波动率的估计。

随着现代金融理论的发展以及数据存储技术的进步，大数据分析逐渐被人们熟知。研究者指出，与之前传统方法相比较，使用高频金融数据方法估计股票波动率的表现要更好。尽管该领域于20世纪末才引起研究者的关注，但是其发展却异常迅速。直觉上来讲，在估计股票的波动率时，研究者使用的数据越多，便越有可能获取更多的信息，因此便能更准确地估计股票的波动率。大量理论和实证研究结果表明，与传统方法相比，使用大数据估计股票波动率的优势非常明显，因此该方法也越来越多地被用于当代金融资产的风险管理。

（二）系统性风险的度量

对系统性风险的度量通常用β系数，相对整个股票市场来说，它是某一证券组合收益变动性的衡量指标。β值在股票投资中有重要作用。通常认为β值小于1的股票是防守型股票，β值大于1的股票是进攻型股票。投资者选择何种股票，因经验、能力而定。β值的大小可根据数据、资料采用回归方法求得。需要指出的是，β值是利用统计资料计算出来的，因此只是对过去情况的说明。假如我们希望预测未来收益，β值只能给投资者提供一种预测依据。

我们可以通过对市场指数(如S&P 500指数)使用公式(12.1)至公式(12.6)计算市场的大致历史波动率并预测未来的波动率。此外，我们也可以使用隐含波动率来获得市场对相应指数未来波动率的大致预期。例如，芝加哥期货交易所(Chicago Board of Trade, CBOT)发布的SPX VIX便是通过计算基于S&P 500指数的一系列30天看涨看跌期权而获得的一个隐含波动率的指数，它通常也被称作"恐慌指数"(fear factor)。

第二节 股票的风险管理

在实践中，投资者通常可使用期货规避股票下跌的风险，其运作方式与其他期货的方法是一样的，只是期货的标的物是股票。本节主要介绍如何运用期权规避和防范单只股票的风险。

一、在牛市和熊市中采用的策略

由于投资者在牛市和熊市中所采用的策略具有对称特点,二者的原理是相同的,因此,在此主要讨论投资者在牛市中采用的一些策略。

(一) 买入看涨期权

买入看涨期权,投资者可以从基础资产股票的价格上涨中获利,同时又避免了因基础资产股票价格下跌而产生的风险。股票期权的协定价格可以分为平价期权(协定价格等于期权价格)、虚值期权(协定价格高于当时期权价格的看涨期权或者协定价格低于当时期权价格的看跌期权)和实值期权(与虚值期权相反)。

实例分析 12-1:假设 ABC 公司股票目前价格为 100 元,2 个月的平价看涨期权的期权费是 4.5 元;2 个月的虚值看涨期权协定价格为 110 元,期权费为 1 元。假定交易量都是 1 000 股,试分析该投资者的策略。

解析:投资者可以采取三种策略:

(1) 直接买入该股票;
(2) 买进平价看涨期权;
(3) 买进协定价格为 110 元的看涨期权。

其盈亏如图 12-1 所示:

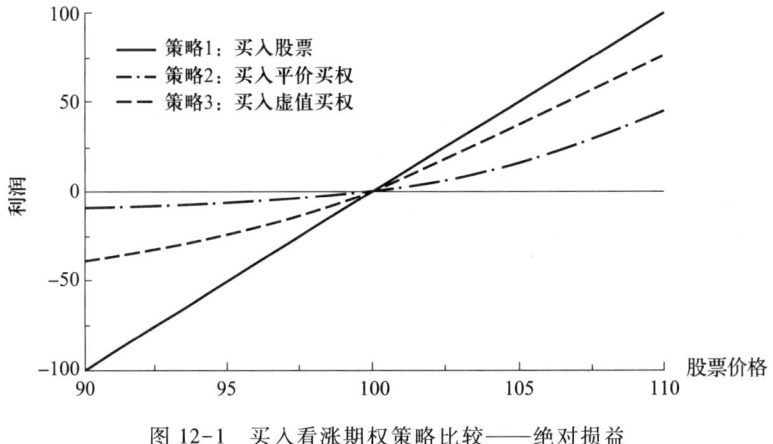

图 12-1 买入看涨期权策略比较——绝对损益

图 12-1 仅仅从货币盈亏绝对量角度来讲,直接购买股票在股价上涨时获利要比另外两种情况好。但这只是指这三种策略都是以股票数量为 1 000 股为标准来考虑的。从价值量来看,它们在使用资金量方面差异性是很大的,购买 1 000 股股票期权所需的资金远远小于购买 1 000 股股票的资金。而且一般说来,期权价值变动总是小于其基础资产股票的价值变动,这可以用期权的德尔塔(Delta)值来描述。例如,股票价格上涨 10 元,图 12-1 所示两种期权价格只分别上涨 7.5 元和 4 元。同样,如果股票价格下跌 10 元,而两种期权价格只分别下降 3.5 元和 1 元。

如果我们将上述三种投资策略的结果用百分比来表示,则期权在盈亏方面的杠杆作用会变得十分明显。当股票价格在-10%至+10%变动范围内时,平价期权价值变化在-78%至+167%之间,而虚值期权价值变化在-100%至+400%之间。如图 12-2 所示。

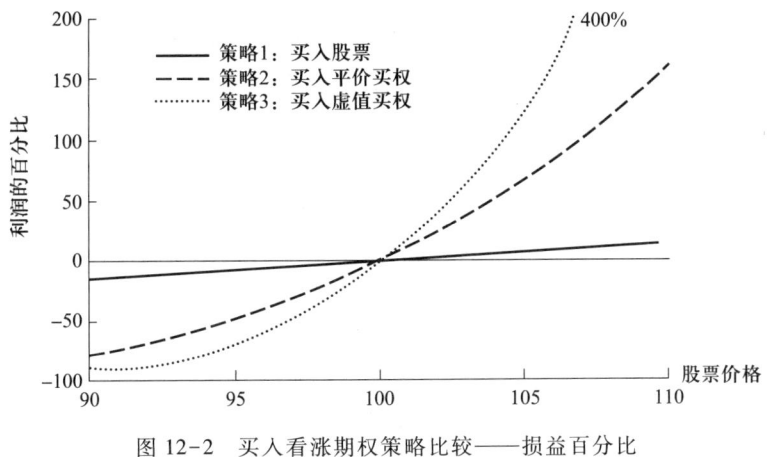

图 12-2 买入看涨期权策略比较——损益百分比

(二) 买入牛市价差组合

牛市价差是一种期权的组合,购入看涨期权的协定价格低于出售看涨期权的协定价格(或购入看跌期权的协定价格高于出售看跌期权的协定价格)。相反,熊市价差也是一种期权组合,只是购入看涨期权的协定价格高于出售看涨期权的协定价格(或者购入看跌期权的协定价格低于出售看跌期权的协定价格)。

实例分析 12-2:假如 ABC 公司想在牛市中锁定利润,同时又减少所支付的期权费获利,该公司可以通过牛市价差达到此目的。

买入协定价格 X = 90 元的看涨期权
同时出售协定价格 X = 110 元的看涨期权 ⎬ ← 牛市价差

解析:使用积木分析法,可以解释牛市价差的特点:

购入较低协定价格的一个看涨期权	0	+1	+1
出售较高协定价格的一个看涨期权	0	0	-1
净结果	0	+1	0

牛市看涨期权价差损益如图 12-3 所示。

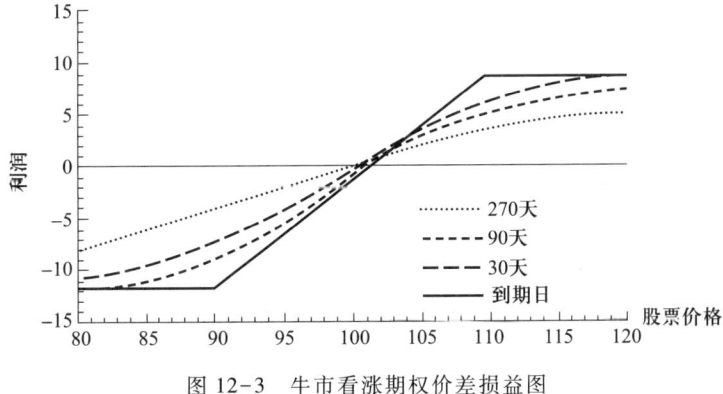

图 12-3 牛市看涨期权价差损益图

当人们认为资产价格会上升时,通常采用牛市价差策略,这样不仅可以通过期权锁定利润,而且所支付的费用要少于购买单个平价期权的费用,这是因为出售较高协定价格的看涨期权所获的收入可以抵减购买期权时所花的费用。

采用牛市价差策略的主要缺陷是:当资产价格上升超过较高的协定价格时,采用此策略会丧失潜在的收益,在这种情况下,购买较低协定价格的看涨期权所获得的利润,将会被出售较高协定价格的看涨期权所遭受的损失抵消。也就是说,牛市价差的利润是有限的。相比而言,如果购入一个看涨期权,其利润是无限的。

牛市价差有一个很明显的优势,即时间价值的衰减特征。仔细观察图12-3可以发现,利润线趋向于两个协定价格的中点附近,在某一资产价格之上。实例分析12-2中是102元。时间价值衰减对于牛市价差持有者有利,从未到期的虚线至到期日的实线,利润实际上是增加了,可以分为两部分来解释:

第一,牛市价差中售出期权的时间价值衰减有利于投资者,从而可以部分抵消实值期权时间价值衰减的不利影响。

第二,当资产价格越来越趋于售出期权所约定的较高价格时,上述效果越明显。

值得注意的是,尽管购买牛市价差组合的优势在于比一般看涨期权成本较低,并且从时间衰减中损失更小。但是,购买者也放弃了一旦基础资产股票价格上升至较高协定价格以上时,投资者继续获利的计划,而一般看涨期权的买方还能继续获利。图12-4对一个月后购买一份90~110元的牛市价差组合、买入平价看涨期权和直接买进股票的盈亏结果进行了比较。

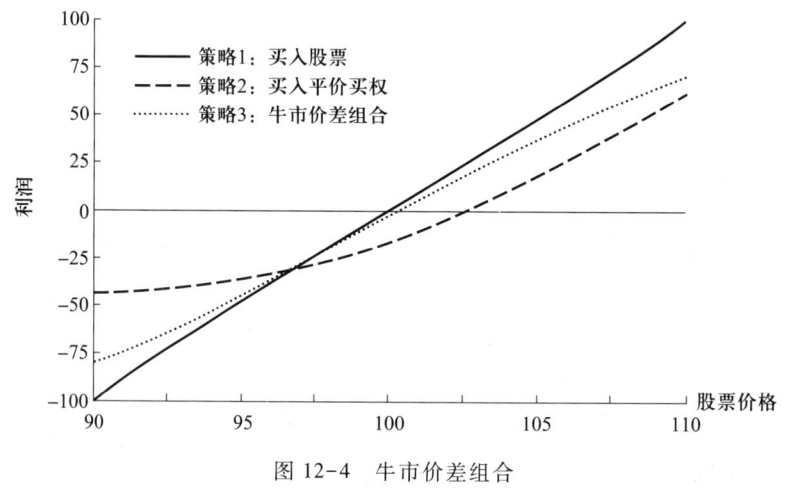

图12-4 牛市价差组合

假设所交易的标的股票数量都相等,从图12-4可以看出,如果在一个月的时间内相应的股价没有变化,牛市价差组合不会发生损失,而买入平价看涨期权却损失了1/3的价值。

(三) 90∶10策略

考虑到潜在的股权风险,90∶10策略通过将大部分资金投资于无风险存款或国债上,以保证获得最小的投资回报,而将剩余资金购买特定股票或相应衍生产品而获得有限的风险。该策略本质上是保守型的,因为资金大部分投资于无风险存款或国债,保证获得最低收入;而在股价上升时,由于期权足够的杠杆性,故也可以获得较高利得。该策略运行如图12-5所示,显示该策略能为投资者提供较好的回报。

与那些单纯买卖股票的简单技术相比,以上三种期权策略有很多优点:①如果市场变化与预期相反,期权面临的下跌风险是有限的;②期权具有高度的潜在杠杆作用,虚值程度越

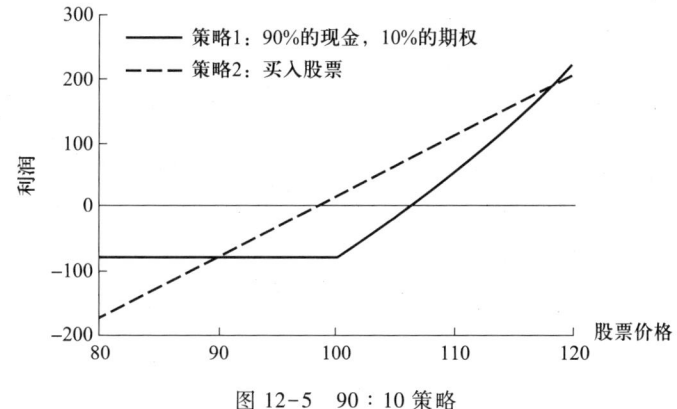

图 12-5 90:10 策略

高的期权,这种特点就越明显;③利润状态曲线斜率大于零,期权有利润加速效应,即当期权处于实值状态时,利润增加的幅度大于标的资产价格上升幅度;④期权使投资者进行股票远期交易成为可能。

然而,期权的杠杆作用是双向的,它同样会使亏损放大。此外,平价期权的时间价值也会随时间的推移而受损,不过,这种损失可通过价差组合策略来削减。

二、价值保护策略

投资者如果想在股票资产价格下跌时设定一个对资产价值的保护点,即止损点,就要用到价值保护的三种策略,即止损策略。

(一) 买入看跌期权

这是一种最简单、传统的股票资产保值方法。买进某种协定价格的看跌期权,当股价跌落到该协定价格以下时,投资者可按协定价格卖出所持股票。因此,投资者拥有股票的最低价值应是期权协定价格乘以股票数,再减去所付的期权费。如到期时股价上涨,该投资者无须执行期权,可以从持有股票中继续受益,只是所获利润要比直接持有股票、不买看跌期权能从股价上涨中获得的利润少。

实例分析 12-3:假设 B 企业拥有 1 000 股 ABC 公司的股票,当前股票价格是 100 元,试分析买入看跌期权的损益状态。

解析:如果 B 企业买入的是平价看跌期权,期权费是 3.5 元,在到期日股票价格不变或低于协定价格,则 B 企业按 100 元出售,B 企业最大的支出是期权费 3 500 元。如果股票价格上涨,比不买看跌期权的股票收益稍微下降,下降的幅度正好是所支付的期权费。如图 12-6 所示。

(二) 股票变现并买入看涨期权

设立资产价值止损点的另一种策略是卖出自己所持有的股票,然后把所得的收入投资于无风险的债券获得利息收入,同时把一部分收入用于购买这种股票的看涨期权。这样,一旦股票价格上涨,投资者可以从股价上涨中获利;如果股价下跌,则其损失不会超出所付出的期权费。

实例分析 12-4:继续实例分析 12-3。

解析:如果 B 企业预计股票价格下跌,该企业可采用股票变现,并买入看涨期权的策略,那么:

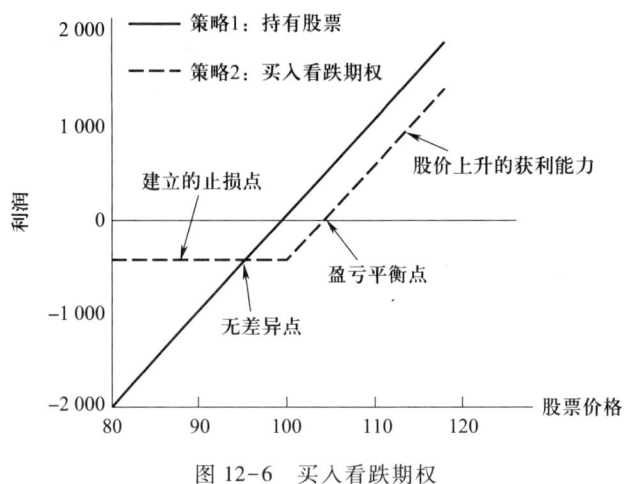

图 12-6 买入看跌期权

卖出 1 000 股 ABC 公司的股票	+100 000 元
买入 1 000 股看涨期权	
协定价格 100 元,期权费 5 元	
期限 3 个月	
支付期权费	−5 000 元
净额	95 000 元

然后,B 企业用 95 000 元购买国库券,持有 3 个月,获得利息 1 435 元。

如果 ABC 公司股票价格下跌,由于 B 企业已不持有 ABC 公司的股票,该公司可以不受股价下跌的损失,实际损失的是期权费 5 000 元,考虑所赚利息 1 425 元,B 企业实际净损失为 3 575 元(5 000−1 435)。

当然,B 企业在买进看涨期权时,协定价格可以高于平价水平,所付的期权费也可以少一些,但是,相应的止损点也会较高。同理,协定价格低于平价水平,所付的期权费比较多,相应的止损点比较低。该种损益状态图与图 12-6 一致。

(三) 购买双限期权

前面已经讨论过双限期权在管理汇率风险中的应用,同样,该金融工具也可以用来实现股权风险的管理。双限期权是一种期权组合,它通过出售虚值看涨期权为买进看跌期权融资。如果买卖期权的标的资产数量相同,那么,买进的看跌期权的协定价格就成了价格下限,而卖出看涨期权的协定价格则成为价格上限。

投资企业拥有的标的资产在这两个价格之间波动时,投资者承受由此带来的获利或亏损。当标的资产的价格低于价格下限时,投资者的亏损不会增加;当标的资产的价格高于价格上限时,投资者的利润也不再增加。因此,该策略适用于价格波动剧烈且花费期权费较少的情况。

实例分析 12-5:B 企业拥有 ABC 公司股票 1 000 股,现时股价为 100 元。该投资者买进了 3 个月期的 1 000 股 ABC 公司股票的双限期权,其中买进平价看跌期权,卖出的看涨期权协定价格为 105 元,期权费净值为每股 1 元。试分析损益状况。

解析:B 企业的损益状况如图 12-7 所示。

从图 12-7 中可以看出,如果到期 ABC 公司股价不变或下跌,则 B 企业损失了所付出的

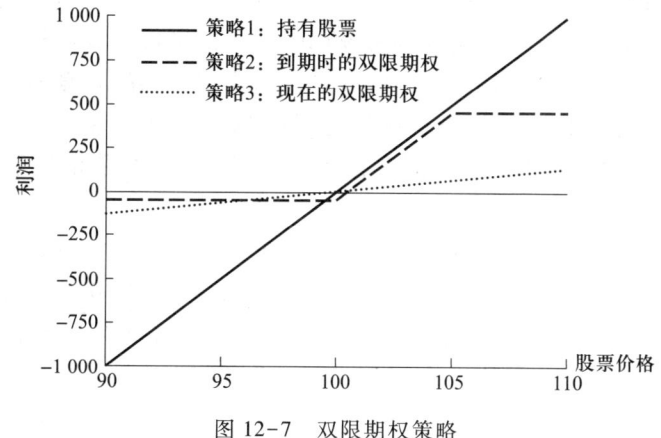

图 12-7 双限期权策略

期权费 1 000 元;如果股价上涨到 105 元,该投资者每股能赚取 5 元的收益,但由于 B 企业购买期权组合式净期权费每股 1 元,实际上每股净赚 4 元,共获利 4 000 元。如果价格再上涨,因为卖出的看涨期权会被行使,故 B 企业的获利就不能增加了,有盈利上限 4 000 元。综合起来看,该双限期权可将投资者所持股票实际价格的波动范围限定在 99 元到 104 元之间。

三、运用期权价差策略管理股权风险

在以上策略中有的已涉及利用期权价差来管理股权风险,下面再详细地讨论三种价差组合及其应用,并介绍管理股权风险时的动态套期保值策略。

(一) 垂直价差组合

垂直价差的特点在于买进期权和卖出期权的协定价格不相同,而到期日均相同。牛市价差和熊市价差都属于这类。这里,我们主要讨论利用垂直价差组合进行动态股权套期保值。通常,我们在刚开始并没有考虑进行动态套期保值,但在实际操作时,我们有必要在一段时间内进行动态避险,那么运用垂直价差组合则是一种有效的方法。因此垂直价差组合有时被称为"向上滚动进入价差"或"向下滚动进入价差"。这种方法实际上在外汇风险管理中动态套期保值里介绍了,这里我们从实例分析看股权风险管理。

实例分析 12-6:假设 ABC 公司股票目前价格为 100 元,B 企业认为它还会继续上涨,投资者可以买进 4 个月期的虚值看涨期权,协定价格为 110 元,期权费为每股 3 元。试分析未来 ABC 公司价格波动时,B 企业的损益状况。

解析:1. 如果 ABC 公司的股票价格上涨,采用向上滚动进入价差

一个月后 ABC 公司股价上涨至 110 元,B 企业卖出三个月的虚值看涨期权,协定价格为 120 元,期权费为每股 3 元。此时,该企业买入和卖出的期权费收付抵消,净期权费为零。但 B 企业持有向上滚动而形成的 110 元到 120 元的牛市看涨价差期权。如果 ABC 公司股价继续上涨至 120 元以上,该投资企业将获得每股 10 元的收益;而如果 ABC 公司股价保持不变,投资企业收益可以保持不变,也不会损失。

2. 如果 ABC 公司的股票价格下降,采用向下滚动进入价差

如果 B 企业的最初策略是错误的,ABC 公司股价趋势下跌与投资者原先预期相反,B 企业可以采用"向下滚动进入价差"的策略。

如果企业买进的是4个月期的协定价格为100元的平价看涨期权,期权费为每股7元。但一个月后,ABC公司股价不升反降至每股90元,原来的平价看涨期权的期权费现在只有每股2元。此时,该投资企业可以卖出两份协定价格为100元的看涨期权,期权费为2元,收到期权费4元,同时再买进一份协定价格为每股90元的平价看涨期权,期权费为每股5.5元。于是,B企业便持有向下滚动而形成的90元至100元的熊市价差组合,所付的净期权费是每股8.5元(-7+4-5.5)。

现在,只要ABC公司股价上涨到每股98.5元,B企业就可以达到盈亏平衡。如果不运用向下滚动形成该项价差策略,ABC公司的股价要上涨到每股107元才能达到盈亏平衡。通过向下滚动,对B企业来说已经非常有利了。但是,通过降低保本价格,B企业付出了获得ABC公司股价上涨无限盈利的代价,在价差中,投资企业的最大盈利能力为每股不超过1.5元。如图12-8所示。

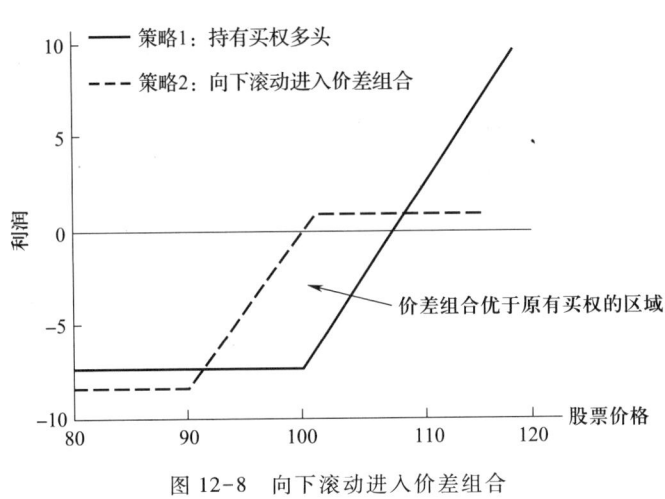

图12-8 向下滚动进入价差组合

(二) 水平价差

水平价差又称日历价差或时间价差,它是指以相同的协定价格买进一定数量的到期日较近的期权和约,同时又卖出数量相同的、但到期日较远的期权;或者以相同的协定价格买进一定数量的到期日较远的合约,同时又卖出数量相同,但到期日较近的期权。这种期权组合是利用期权的时间价值会根据离到期日的远近而变化的特点,以期获得价差收益。这常常是一种投机策略。

实例分析12-7:ABC公司目前的股票交易价格为100元,且目前4个月期的平价看涨期权的期权费为每股7.5元,而1月期的平价看涨期权的期权费为每股3.5元。投资者如何利用看涨期权报价获利?

解析:投资者在卖出1月期的ABC公司股票平价看涨期权的同时,买进同数量的该股票4月期平价看涨期权。他在期权费上净支出为每股4元。如1个月后ABC公司的股票价格仍为100元,则原1月期看涨期权就无价值了,而4个月期看涨期权还有3个月到期,故它的时间价值损失一部分,比如说,该看涨期权的期权费现在每股为6元。这样,该水平价差组合的价值就从每股4元上升到每股6元。该水平价差组合策略的盈亏状况如图12-9所示。

由图12-9可知,该水平价差组合现在的盈利最大时股价为100元,而保本价格则分别

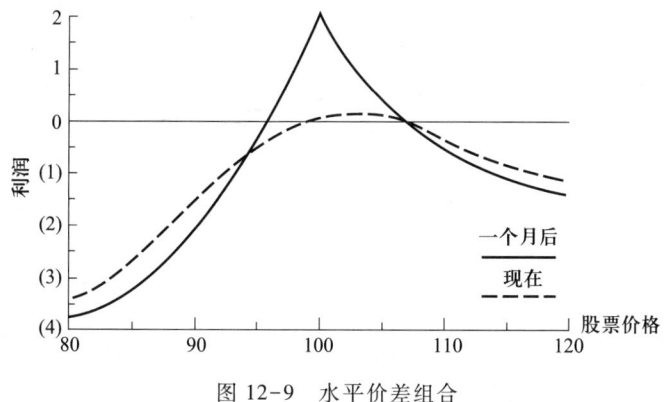

图 12-9 水平价差组合

为 96 元和 107 元。可见,如投资者预期基础资产价格短期内不会波动过大,则可以采用水平价差组合获利。

(三) 对角价差组合

对角价差组合是把垂直价差和水平价差两者结合起来,它买卖的期权是协定价格和到期日都不相同的两份期权,它综合了垂直价差的定向特点和水平价差的时间衰减方式。那些认为股票价格会停留在一个特定的水平上,而不是现行价格水平的投资者可以利用对角价差组合。

实例分析 12-8:假设投资者对 ABC 公司股票的价格趋势判断是可能上涨,他可以卖出期限为 3 个月的平价看涨期权,协定价格为 100 元的平价,期权费为每股 7.5 元;同时买进同样数量的该股票 9 个月的看涨期权,协定价格为每股 90 元,期权费为每股 19.5 元。试分析该投资者两个月后的损益。

解析:投资者买进的看涨期权期限较长,其协定价格又低于目前股价,通过买卖期权,该投资者每股期权费的净支出为每股 12 元。若两个月后 ABC 公司股价仍是每股 100 元,投资者卖出的 3 个月期的平价看涨期权价值每股 5 元,但他买进的看涨期权的时间价值损失并不大,期权费为每股 19 元,该投资者就获得了每股 2 元的收益。

如两个月后 ABC 公司股票价格高于 100 元,卖出的平价期权将被执行,虽然买进的看涨期权的内在价值也会增加,但两者综合起来,投资者的利润将比 ABC 公司股价为 100 元时稍高。如 ABC 公司股价两个月后低于 100 元,由于买进的看涨期权的内在价值下降,该投资者的利润将迅速下降。大约在股价等于 97 元的地方达到盈亏平衡。投资者的损益状态如图 12-10 所示。

假设投资者对 ABC 公司股价走势判断将来可能下跌,他可以卖出期限为 3 个月的看涨期权,协定价格为 90 元,期权费每股 18.5 元,同时买进同样数量的该股票 9 个月期的平价看涨期权,期权费为每股 12.5 元。这样,投资者通过买卖期权可获得每股 6 元的净期权费收入。假定 3 个月后 ABC 公司股价果然跌至 90 元,则卖出期权就无价值了。买进的看涨期权的价值虽然减少很多,但仍有时间价值,此时投资者利润最大。如果 3 个月后价格低于 90 元,考虑到买进的看涨期权的价值进一步减少,因而投资者的利润会减少。如果价格高于 90 元,所卖出的 3 个月的看涨期权就会被执行,投资者的利润就会迅速减少;当价格高于 100 元时,投资者就会亏损。

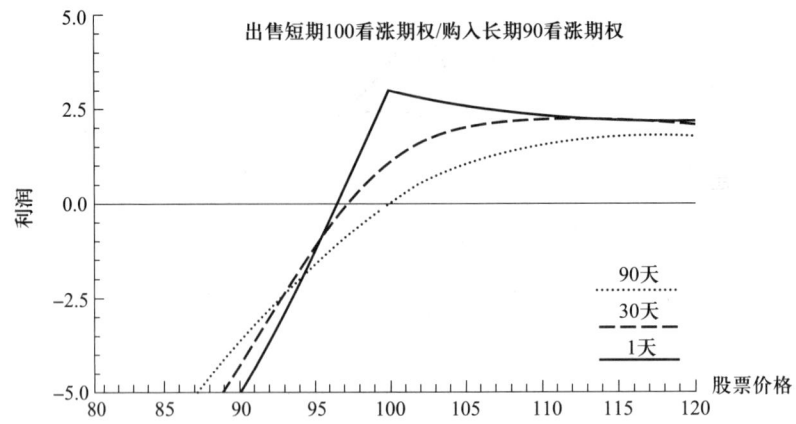

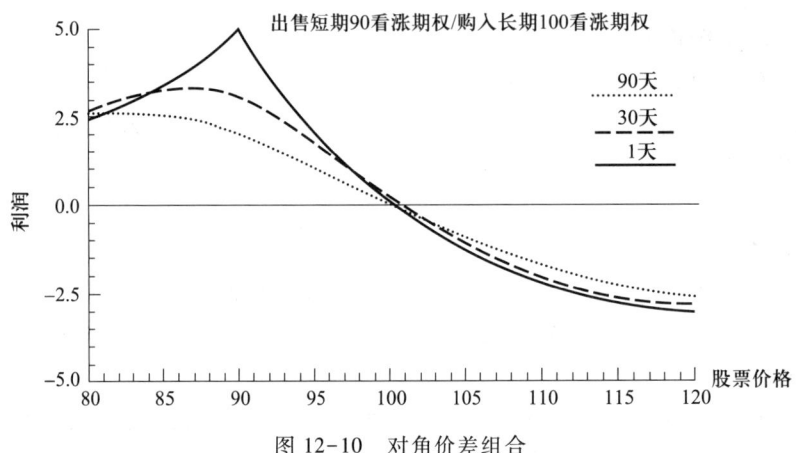

图 12-10 对角价差组合

第三节 组合投资的风险管理

一、证券组合管理理论

前面提到证券市场上的风险可以分为两大类:一类是整个市场所有证券都受影响的风险,即系统性风险;另一类是只有一部分证券受到影响的风险,称之为非系统性风险。系统性风险对证券投资者来说不能通过分散化来减少,但非系统性风险可以通过证券的分散化来减少。这是证券组合管理对股权风险控制的理论基础。

传统的证券组合管理中,证券分散化定性上可以从各个方面进行,主要有如下几种形式:

第一种是证券种类的分散化。市场上交易的有价证券,可以分为债券和股票两大类。每一类又含有许多种类,它们面临的风险程度各不相同。但总的来说,债券风险比股票要小一些。投资者可以在两大类证券中适当地分散,以便把非系统性风险分散掉。

第二种是把债券到期日分散化。把债券到期日分散化,能收到把因市场利率波动对债券集中影响分散化的效果。同时,也能使债券到期日收回的本金均匀化,投资者可以在一段时间内维持一定的收入水平。

第三种是把证券所在部门或行业分散化。不同行业或部门的股票价值会受到行业或部门的兴衰的影响。把证券所在部门和行业分散化,就意味着各个行业兴衰所带来的风险减少。

第四种是把证券所代表的公司分散化。同一行业的众多企业,它们的规模大小、经营业绩不相同,它们的股利政策、发展战略也不相同。把债券和股票分散于不同公司之间,能够避免因单个公司经营状况不善而带来的风险。

第五种是证券的国别分散化。在金融国际化的今天,发达证券市场上,投资者们有可能购买许多国家的股票。把所购证券的国别分散化,就能在某一国政治、经济环境发生不利变化时,不至于给投资者造成太大的损失。

在实施分散化的过程中,投资者能不能实现自己的预期,或实现程度如何要受多种因素影响。因此,在实施分散化的过程中,投资者应综合多种因素考虑,谨慎选取。

传统管理证券组合的方法,侧重于定性分析。由马柯维茨等人创立的现代证券组合理论在定量分析方面迈出了巨大的一步。研究者利用风险分为系统性风险和非系统性风险而且非系统性风险通过分散化可以消除的原理,用一套数学方法建立起自己的证券组合理论。这个理论的数学化在于其建立的三个变量:证券组合的预期收益率、证券组合的风险以及证券组合中所包含的各种证券预期收益率的加权平均数。

利用组合投资进行风险管理的方法主要有证券组合保险、股票指数期货和期权、担保股权基金等。

二、证券组合保险

证券组合保险是 20 世纪 80 年代初发展起来的一项技术,在 1987 年股灾之前运用得相当普遍。1987 年之后,这项技术应用虽然大不如前,但依然有其市场。证券组合保险有时会与程序交易和资产配置混淆,因为这三者确实有相似之处。

程序交易,指一种电脑化系统,交易者可以通过它发出指令进行交易。这种程序交易系统可以被用于捕捉或利用市场上出现的无风险套利机会。与股票市场有关的程序交易系统通常被用来识别和利用指数期货价格与构成指数的成分股价格之间出现的差异。

资产配置,这是一种将股票指数期货或债券期货作为一种廉价、灵活的手段来调整投资结构的做法。比如利用股票指数期货将存款型的生息资产转换成综合性的股票资产,或者反过来,将股票资产转换成生息存款型资产。通过买入或者卖出不同数量的股票指数期货和债券期货,就可以将由现金、债券和股票构成的某种资产组合转换成另一种符合要求的资产组合。这种做法比起变现不需资产并购买所需资产的做法,成本要低得多。

应用证券组合保险这样一种投资策略时,可以将股票资产构造成类似于看涨期权的结构,即当股价下滑时,可以将损失限定在某个水平上;而当股价上涨时,可能有无限盈利空间。这种策略首先是为养老基金投资者而设计的。这类基金的投资者要求能保证一个确定的最低回报,而且在可能的情况下,收益越高越好。有几种方案可满足这种类似看涨期权的投资需求:

第一,买入股票或债券,同时买入具有保值作用的看跌期权以确定某种下限价格。

第二,投资于无风险的带有利息的存款,并买入股指看涨期权,股价上涨时,可获得盈利空间。

第三,采用动态资产配置策略,即证券组合保险。

前两个方案较易理解。既然投资者希望获得的投资结果具有期权的特征,为什么不直接采用期权呢?这是因为大多数可使用的股票期权和股票指数期权到期期限非常短暂,一般只有几个月。长期股票期权常常只以认股权证的形式存在,或者说流动性非常有限。

第三种方案可根据市场条件将基金在不同类型的资产中进行动态分配。当处于牛市时,基金的大部分应投向股票,当股价超过预期最高价位时,基金可完全投资于股票。反之,若股市下跌,投资于股票的基金比例就应该降低,资金更多地投向存款型生息资产或债券,这样就可以缓冲股票价值的进一步损失。当股市跌至最低水平时,资金应完全投放于存款。这样,股市若进一步下跌,资产价值也不会受损,这就是下限水平。介于两者之间,基金可以按一定的比例在股票和存款之间进行分配,并随股票价格的变化而相应变动。具体而言,多头看涨期权其实等同于一部分标的资产与一部分借款的组合。当这种组合的投资比例随市场股价指数变化而相应变动时,其期权特征也就越明显。

这一策略的缺陷在于较高的交易成本。为了保证基金投资于股票的比例始终准确无误,就需要随时买卖股票,由此产生较高的交易成本。若减少为保证正确投资比例而进行股票交易的次数,虽然在一定程度上可降低交易成本,但却使其期权特征变得模糊。

期货的引入比较成功地解决了这一问题。投资者可以不直接买卖股票,而是买入或卖出股票指数期货。由于期货交易成本远低于股票交易成本,因此可弥补证券组合保险策略交易成本高的缺陷。

如果投资者拥有大量的分散化的证券组合,而又不愿意承担系统性风险带来的损失,而且该投资者又不愿脱手抛售,那么,在管理股权风险时,可以考虑用股票指数期货或期权进行套期保值。

三、股票指数期货

股票指数期货是以股指为交易标的物的金融期货。具体来讲,交易双方在期货交易所内达成协议,约定一个以股市指数所代表的协定价格,在未来的某一段时间之后的到期日,双方将依据这个协定的股市指数和未来实际的股市指数进行结算。如果实际指数超过协定股市指数,那么期货合约的卖方将付给买方一笔现金,反之,如果实际股市指数低于协定股市指数,合约买方将付给卖方一笔现金。股指期货与其他期货的主要区别在于交割时采用现金交割。当前国际金融市场常见的期货指数有标准普尔500指数(S&P 500)、FTSE、DAX、CAC40,以及G12国家指数等。为了完善金融市场体系,发挥金融市场功能,上海期货交易所、郑州商品交易所、大连商品交易所、上海证券交易所和深圳证券交易所共同发起,于2006年9月8日在上海正式挂牌成立中国金融期货交易所(简称"中金所"),专门从事金融期货、期权等金融衍生品交易与结算。中金所当前上市品种主要包括沪深300指数期货、上证50指数期货、中证500指数期货、5年期国债期货,以及10年期国债期货等。

股指期货合约是标准化的合约,与其他金融期货合约相似,有关股指期货的主要合约要素内容如表12-1所示,该表显示了美国主要股指期货合约。

表 12-1 美国主要股指期货合约一览表

名称规格	S&P500指数期货	价值线综合指数	NYSE综合指数	主要市场指数
交易单位	500×指数	500×指数	500×指数	250×指数
交割月份	3、6、9、12月	3、6、9、12月	3、6、9、12月	1至12月
交割日期	交割月份的最后一个星期四			
交割方式	现金交割			
最后交易日	交割月的第三个星期四		交割月的第三个星期五	
保证金	$5 000	$6 500	$5 000	$2 500
交易地点	CME	KCBT	NYFE	CBT

实例分析 12-9：B 企业现拥有 A 企业和 H 企业的股票，其股票价值如表 12-2 所示。

表 12-2 B 企业拥有股票的价值

股票	股数	目前价格	市值
A 企业	10 000	30 美元	300 000 美元
H 企业	5 000	40 美元	200 000 美元
合计	15 000		500 000 美元

如果 B 企业准备在 3 个月后卖出手中的股票以筹集所需资金，并且财务经理认为股票市场未来可能下跌，该企业财务经理如何利用股指期货进行套期保值？

解析：财务经理预测未来企业所拥有的股票价值如表 12-3 所示。

表 12-3 3 个月后 B 企业拥有股票的价值

股票	股数	目前价格	市值
A 企业	10 000	24 美元	240 000 美元
H 企业	5 000	32 美元	160 000 美元
合计	15 000		400 000 美元

对于未来股价下跌，而手中拥有多只股票，规避风险的有效金融工具就是股指期货。于是财务经理采用股指期货为 B 企业拥有股票下跌套期保值时，首先要确定需要多少份股指期货合约。

根据表 12-1 可知，S&P 500 股指期货一点等于 500 美元。另外通过分析人员的计算，A、H 企业两种股票形成的股票组合的期货系数①为 0.83。于是，期货系数的倒数等于：

$$1/期货系数 = 1.2$$

数值 1.2 表明：当股市指数期货的价格每变动 1 美元时，股票组合的价格变动为 1.2 美元。也就是说，对于 1 美元的股市风险，股票组合的风险为 1.2 美元，为了达到套期保值的目的，我们需要用 1.2 美元的期货来进行抵补。

当时的股指在 250 点左右，因为预计股指下跌，B 企业财务经理决定以 250 点的价格卖出 3 个月后到期的股指期货合约，每份合约的价值为：

$$500 美元 \times 250 = 125 000 美元$$

---

① 期货系数就是套头比的一种，其计算方法为：期货系数 = Δ期货价格/Δ现货价格。

卖出的合约份数为：

（股票组合价值/合约价值）×（1/期货系数）
= （500 000/125 000）×1.2＝5（份）

3个月后，正如财务经理的预测那样，股票价格下跌，导致A、H企业的股票价值从原来的500 000美元下降至400 000美元，股票市场上损失100 000美元，股指下跌至210点。此时，B企业买入当月期的股指期货进行对冲，于是在股指期货上，B企业的盈利为：

（250-210）×5×500美元＝100 000美元

B企业正好用期货市场的盈利抵补现货市场的亏损，从而达到套期保值的目的。

当然，如果考虑佣金、税收等，可能期货市场上的盈利不能完全抵补现货市场的亏损，那么可以将未能完全抵补部分作为套期保值的成本。

四、股票指数期权

股票指数期权与其他普通股票期权原理一样，只不过相应的资产不是单个股票的价格，而是像S&P500这样的股票指数。股票指数期权主要有两类：一类是以股票指数本身作为标的资产，期权到期时只能以现金进行结算，S&P500股票指数期权就属于这一类；另一类是以股票指数期货作为标的资产，期权到期时可以转换成相应的期货合约，FTSE100指数期权就属于这一类。以S&P500指数为例，就欧式期权而言，指数期权和指数期货期权的费用相同。但在美式期权条件下，如果是看涨期权，指数期货期权的价格要高于指数期权的价格；如果是看跌期权，则指数期货期权的价格低于指数期权的价格。美式期权价格差异产生的原因在于美式期权有可能被提前执行；另一个原因则是指数期货成交价格一般要高于即期指数价格，因而在同样的协定价格条件下，指数期货看涨期权比相应的指数期权溢价更多。通常期权费一般占合约价值的5%～30%，也是以"点"计价。

指数期权或指数期货期权在用法上与股票期权十分相似。某投资者如果希望从股票价格水平的上涨中获利，同时又要在市场下滑时止损，那么，他就可以通过买入看涨期权或牛市看涨价差组合来达到目的。另外，一个资产管理者持有由多种股票构成的股票资产组合，他就可以应用指数期权或指数期货期权来构成上限、下限、对称或其他金融组合来达到保值和增值的目标。

实例分析12-10：仍以实例分析12-9数据为例。B企业财务经理应如何运用股值期货期权规避股票下跌的风险？

解析：财务经理可买入5份按一定的协定价格（事先约定的点）买入股指期货的看跌期权，即如果行使期权的话，B企业有权按协定价格卖出股值期货，支付期权费20点，即合20×500美元＝10 000美元。

3个月后，股市不跌反升，股值期货价格升至300点，A、H企业股票的价格如表12-4所示。

表12-4 3个月后B企业拥有股票的价值

股票	股数	目前价格	市值
A企业	10 000	35美元	350 000美元
H企业	5 000	45美元	225 000美元
合计	15 000		575 000美元

B企业在股票市场上筹集的资金是575 000美元,与原来的价值相比,多筹集了75 000美元。这时B企业可以放弃股指期货期权,损失期权费10 000美元,实际多筹集资金65 000美元。

如果3个月后,股市正如财务经理预期的那样下跌,股值期货价格降至210点,于是B企业可以行使期权,拥有股指期货的卖权,同时再买入当月期的股值期货,在期货市场的盈利抵补现货市场的盈利,考虑期权费等因素后,可能不能完全抵补损失,但仍可视为套期保值的成本。

股值期货的特点是没有相应的现货市场。根据一般经验判断,绝大多数股票的价格与股指保持相同的走势,因为保值者利用股指期货为手中的股票进行套期保值。但在股市发生剧烈波动时,股指的变动可能完全背离正常的价格走势。对一些股票来说,股值与单个股票价格之间的关系已不存在,换句话说,预先估算的期货系数已经毫无意义,保值者手中的期货或者不能全部抵补股票的风险,或者造成了更大的风险。如果交易者在卖出期货合约的同时买入一份买方期权,就可以用较低的价格买入期货合约,完成对冲交易而不会造成损失。所以,指数期货合约期权是股票交易进一步的避险措施,它具有其他金融期权所共有的灵活性优点。

出售50份4月份455SPX看涨期权合约,期权费每份4.25美元。

如果每一指数点100美元,净期权费为 $4.25 \times 50 \times \$100 = \$21\,250$。

2003年3月16日,即交易之后三周,S&P500指数已上涨至451.37。该投机者决定提前结清头寸,收取所获得的利润,这主要是因为在过去的几天里,股票价格指数已经有所回落。具体交易如下:

出售50份4月份440SPX看涨期权,每份期权费为15;

买入50份4月份455SPX看涨期权,每份期权费为4.75。

取得的收入为 $10.25 \times 50 \times \$100 = \$51\,250$,投机者初始投资为21 250美元,净利润为30 000美元,三周盈利141%。如果该投机者将价差结构一直持有至期权到期,并且到期日的指数上涨超过455,那么可以获得的最大利润可能达到53 750美元。反之,如果在期权到期日之前,股价指数已经下跌至440以下,这是一种最糟糕的情况,投机者将净亏期权费支出21 250美元。这两种极端显示了期权运作的高度杠杆性。

如果在3月中旬不采取结清头寸的措施,投机者可以在本例中采用向上滚动价差的策略,同样也能达到获利的目的。具体说,投机者可进行以下交易:

出售50份4月份440SPX看涨期权,每份期权费为15;

买进100份4月份455SPX看涨期权,每份期权费为4.75;

出售50份4月份460SPX看涨期权,每份期权费为3.125。

这种策略虽然一开始使期权收入有所下降,为43 125美元,而且利润也从30 000美元减少至21 875美元,但此时,投机者构造的455-460牛市价差使他有机会从股价指数进一步上涨至460中获利,或者说,投机者的盈利空间进一步扩大了。

持有许多股票品种的资产管理人还可以采用股票指数期权来达到某些目标。任何以期权为基础的投资策略能否获得成功,取决于股票指数与被保值或投机的股票资产之间的吻合度,也就是β系数的问题。

β系数是衡量股票组合与股票指数关系强弱的指标。如果假定某种特定股票的β系数为2,那么当股价指数上涨时,股票的价格也随之上涨,涨幅为指数涨幅的两倍。反之,若股价指数下跌,股票价格也以两倍跌幅下跌。一旦求出了某种股票资产的β系数,保值所需的期权合约数就可以确切算出来。比如,构成某股票资产组合的股票现行交易价值为26 000 000英镑,现在要采用FTSE100指数期权进行保值,每一指数点的价值定为10英镑。若FTSE100指数的现值为3 045,那么保值所需的指数期权份数为

$$26\ 000\ 000/(10\times3\ 045)=845\ \text{份}$$

而该资产组合β系数为1.24,则所需期权份数就由原来的845份增加到1 059份。由于β系数大于1,所以保值所需的期权份数大于原先的份数。不仅指数期权如此,其他期权策略也都要以修正后的期权份数为基础。

五、担保股权基金

组合保险概念的一个变形就是担保股权基金,这是以许多不同的专有名称推销的一种零售产品。该产品许诺给小投资者相当于一定时期内,某一特定市场指数增长的特定倍数的回报率,如果市场指数下跌,则返还投资者资金。例如,从1992年以来,很多英国建筑协会就推出了这样一种一揽子交易,其特征如下:回报率为一定时间FTSE100指数上升百分比的33%;期限为1993年6月1日到1998年6月1日;结算价格为最后6个月内每日收盘价的平均数;担保为该期限内如果FTSE100下跌则原投资100%归还;无管理费用;提前支取有一定的限制并罚款;数额在500英镑到250 000英镑之间均可。

对于很多投资者来说,这个交易是很吸引人的。如果他们对股权相关的投资回报感兴趣,那么除了直接投资于股票外没有什么其他简单的选择了。这种做法要耗费为数可观的交易成本,而且以如此小额的投资要想建立一个分散风险的证券组合也是不经济的做法。即使大投资者购买了一个组合分散的证券,其组成成分与指数相似,这组证券也只能提供与指数相似的回报率,未来也不会比担保股权基金所承诺的高出1/3还多。证券投资者可以从收到的股利中盈利,但这些收益也不可能在五年中达到33%,即使将在投资利息也算在内。最后,这一揽子交易提供了牢固的担保:在一定期限内如果市场指数下跌,投资者资金100%的返还。

■ 本章小结

1. 为了度量股权的系统性风险和非系统性风险,我们可以计算股票历史收益率的方差或者历史收益率平方和的加权平均值(如指数加权移动平均(EWMA)模型,ARCH模型或者GARCH模型)以及股票的β系数等。

2. 随着理论和技术的进步,使用大数据方法计算股票波动率能够提供更加准确的估计结果。在对多只股票组成的投资组合进行风险管理时,除估计股票波动率外研究者们往往还需要估计个股之间的相关系数。该问题与估计股票收益率的波动率同等重要但却有难度,尤其当投资组合包含的股票数量比较多时。

3. 投资者可以通过使用期权的方法来规避和防范股票风险。例如,如果投资者在牛市可以通过买入看涨期权享受股票价格上涨带来的好处,同时又可以避免股票价格下跌可能带来的风险。为了减少购买期权而支付的期权费同时又要实现套期保值的目的,投资者可以通过使用看涨期权或(和)看跌期权构造牛市价差组合或者购买双限期权等方式来实现。

4. 动态套期保值策略,例如垂直价差组合、水平价差组合和对角价差组合等,在管理股权风险中也有着重要的作用。

5. 投资者可以使用多种工具管理证券投资组合的风险。例如通过使用证券组合保险、股票指数期货、股票指数期权或者担保股权基金等。我国股指期货市场起步相对较晚,相关经验稍显欠缺,且仅自2015年

2月起才在上海证券交易所上市交易上证50 ETF期权合约。因此,投资者如何熟练运用市场现有的金融衍生工具实现企业的套期保值显得尤为重要。

■ 重要概念

担保股权基金　　股票指数期权　　股票指数期货　　证券组合保险
对角价差组合　　水平价差　　　　垂直价差组合　　牛市价差策略

■ 思考题

1. 股权风险管理的主要金融产品有哪些?
2. 简述股权风险的含义和种类,以及度量股权风险大小的常见方法。
3. 期权价差交易的主要种类有哪些?
4. 什么是股票指数期货? 如何用它进行股票风险管理?
5. 在股权风险管理中,设置止损点的策略有哪些?

■ 即测即评

请扫描右侧二维码,进行即测即评。

■ 扩展阅读

主要参考文献

1. 储俊．金融工程在企业财务管理中的运用．山东工商学院学报,2007(2)．
2. 谷洪才,代修山,张春凤．论金融工程在企业理财创新中的应用．价值工程,2005(8)．
3. 刘金宝．金融工程——技术运用．上海:文汇出版社,1998．
4. 蒋屏．国际财务管理．北京:对外经济贸易大学出版社,2004．
5. 蒋屏,王珮．财务工程学——企业财务风险管理工具及运用．北京:对外经济贸易大学出版社,2007．
6. 闫永新．金融风险管理．北京:机械工业出版社,2013．
7. 周复之,杨世峰．金融工程．2 版．北京:清华大学出版社,2014．
8. 宋逢明．金融工程原理——无套利均衡分析．北京:清华大学出版社,1999．
9. 瞿卫东．金融工程学．北京:中国财政经济出版社,1997．
10. 叶永刚．金融工程学．大连:东北财经大学出版社,2002．
11. 郑振龙．金融工程．北京:高等教育出版社,2003．
12. 周爱民．金融工程学．北京:中国统计出版社,2003．
13. 周洛华．中级金融工程学．上海:上海财经大学出版社,2005．
14. [美]勒内·M. 斯塔茨．风险管理与衍生产品．殷剑峰,程炼,杨涛,译．北京:机械工业出版社,2004．
15. [英]沃伦·爱德华兹．核心金融工具——在衍生品世界中领悟和创新．夏潆焱,葛晓鹏,译．成都:西南财经大学出版社,2005．
16. [德]Joachim Goldberg,Rüdiger Von Nitzsch．行为金融．赵英军,译．北京:中国人民大学出版社,2004．
17. 吴明礼．Finance:金融与财务的边界和融合．管理世界,2004(10)．
18. Alan C. Shapiro. multinational financial management. 7th ed. John Wiley & Sons,Inc. 2003.
19. Don M. Chance. an introduction to derivatives & risk management. 6th ed. South-Western,a division of Thomson Learning. 2003.
20. John C. Hull. option, futures, and other derivative securities. Prentice Hall,Inc. 1997.
21. John F. Marshall, Vipul K. Bansal. financial engineering—a complete guide to financial innovation. New York Institute of Finance,1992.
22. Lawrwncw C. Galitz. financial engineering—tools and techniques to manage financial risk. McGraw-Hill,London,1995.
23. Peter L. Bernstein, Aswath Damodaran. investment management. John Wiley & Sons,Inc. 1998.
24. Robert L. McDonald. derivatinves markets. Pearson Education,Inc. 2003.
25. Scott P. Mason, Robert C. Merton, Andre F. Perold and Peter Tufano. cases in financial enginerring: applied studies of financial innovation. Prentice Hall,Inc. 1999.

高等学校工商管理类专业会计、财务管理类课程教材

高等学校会计学、财务管理课程教材

会计学（第四版）	赵惠芳
会计学（第二版）	葛家澍　余绪缨
会计学	罗金明
会计学概论	刘永泽
会计学	王君彩
会计概论（第二版）	史富莲
会计学（第二版）	陈　红　姚荣辉
会计学	赵天燕
会计学概论	任秀梅　等
财务管理	王　斌
财务管理——理论·实务·案例（第二版）	徐光华　柳世平
财务管理概论	彭韶兵
财务管理学（第二版）	杨淑娥
财务管理学（第五版）	郭复初　王庆成
财务管理学（第四版）学习指导书	王庆成　孙茂竹
财务管理学	左和平　等
财务管理（第二版）	赵德武
财务管理学（第三版）	杨淑娥
公司财务管理（第二版）	王化成
财务管理	常叶青　吴丽梅
财务管理	张　晨

高等学校会计学专业系列教材

会计学基础（第四版）	刘　峰　等
会计学基础（第三版）	唐国平
会计学基础	朱小平　程昔武
会计学原理+学习指导书	杜兴强
基础会计学（第二版）	沃　健　赵　敏
基础会计学	孟祥霞　程　洋
基础会计（第二版）	姚荣辉
财务会计（第三版）+习题集	陈信元
中级财务会计	罗新运
中级财务会计学+学习指导书	杜兴强
高级财务会计学	戴德明
成本会计（第二版）	罗　飞
管理会计（第三版）	毛付根

成本管理会计（第二版）	孟焰 刘俊勇
审计学（第四版）	王英姿 朱荣恩
审计学	舒利庆
审计与鉴证服务	刘明辉
企业内部控制（第三版）	程新生
内部控制（第二版）	潘琰
税法	王红云 陈红
会计信息系统（第三版）	艾文国 等
会计信息系统	张瑞君
会计信息系统（第四版）	杨宝刚 王新玲
会计理论	陈良华 等
企业会计模拟实验（第二版）	杨淑君 等
Excel会计与财务管理——理论、方案暨模型（第二版）	桂良军

教学支持说明

建设立体化精品教材，向高校师生提供整体教学解决方案和教学资源，是高等教育出版社"服务教育"的重要方式。为支持相应课程教学，我们专门为本书研发了配套教学课件及相关教学资源，并向采用本书作为教材的教师免费提供。

为保证该课件及相关教学资源仅为教师获得，烦请授课教师清晰填写如下开课证明并拍照后，发送至邮箱：jingguan@pub.hep.cn 或 xierf1@hep.com.cn，也可通过 QQ 群：329885562，进行索取。

咨询电话：010-58581020，编辑电话：010-58581018。

―――――――――――――――――――――――――――――――――――

证　　明

兹证明_____大学_____学院/系第_____学年开设的_____课程，采用高等教育出版社出版的《_____》（_____主编）作为本课程教材，授课教师为_____，学生_____个班，共_____人。授课教师需要与本书配套的课件及相关资源用于教学使用。

授课教师联系电话：_____　E-mail：_____

学院/系主任：_____（签字）

（学院/系办公室盖章）

20_____年_____月_____日

郑重声明

高等教育出版社依法对本书享有专有出版权。任何未经许可的复制、销售行为均违反《中华人民共和国著作权法》,其行为人将承担相应的民事责任和行政责任;构成犯罪的,将被依法追究刑事责任。为了维护市场秩序,保护读者的合法权益,避免读者误用盗版书造成不良后果,我社将配合行政执法部门和司法机关对违法犯罪的单位和个人进行严厉打击。社会各界人士如发现上述侵权行为,希望及时举报,本社将奖励举报有功人员。

反盗版举报电话　（010）58581999　58582371　58582488
反盗版举报传真　（010）82086060
反盗版举报邮箱　dd@hep.com.cn
通信地址　北京市西城区德外大街4号
　　　　　高等教育出版社法律事务与版权管理部
邮政编码　100120